Ingo Kamps · Daniel Schetter

Performance Marketing

Der Wegweiser zu einem mess- und steuerbaren Marketing – Einführung in Instrumente, Methoden und Technik

Springer Gabler

Ingo Kamps
cayada GmbH
München, Deutschland

Daniel Schetter
UDG United Digital Group
München, Deutschland

ISBN 978-3-658-18452-0 ISBN 978-3-658-18453-7 (eBook)
https://doi.org/10.1007/978-3-658-18453-7

Die Deutsche Nationalbibliothek verzeichnet diese Publikation in der Deutschen Nationalbibliografie; detaillierte bibliografische Daten sind im Internet über http://dnb.d-nb.de abrufbar.

Springer Gabler

Gedruckt auf säurefreiem und chlorfrei gebleichtem Papier

Springer Gabler ist Teil von Springer Nature
Die eingetragene Gesellschaft ist Springer Fachmedien Wiesbaden GmbH
Die Anschrift der Gesellschaft ist: Abraham-Lincoln-Str. 46, 65189 Wiesbaden, Germany

Performance Marketing

EBOOK INSIDE

Die Zugangsinformationen zum eBook Inside finden Sie am Ende des Buchs.

Vorwort

Als wir Ende 2000 anfingen, uns mit den Möglichkeiten auseinanderzusetzen, wie wir Besucher auf die idealo-Website bekommen, gab es kein Lehrbuch und keine Kurse. Wir hörten uns um, standen aber vor dem Problem, dass die Informationen kaum nachhaltig waren. Und diejenigen, die Erfolge hatten, behielten ihre Rezepte lieber für sich. Einige Start-ups versuchten sich damals sogar an der TV-Werbung – mit desillusionierenden Ergebnissen. Es reizte uns daher nicht, in das schwarze TV-Loch auch noch unser Geld hinterherzuwerfen, von dem wir sowieso kaum etwas besaßen.

Zu dieser Zeit waren in Deutschland neben Amazon bereits Affiliate-Netzwerke wie affilinet, Tradedoubler oder zanox am Start. Deren Programme waren zwar meist unattraktiv für uns, aber man konnte ein wenig von den attraktiveren Programmen lernen, wenn man wusste, wer deren Top-Publisher waren. Wir idealos hatten dann das Glück, dass wir unseren Online-Marketing-Praktikanten nicht mehr bezahlen konnten. Praktikant soll in diesem Kontext keineswegs despektierlich klingen, denn in puncto Online-Know-how war unser Praktikant der Einäugige unter den Blinden. Man hätte uns eigentlich alle als Praktikanten bezeichnen müssen, und ich war der CEP, der Chief Executive Praktikant, und Ron Hillmann eben der Online-Marketing-Praktikant.

Mit der schweren Herzens umgesetzten Kündigung von Ron kam der Erfolg zu idealo. Ron war jetzt bei Immoscout für das Affiliate-Marketing zuständig und das war unser Glück. Denn Ron schaute sich die Statistiken bei zanox und Co. sehr sorgfältig an und stellte fest, dass einige Affiliates große Mengen an sehr gut konvertierendem Traffic lieferten: Das waren Besucher aus Suchmaschinen. Seiner Natur entsprechend wollte er herausfinden, warum das so war. Und anschließend war er so freundlich, seine Erkenntnisse mit mir zu teilen. Ich setzte mich dann nachts, wenn es ruhig war, an den Rechner und versuchte zu „re-engineeren".

Die damals gemachten Entdeckungen waren die Basis für den Erfolg von idealo und ist nach wie vor die gültige Methodik für Erfolg im Online-Marketing. Es braucht ein tiefes Verständnis von Abläufen und technischen Voraussetzungen, wie Dinge funktionieren und wie man sie verbessern kann. Nur so ist dauerhafter Erfolg möglich.

Eine weitere Erkenntnis kam im Laufe der Zeit hinzu: Kaum noch etwas ist gültig, was vor ein paar Jahren noch ein Erfolgsrezept war. Wer das „sich mit Prozessen und technischen Abläufen beschäftigen" nicht zum Dauerthema macht, wird irgendwann nicht mehr ausreichende Kenntnisse haben, um weiterhin erfolgreich zu sein. Manche sagen, dass da ständig eine neue Sau durchs Dorf getrieben wird. Aber das ist es nicht! Die Logik vieler Erfolgsrezepte baut aufeinander auf, aber die Zutaten verändern sich, manche fallen weg, viele neue kommen hinzu. Im Bereich des Such-Marketings folgte auf SEO das kommerzielle Buchen von Resultaten (SEA). Später folgten dann die PLAs (Product Listing Ads). Mittlerweile verdient Google viel Geld als Display-Vermarkter. Mit Facebook folgte das Social-Marketing – zunächst sogar ohne den Einsatz von Geld. Mittlerweile lässt sich Traffic aus Facebook planbar fast nur noch mit erheblichem Budgeteinsatz bewerkstelligen und viele Marketingmaßnahmen rechnen sich erst mit der Zuhilfenahme von Kundendaten aus dem CRM. Der Siegeszug von Mobile ließ die Komplexität weiter steigen und der ständig zunehmende Wettbewerbsdruck tut sein Übriges, immer effizienteres Arbeiten notwendig zu machen.

Komplexität und Effizienz sind die Stichwörter, denn die Landschaft im Online-Marketing ist sehr umfangreich geworden. Die Herausforderung Desktop, App und mobile Website gleichzeitig und effizient zu betreiben, gepaart mit der Notwendigkeit, einen ganzen Werkzeugkasten immer komplexerer Technologien und Tools einsetzen zu müssen, überfordert ganz offensichtlich viele Protagonisten.

Das vorliegende Buch ist nicht nur ein guter Start für Rookies im Online-Marketing, es ist auch die perfekte Fibel für diejenigen, die aus einem Bereich des Online-Marketings kommen und sich ein Bild über das gesamte Ökosystem machen wollen.

Martin Sinner
Ron A. Hillmann

Inhaltsverzeichnis

Teil II Performance-Marketing-Kanäle

Über die Autoren

Ingo Kamps Bereits 1999 – während seines Studiums der Betriebswirtschaftslehre – kam Ingo Kamps im Rahmen eines Praxissemesters bei der Nintendo of Europe GmbH mit dem Online-Marketing in Berührung. Im Jahr 2004 gründete er in Berlin das Performance-Marketing Unternehmen cayada GmbH, das seit 2012 in München firmiert. In dieser Zeit avancierte Ingo Kamps zu einem der bekanntesten Online-Marketing-Protagonisten in Deutschland.

Im Mai 2014 übernahm das Mobilfunkunternehmen Drillisch AG große Teile der zu cayada gehörenden Online-Assets. Ingo Kamps verantwortete diese Assets bis 2016 innerhalb der Drillisch Online AG und war darüber hinaus für die Bereiche Multichannel, Mobile Marketing und Programmatic Advertising verantwortlich. Seit Juni 2016 berät er verschiedene Unternehmen (u. a. MediaMarktSaturn Retail Group) im Online-Marketing. Als Speaker und Panel-Teilnehmer hat er bereits an diversen Konferenzen teilgenommen. Mit „Einstieg in erfolgreiches Mobile Marketing" hat er bereits ein eigenes Buch veröffentlicht und darüber hinaus an weiteren Büchern partizipiert.

Daniel Schetter (Dipl.-Kfm. FH) ist seit über fünfzehn Jahren im Online-Marketing tätig, davon seit mehr als sechs Jahren in geschäftsführender Funktion. In dieser Zeit hat er verschiedene Positionen in einem Start-up, einem Dax-Konzern und einem Telekommunikationsunternehmen durchlaufen.

Seit 2007 hat er sich auf den Bereich Performance Marketing spezialisiert. Im Vordergrund steht bei ihm immer die Vermarktung von Produkten und Dienstleistungen durch eine ganzheitliche und integrierte Marketing- und Vertriebsstrategie.

Als Executive Director für den Bereich Paid Traffic in der UDG United Digital Group, verantwortet er die Performance Marketing Disziplinen Affiliate Marketing, Suchmaschinen- / Preissuchmaschinen-Marketing und Social Media Advertising.

Vorträge zum Thema Performance Marketing hat er an der BAW Bayerischen Akademie für Werbung und Marketing e. V., der DDA Deutsche Dialogmarketing Akademie GmbH und der Technischen Hochschule Ingolstadt gehalten.

Abbildungsverzeichnis

Tabellenverzeichnis

Teil I
Einführung ins Performance-Marketing

Performance-Marketing – Marketingerfolg messen und optimieren

1

Inhaltsverzeichnis

Zusammenfassung

In diesem Kapitel geht es um die Einführung ins Performance-Marketing. Was ist Performance-Marketing, wie hat es sich entwickelt und welchen Wandlungen war es in den vergangenen Jahren ausgesetzt. Außerdem wird gezeigt, für wen Performance-Marketing geeignet ist und was zur Entwicklung einer Performance-Marketing-Strategie gehört.

I. Kamps und D. Schetter, *Performance Marketing*,
https://doi.org/10.1007/978-3-658-18453-7_1

1.1 Was ist Performance-Marketing?

Die Online-Welt entwickelt sich ständig weiter und mit ihr das Online-Marketing. Daher kommen kontinuierlich neue Begriffe hinzu. Es lässt sich leider nicht mehr genau feststellen, ab wann sich der Begriff „Performance-Marketing“ wirklich durchgesetzt hat. Die erste auffindbare Nennung stammt aus dem Jahr 2008.

Von Performance-Marketing wird immer dann gesprochen, wenn verschiedene Online-Marketing-Kanäle eingesetzt werden, um eine messbare Reaktion beim Empfänger der Werbung auszulösen. Das kann beispielsweise der Klick auf ein Werbemittel sein oder die Durchführung einer Transaktion (z. B. Kauf eines Produkts).

Performance-Marketing-Kampagnen zeichnen sich in der Regel durch einen modularen Aufbau mit verschiedenen Performance-Kanälen aus. Für jeden dieser Kanäle entstehen eigene messbare Ergebnisse (Key-Performance-Indikatoren, KPIs), die Raum für Verbesserungen bieten. Optimierung ist daher ein weiterer wesentlicher Baustein des Performance-Marketings, um die Kampagnenergebnisse über die Laufzeit stetig und sukzessive zu verbessern.

1.1.1 Geschichte des Performance-Marketings

Auch wenn der Begriff „Performance-Marketing“ erst 2008 entstanden ist: Reaktionsgetriebene Online-Marketing-Maßnahmen existierten aber schon lange davor. Der E-Commerce-Gigant Amazon wird weithin als Erfinder des Affiliate-Marketings gesehen, als er schon im Jahr 1996 sein eigenes Affiliate-Programm startete. Zu dieser Zeit gab es aber bereits andere Programme: Den tatsächlichen Beginn dürfte daher das Jahr 1994 markieren, als der US-Online-Musikshop CDNOW damit anfing, Website-Betreiber an Umsätzen zu beteiligen, die sie durch Werbung auf ihren Seiten vermittelten.

Im Jahr 2000 veröffentlichte Google sein System AdWords, mit dem Werbetreibende Anzeigen zu bestimmten Begriffen in den Suchergebnissen bei Google platzieren konnten. Die Ergebnisse konnten dank umfangreicher Statistiken sehr gut ausgewertet und optimiert werden – und waren damit klar performanceorientiert.

1.1.2 Performance ist Programmatic: Data-Driven Advertising

In jüngeren Jahren hat sich das gesamte Online-Marketing dahin gehend verändert, dass nicht mehr so sehr die Werbeumfelder im Mittelpunkt stehen, sondern der angesprochene Nutzer selbst in den Fokus der Werbetreibenden gerückt ist. Durch Tracking-Maßnahmen wie Cookies können Nutzer bei dem Besuch einer Website markiert und später erneut identifiziert und mit Werbung angesprochen werden. Durch ihr Surfverhalten geben die Nutzer dabei Informationen zu ihren Interessen (z. B. Besuch eines Wein-Blogs) und Intentionen (z. B. Preisvergleich für ein bestimmtes Smartphone) preis, auf derenBasis ihnen deutlich relevantere Werbung angezeigt werden kann.

Durch diese Entwicklung hat sich auch das Performance-Marketing verändert. Display-Kampagnen werden beispielsweise nicht mehr in bestimmten Werbeumfeldern geschaltet (z. B. auf Spiegel Online), sondern sollen nur dann erscheinen, wenn ein Nutzer die Website besucht, der entsprechende Kriterien erfüllt (Demografie, Historie, Interessen etc.). Die Zukunft des Performance-Marketings ist daher datengetrieben (mehr Kap. 2 Wandel im Performance-Marketing).

1.2 Für wen eignet sich Performance-Marketing?

Ob Performance-Marketing die richtige Wahl ist, hängt von der Art des Unternehmens und von den verfolgten Zielen ab. Besteht das Interesse darin, die Bekanntheit der eigenen Marke zu steigern, ist Performance-Marketing möglicherweise nicht die optimale Wahl.

Performance-Marketing ist vor allem dann geeignet, wenn sich der gewünschte Output in Kennzahlen ausdrücken lässt. Das ist besonders dann der Fall, wenn ein Produkt oder eine Dienstleistung verkauft werden soll. Kosten und Umsatz lassen sich hier klar gegenüberstellen und es kann ein exakter Return on Investment (ROI) bzw. Return on Ad Spend (ROAS) berechnet werden. Weitere Ziele mit definierbaren Kennzahlen sind beispielsweise die Steigerung des Website-Traffics oder höhere Engagement-Raten in Social-Media-Kanälen. Auch hierfür ist Performance-Marketing sehr gut geeignet (s. Abb. 1.1).

Abb. 1.1 Werbung am Sky Harbor Airport in Phoenix, Arizona

Branding vs. Performance

Auf den ersten Blick hat Performance-Marketing nur Vorteile gegenüber klassischen Branding-Maßnahmen wie z. B. TV, Radio, Out-of-Home oder Zeitungsanzeigen. Der Werbeerfolg lässt sich klar quantifizieren und die Zielerreichung mit absoluten Zahlen belegen. Branding-Kampagnen verfolgen stattdessen meistens relative oder strategische Absichten wie die Steigerung der Markenbekanntheit. Sie durchlaufen häufignur eine Entwicklungsphase (Planung, Konzeption und Start) und sind anschließend abgeschlossen. Beim Performance-Marketing beginnt die eigentliche Arbeit erst, nachdem die Werbung gestartet wurde. Durch fortwährende Verbesserung nähert sich der Performance-Marketer den anvisierten Zielen immer weiter an, bis er diese erreicht.

SEA und SEO brauchen Nachfrage

Daher kann die berechtigte Frage gestellt werden, ob Branding-Kanäle überhaupt noch gebraucht werden? Die klare Antwort darauf lautet: Ja. Erst durch Branding-Maßnahmen können die Performance-Kanäle ihr volles Potenzial ausspielen. Sie sorgen beim Nutzer für Bekanntheit, Begehrlichkeit und Identifikation mit der Marke. Die so gewonnene Sympathie ist häufig eine wesentliche Voraussetzung für den Abverkauf. Außerdem hilft Branding dabei, das Suchvolumen bei Suchmaschinen zu steigern, wovon die Suchmaschinen-Marketing-Kanäle profitieren.

Es muss dabei nicht zwangsläufig teure TV- oder Plakatwerbung geschaltet werden. Auch Display-, Social- oder Influencer-Kampagnen lassen sich Marken bildend einsetzen (Abb. 1.2).

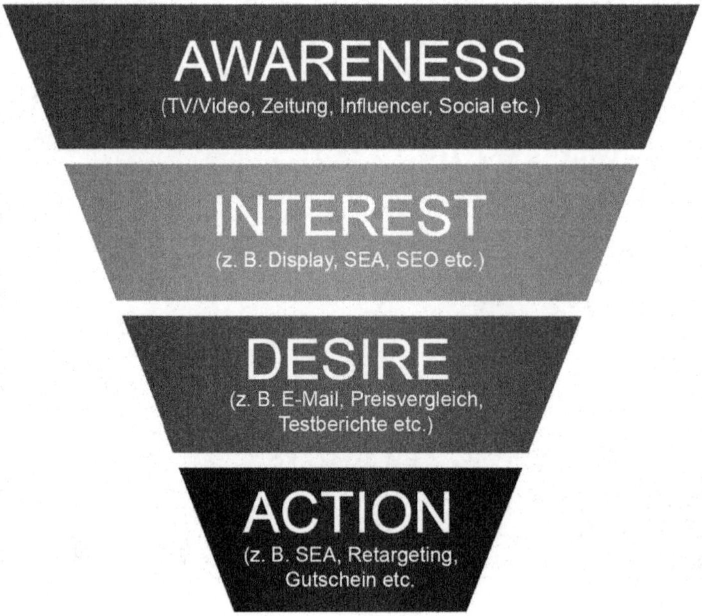

Abb. 1.2 Klassischer Pre-Sales-Funnel

1.3 Performance-Marketing-Strategie

1.3.1 Planung: Ziele, KPIs & Performance-Kanäle

Vor dem Start einer Performance-Marketing-Kampagne sollte zwingend die Frage beantwortet werden, welche Ziele erreicht werden sollen. Die genaue Vorstellung der Zielsetzung und der eigenen Zielgruppe ist dabei entscheidend für die Festlegung der passenden Key-Performance-Indikatoren (KPIs). Mögliche KPIs sind beispielsweise die Steigerung des Website-Traffics, Social Engagements (Shares, Kommentare), Umsatz, Verkäufe (Sales), Kundenkontakte (Leads), die Conversion-Rate, die Kundenakquisitionskosten (CPA – Cost-per-Acquisition), Customer Retention (Kundenloyalität) oder der Return on Ad Spend (ROAS).

Das Performance-Marketing bietet eine Vielzahl von Kanälen, um die gesteckten Ziele zu erreichen. Jeder Kanal verfügt dabei über individuelle Stärken und Schwächen. So kann Suchmaschinen-Optimierung (SEO) für kostenlosen Traffic auf der eigenen Website sorgen, braucht aber eine längere Vorlaufzeit, bis Ergebnisse erkennbar werden. Suchmaschinen-Werbung (SEA) hingegen schafft sofortigen Traffic-Zuwachs, allerdings entstehen für jeden einzelnen Besucher Kosten.

Display Advertising spielt seine Stärken bei der Schaffung von Aufmerksamkeit aus, schwächelt aber häufig bei der direkten Aufforderung zum Kaufabschluss. Dafür ist Affiliate-Marketing häufig besser geeignet. Allerdings kann der Kanal bei unsachgemäßem Einsatz schnell sehr teuer werden.

1.3.2 Messen: Erfolgskontrolle

Sobald die passenden KPIs identifiziert wurden, steht die Wahl der passenden Analyse-Tools an, mit denen die Kampagnen effizient überwacht werden können. Für jeden Performance-Marketing-Kanal existieren spezielle Software-Systeme, mit denen die Auswertungen vorgenommen werden können. Die wichtigsten Tools werden im Kapitel des jeweiligen Performance-Marketing-Kanals vorgestellt.

Traditionell wird eine Conversion immer dem letzten Klick zugeordnet, der vor einer Transaktion liegt. Das bedeutet, dass dem letzten Werbekontakt für einen Verkauf die komplette Werbeleistung zugeschrieben wird, während alle davorliegenden Werbekontakte leer ausgehen. Mit dieser Sichtweise entsteht allerdings nur ein sehr ungenaues Bild über die Werbeleistung der einzelnen Kanäle.

Aus diesem Grund haben sich Multichannel-Tracking-Systeme etabliert, die alle Werbekontakte auf dem Weg zum Kauf einbeziehen. Die Werbeleistung wird in diesem Fall auf die einzelnen Kontakte (Touchpoints) aufgeteilt (siehe Abschn. 10.4 Customer Journey & Attribution).

Um die besten Ergebnisse zu erzielen, müssen die Kampagnen kontinuierlich überwacht und anhand der zuvor definierten KPIs evaluiert werden. Problematische Bereiche der Kampagne lassen sich so schnell identifizieren, korrigieren oder streichen, während besonders gut laufende Kampagnenteile sofort ausgebaut werden können.

1.3.3 Optimierung: Ergebnisse verbessern

In Kombination mit akribischer und kontinuierlicher Erfolgsmessung sorgt ständige Optimierung für maximal effiziente Ergebnisse. Raum für Verbesserungen gibt es in der Regel genug: Bei Suchmaschinen-Anzeigen (SEA) lassen sich nicht nur verschiedene Anzeigentexte testen, auch bei den Klickpreisen und Keywords können selbst kleine Veränderungen große Wirkung erzielen.

Bei Display-Kampagnen kann beispielsweise überprüft werden, welche Werbeumfelder viele Besucher auf die eigene Website führen und welche nicht. Das Gleiche gilt für die eingesetzten Werbemittel. Verschiedene E-Mail-Templates werden genauso unterschiedliche Ergebnisse bringen, wie veränderte Zielgruppeneinstellungen bei Social-Media-Kampagnen.

Die aus der Erfolgskontrolle gewonnenen Zahlen liefern die notwendigen Entscheidungshilfen, wo Optimierungen sinnvoll sind und welche Änderungen sich auszahlen. Häufig ist es allerdings sinnvoller, Änderungen nur behutsam und strukturiert vorzunehmen, damit sich die veränderten Ergebnisse noch mit den entsprechenden Optimierungsmaßnahmen in Verbindung bringen lassen.

1.4 Interview mit Professor Dr. Christian Stummeyer (Technische Hochschule Ingolstadt)

Warum ist Performance-Marketing sinnvoll?
Performance-Marketing mit seinen Teildisziplinen SEA, SEO, Display-Advertising, Affiliate-Marketing, E-Mail-Marketing und Social Media Advertising ermöglicht es, neue Kunden zu gewinnen und bestehende Kunden zu binden. Allen Teildisziplinen ist gemeinsam, dass die Leistung sehr gut quantitativ gemessen werden kann – viel besser, exakter und schneller als bei klassischen Marketingmaßnahmen. SEA, Display, Affiliate-Marketing und Social Media Advertising bieten zudem die Möglichkeit der schnellen Skalierung – Budget vorausgesetzt. Durch diese vier, sowie das E-Mail-Marketing, können Kunden geplant und sehr gezielt angesprochen werden.

Entscheidend für den Erfolg ist stets, dass die Werkzeuge des Performance-Marketings kombiniert eingesetzt werden, um so auf den relevanten Touchpoints entlang der Customer Journey die zum jeweiligen Zeitpunkt notwendigen Marketing-Impulse zu setzen und Synergieeffekte zwischen den einzelnen Instrumenten optimal zu nutzen.

Eine Sonderrolle nimmt hierbei SEO ein: Die gute Positionierung in den organischen Suchergebnissen kann zum einen in der Kundenwahrnehmung einen besonderen Qualitätsfaktor des Angebots darstellen, nach dem Motto „Das Unternehmen ist für dieses Thema tatsächlich relevant". Zum anderen ist der durch SEO generierte Traffic in manchen Geschäftsmodellen ein entscheidender Erfolgsfaktor für die Profitabilität des Geschäfts – allerdings auch mit einem hohen Risiko und einer großen Abhängigkeit von der dominierenden Suchmaschine.

Was sind die größten Fehler im Performance-Marketing?
Der erste große Fehler liegt darin, dass Werbetreibende die Ziele des Performance-Marketings nicht oder nicht klar definiert haben. Es gibt leider immer noch Accounts, die monatlich ein substanzielles Budget für SEA ausgeben, ohne wirklich zu messen, ob und wie Keywords und Kampagnen konvertieren. Da dann keine Ziele im Sinne eines Outputs definiert wurden, kann der Account nur im Blindflug nach Inputgrößen „gesteuert" werden. In diesem Fall müssen dann sehr schnell die Geschäfts- und Werbeziele klar definiert und in auf digitalen Kanälen messbare Größen übersetzt werden. Zudem muss die technische Einbindung der Messung implementiert werden.

Zweitens gibt es zahlreiche Werbetreibende, die zwar Ziele für ihr Performance-Marketing definiert und ein Tracking implementiert haben, allerdings mit unpassenden Annahmen arbeiten. Dadurch kann eine effektive Account-Steuerung wiederum nicht erfolgen. Eine beliebte Fehlerquelle ist zum Beispiel die Art des gewählten Attributionsmodells. Auch werden die einzelnen Kanäle im Performance-Marketing mitunter isoliert betrachtet und reportet. So entsteht kein ganzheitliches Bild und es resultiert dadurch eine suboptimale Steuerung und Budgetallokation.

Eine dritte Sollbruchstelle liegt im Zusammenspiel der Performance-Marketing-Kanäle und der Website selbst. Auch die beste Kampagne mit wirklich aufmerksamkeitsstarken Ads in der richtigen Zielgruppe, ausgespielt mit einem hohen Budget wird dann nicht konvertieren, wenn die beworbene Website oder die Landingpages nicht optimal gestaltet sind. Potenzielle Kunden erwarten heute zu Recht eine perfekte Usability auf der Website oder im Online-Shop. Wenn dann das digitale Angebot beispielsweise nicht responsive gestaltet ist, die Suchfunktion keine Treffer zeigt oder relevante Bezahlmethoden fehlen, wird die Conversion-Rate des teuer eingekauften Traffics nicht zufriedenstellend sein.

Was wird in Zukunft wichtig für Werbetreibende im Performance Marketing?
Die Trends der letzten Jahre, insbesondere eine weitere Verlagerung des Traffics von stationären Endgeräten auf mobile Devices, werden auch weiterhin anhalten. Zudem zeichnet sich schon heute ab, dass Künstliche Intelligenz (KI) im Performance Marketing sowohl die Algorithmen, als auch die Art des Suchens verändern wird. Als erstes Beispiel für den Einsatz von KI im Performance Marketing ist die automatisierte Generierung von Ads zu nennen.

Eine weitere Entwicklung ist sicherlich das Thema Sprachsteuerung (siehe Abschn. 12.10.5), das im Jahr 2017 den Durchbruch zu schaffen scheint. Hier kommen neue Devices – sprich Touchpoints – in der Wohnung der Kunden ins Spiel, die aus mehreren Blickwinkeln relevant sind: Die Devices kennen unsere Vorlieben – sie sind ja omnipräsent und „lauschen“ immer mit. Diese Daten auch im Performance-Marketing der anderen digitalen Kanäle optimal zu nutzen, ist eine zukünftige Herausforderung.

Zudem werden in den nächsten Jahren ganz sicher auch substanzielle Umsätze durch „Spracheinkäufe“ generiert werden. In diesem Fall gelten die klassischen Regeln von SEA und SEO nicht mehr, denn eine Ergebnisseite mit einer langen Liste von bezahlten und organischen Suchergebnissen wird dadurch obsolet. Das Sprachinterface wird einen, maximal zwei Vorschläge unterbreiten, der dann durch den Nutzer einfach durch verbale Zustimmung angenommen werden kann. Damit verlagert sich hier die Macht weg von der Suchmaschine hin zu demjenigen, der mit seinem Device in den Wohnzimmern der Kunden präsent ist. Zudem wird es in diesen Spracheinkauf-Szenarien notwendig sein, dass Payment-Informationen und Stammdaten wie mögliche Lieferadressen einfach hinterlegt und bequem in den Einkaufsprozess integriert werden können.

Wandel im Performance-Marketing – Meilensteine auf dem Weg in die Gegenwart

2

Inhaltsverzeichnis

2.1 Allgemeiner Wandel 12
2.2 Wandel im SEA 12
2.3 Wandel im SEO 12
2.4 Wandel im Social-Media-Advertising 13
2.5 Wandel im Display Advertising 13
2.6 Wandel im Affiliate-Marketing 14
2.7 Wandel im E-Mail-Marketing 14
2.8 Wandel der Technologie 14
2.9 Wandel der Daten 15
2.10 Wandel der Kunden 15
2.11 Fazit 15

Zusammenfassung

Seit seiner Einführung hat sich das Performance-Marketing stetig verändert. Strategien, die in den Anfangsjahren noch erfolgsversprechend waren, funktionieren heutzutage aufgrund von Änderungen und technologischem Fortschritt nicht mehr. Dafür sind neue Optionen entstanden. Die größten Änderungen in jedem Performance-Marketing-Kanal werden in diesem Kapitel beschrieben.

In den ersten Jahren des neuen Jahrtausends war Performance-Marketing eine relativ leichte Angelegenheit. Die technischen Hilfsmittel hatten im Vergleich zu heute einen rudimentären Funktionsumfang, Nutzer verwendeten fast ausschließlich ein Online-Zugangsgerät (den Personal Computer, in Fachkreisen als „PC“ bekannt) und

I. Kamps und D. Schetter, *Performance Marketing*,
https://doi.org/10.1007/978-3-658-18453-7_2

geworben wurde mit einer begrenzten Auswahl an Online-Werbemitteln. Das Feld der Performance-Marketing-Dienstleister war überschaubar und die Szene wurde hauptsächlich von Autodidakten beherrscht.

Angetrieben vom technischen Fortschritt wurde Performance-Marketing immer komplexer, was dazu geführt hat, dass heute kaum ein Protagonist gleichwertige Qualität in allen Disziplinen liefern kann. Auf dem Weg in die heutige Zeit hat es zum Teil revolutionäre Veränderungen gegeben, wie die nachfolgenden Beispiele veranschaulichen.

2.1 Allgemeiner Wandel

In der Vergangenheit wurde der Erfolg einer Performance-Marketing-Maßnahme fast ausschließlich anhand des letzten Cookies bemessen, d. h., dem letzten Werbekontakt (z. B. einem SEA-Klick) vor dem Kaufabschluss wurde der gesamte Erfolg einer Online-Werbekampagne zugeschrieben. In jüngeren Jahren hat sich die Erkenntnis durchgesetzt, dass ein holistischer Ansatz mit einem Blick auf alle am Kauf beteiligten Werbekontakte notwendig ist. Denn Kaufabschlüsse gehen in den seltensten Fällen auf nur einen Werbekontakt zurück. Eine denkbare Kette bestände aus einem E-Mail-Klick, dann dem Wahrnehmen eines Retargeting-Banners und einer anschließenden Suche bei Google. Hier wären also drei Kanäle am Kauf beteiligt gewesen.

Nur ein Blick auf die komplette Customer Journey zeigt, welche Online-Werbekanäle wirklich funktionieren und wohin Werbebudgets allokiert werden, um maximale Effizienz zu erreichen. Aus diesem Grund wurden Attributionsmodelle entworfen und entsprechende Software entwickelt, mit denen der ganzheitliche Blick möglich wird. Aber dadurch wird die Sache natürlich auch deutlich komplizierter.

2.2 Wandel im SEA

Google versucht seinen Hauptumsatzbringer AdWords ständig mit neuen Features aufzuwerten, um für Werbekunden interessant zu bleiben. Zwei große Änderungen haben das Bespielen des SEA-Kanals aber deutlich herausfordernder gemacht: Die Einführung von Product Listing Ads (PLAs) und die Verschiebung des Nutzerverhaltens auf mobile Endgeräte, die – wie wir noch sehen werden – das gesamte Performance-Marketing deutlich verändert hat.

2.3 Wandel im SEO

Damals bestand Suchmaschinen-Optimierung noch primär aus der Formulierung von Texten mit einer bestimmten Länge, in denen das entsprechende Keyword mehrfach vorkam. Diese Texte wurden dann mit verschiedenen Backlinks von externen Seiten versehen und fertig war das Ranking.

Diverse Algorithmen-Updates später funktioniert diese Strategie abseits einiger kleiner Nischen nicht mehr. Jetzt steht aktueller und relevanter Inhalt im Vordergrund, während zu viele und minderwertige Backlinks gleich die Gefahr bergen, von Google als Spam wahrgenommen zu werden.

2.4 Wandel im Social-Media-Advertising

In den letzten Jahren ist Social–Media,allen voran Facebook, zu einem der wichtigsten Performance-Marketing-Kanäle avanciert. Das hat drei Hauptgründe: Organische Reichweite auf Facebook ist kaum mehr existent. Konnte man vor einigen Jahren die Fans der eigenen Facebook-Seite noch sehr gut mit kostenlosen Postings erreichen, sehen heutzutage oft nur noch drei Prozent der Follower diese Beiträge.[1] Daher müssen Unternehmen mit kostenpflichtigen Facebook Ads nachhelfen, um die gewünschte Reichweite zu erzielen. Im Gegenzug dafür erhalten Performance-Marketer durch die Interessenprofile der Nutzer so granulare Targeting-Optionen wie in keinem anderen Kanal. So lassen sich beispielsweise ausschließlich Taubenzüchter-Fans adressieren. Der dritte Grund ist die gute Nutzbarkeit von Social-Media-Werbung über verschiedene Geräte (Cross-Device) hinweg. Durch das Log-in bei Facebook werden die Nutzer auf sämtlichen genutzten Endgeräten eindeutig identifiziert und so kann die Werbung dementsprechend ausgesteuert werden.

2.5 Wandel im Display Advertising

Galt Display Advertising vor einigen Jahren noch als schwerfällig und ineffizient, hat der Kanal durch den programmatischen Ansatz eine wahre Renaissance erlebt. Es stehen mehr Daten zur Verfügung, die einen deutlich intelligenteren Einsatz ermöglichen. Und nicht zuletzt durch ausgereifte Retargeting-Strategien und dynamische Werbeformate hat Display Advertising seinen festen Platz im Performance-Marketing erobert.

Die Verschiebung der Online-Nutzung auf mobile Endgeräte bereitet dem Display Advertising wegen der kleineren Displays Probleme und wird dort immer häufiger durch Native Advertising (meistens als Bild-Text-Kombination im Stil der Website gehalten) ersetzt.

[1] t3n.de/news/facebook-reichweite-omr-801942/Zuletzt aufgerufen am 28.06.2017.

2.6 Wandel im Affiliate-Marketing

Die Abrechnung per Cost-per-Order (CPO), bei der das letzte Cookie die Provision erhält, hat dafür gesorgt, dass heutzutage fast ausschließlich diejenigen Publisher-Modelle erfolgreich sind, die erst kurz vor dem Kaufabschluss in Erscheinung treten. Das sind beispielsweise Gutscheinseiten oder Cashback-Systeme, die meist erst dann benötigt werden, wenn sich der Kunde eigentlich schon entschieden hat.

Publisher-Modelle wie z. B. Blogger, die Kunden erst auf ein Produkt aufmerksam machen, gehen hingegen leer aus, da ihr Cookie von einem anderen Affiliate überschrieben wurde. Daher wenden sich Blogger aktuell eher vom Affiliate-Marketing ab und suchen ihr „Heil" in alternativen Monetarisierungsoptionen. Um das Affiliate-Marketing wieder attraktiv für informierende Publisher zu machen, experimentiert die Branche verstärkt mit Attribution (Aufteilung der Provision auf mehrere Publisher) oder versucht neue Vergütungsmodelle abseits des CPOs zu etablieren.

2.7 Wandel im E-Mail-Marketing

Änderungen im E-Mail-Marketing hatten in der Vergangenheit oft rechtliche Gründe. So wurde in den letzten Jahren gerichtlich geklärt, wann E-Mails als Spam deklariert werden, wann ein Wettbewerbsverstoß vorliegt und wie es sich mit Co-Registrierungen bei Gewinnspielen verhält.

Aber wie bei den anderen Kanälen hat sich durch die mobile Revolution auch die Art verändert, wie E-Mails von den Nutzern konsumiert werden und welche Darstellungsformen möglich sind. Darüber hinaus ist mit Apps und ihren Push-Nachrichten ein ganz neues Spielfeld im Dialog-Marketing entstanden.

2.8 Wandel der Technologie

Technologie spielt heutzutage eine noch weit größere Rolle für sämtliche Performance-Marketing-Kanäle, als es noch vor einigen Jahren der Fall war. Es gibt Bid-Management-Plattformen, Software für Attribution und zur Steigerung der Conversion, SEO-Tools, verschiedene Social Networks, DSPs, DMPs, Retargeting-Dienstleister und vieles mehr. Produktlisten für Google Shopping müssen gepflegt und immer neue Technologien evaluiert werden.

Eine gute Performance-Marketing-Strategie besteht heutzutage aus verschiedenen Ebenen und jede dieser Ebenen benötigt eigene Technologien und ein effizientes Management.

2.9 Wandel der Daten

Die zuvor genannten Tools und Instrumente erzeugen einen großen Datenwust, der sinnvoll ausgewertet werden muss. Denn werden die entstehenden Daten falsch interpretiert, werden falsche Entscheidungen getroffen, die schnell teuer werden können.

Darüber hinaus stehen auch für Werbekampagnen immer mehr Daten zur Verfügung, die gewinnbringend eingesetzt werden wollen. Was mit den auf der eigenen Website gesammelten First-Party-Daten noch recht einfach geht, wird beim Einsatz von Second-Party- und Third-Party-Daten deutlich komplexer, nicht zuletzt durch den Datenschutzaspekt.

2.10 Wandel der Kunden

Als größten Wandel beim Verhalten der Nutzer müssen natürlich Mobiltelefone genannt werden. Es gibt eigentlich keine Website mehr, die nicht häufiger über Smartphones und Tablets besucht wird, als mit einem Desktop-PC oder Laptop. Seit sich mobile Endgeräte auf breiter Front durchgesetzt haben, finden Kaufprozesse entweder auf verschiedenen Geräten statt (z. B. Recherche auf dem Smartphone, Kaufabschluss auf dem Laptop) oder werden komplett auf dem Smartphone durchgeführt.

Da der Erfolg von Performance-Marketing-Maßnahmen in der Regel immer noch mit Cookies gemessen wird, gibt es ein Problem:Denn Cookies spielen in der mobilen Welt nur eine untergeordnete Rolle. In Apps funktionieren sie beispielsweise nur eingeschränkt.. Dadurch wird es nicht leichter, zuverlässige Analysen vorzunehmen. Entsprechende technologische Systeme sind aber in der Entwicklung und finden ihren Einzug in Web-Analyse- bzw. Trackinglösungen.

2.11 Fazit

Das Schöne am Wandel im Performance-Marketing ist die Tatsache, dass neue Komplexität auch immer wieder neue Chancen eröffnet. Durch neue Technologien und Funktionen bei bestehenden Systemen ergeben sich immer wieder Zeitfenster, in denen sich neue Ansätze und erfolgreiche Strategien entwickeln lassen. Man muss stetig am Ball bleiben!

Teil II
Performance-Marketing-Kanäle

Suchmaschinen-Optimierung – der Weg zu „kostenlosem" Traffic

3

Inhaltsverzeichnis

3.1 Was ist Suchmaschinen-Optimierung? 20
3.2 Die Marktteilnehmer in der Suchmaschinen-Optimierung 20
3.2.1 Suchmaschinen 20
3.2.2 Advertiser 21
3.2.3 „SEOs" 21
3.2.4 Tool-Anbieter 22
3.3 Die verschiedenen Bausteine der Suchmaschinen-Optimierung 22
3.3.1 Onpage-Optimierung 22
3.3.2 Offpage-Optimierung 23
3.3.3 Content- und Keyword-Strategie 23
3.4 KPIs in der Suchmaschinen-Optimierung 24
3.4.1 Sichtbarkeit 24
3.4.2 Seiten-Performance 24
3.4.2.1 Page Speed 25
3.4.2.2 Anzahl indexierter Seiten 25
3.4.2.3 Anzahl der Fehlerseiten 25
3.4.3 Ranking 25
3.4.4 Linkpopularität 26
3.4.5 Domainpopularität 26
3.4.6 Traffic 26
3.4.6.1 Direkte Seitenbesucher (Direct Type-in) 27
3.4.6.2 Organische Suchergebnisse (brand/non-brand) 27
3.4.7 Social Signals 27
3.4.8 Termgewichtung (WDF*IDF) 27
3.4.9 PageRank 28
3.5 Tools für die Suchmaschinen-Optimierung 28
3.5.1 Google Trends 28
3.5.2 SimilarWeb 28
3.5.3 Sistrix 30

I. Kamps und D. Schetter, *Performance Marketing*,
https://doi.org/10.1007/978-3-658-18453-7_3

3.5.4 Ryte . . . 30
3.5.5 Answer the Public . . . 31
3.6 Checkliste . . . 31
3.7 Interessante Links . . . 32
3.8 Interview mit Julian Dziki (Seokratie GmbH) . . . 32
3.9 Spezialfall Baidu – Die Suchmaschine des „Drachen" . . . 34
3.9.1 Interview mit Marcus Pentzek (UDG United Digital Group) . . . 35

Zusammenfassung

Mit Suchmaschinen-Optimierung werden alle Maßnahmen bezeichnet, mit denen das Ranking innerhalb der organischen Ergebnisse einer Suchmaschine (vor allem Google) positiv beeinflusst werden soll, um dadurch mehr Besucher auf die eigene Website zu lenken. In diesem Kapitel werden die verschiedenen Maßnahmen vorgestellt, die es in der Suchmaschinen-Optimierung gibt und es wird aufgezeigt, wie sich der Erfolg der Maßnahmen messen lässt. Da komplexe SEO Strategien heute kaum noch ohne den Einsatz von spezialisierter Software umsetzbar sind, werden in diesem Kapitel die wichtigsten SEO Tools vorgestellt.

3.1 Was ist Suchmaschinen-Optimierung?

Suchmaschinen-Optimierung wird in der Regel als SEO bezeichnet und hat seinen Ursprung im englischen Begriff Search Engine Optimization. Ziel der Suchmaschinen-Optimierung ist es, Inhalte wie z. B. Texte, Videos, Bilder usw. optimal in den organischen Ergebnissen von Suchmaschinen zu platzieren, um über diesen Weg möglichst viele Besucher auf diese Inhalte zu führen.

Unter einer „optimalen" Platzierung innerhalb der SERPs (Search Engine Result Pages) versteht man aber nicht nur die reine Position (je weiter vorne, desto besser), sondern auch die möglichst nutzerfreundliche Darstellung der jeweiligen Informationen, damit die User das Suchergebnis auch anklicken und zur jeweiligen Website kommen.

Je mehr Top-Platzierungen innerhalb der SERPs erreicht und je nutzerfreundlicher die Inhalte dargestellt werden, desto größer ist der Anteil an „kostenlosem" (organischem) Traffic aus den Suchmaschinen. Der Algorithmus, der für die Berechnung der Position einer Website in den Suchergebnissen verantwortlich ist, bezieht mittlerweile weit über 200 unterschiedliche Faktoren in die Bewertung mit ein (Abb. 3.1).

3.2 Die Marktteilnehmer in der Suchmaschinen-Optimierung

3.2.1 Suchmaschinen

Die wesentlichen marktbeherrschenden Teilnehmer im Bereich der Suchmaschinen-Optimierung sind natürlich die Suchmaschinen selbst, denn sie legen durch ihre

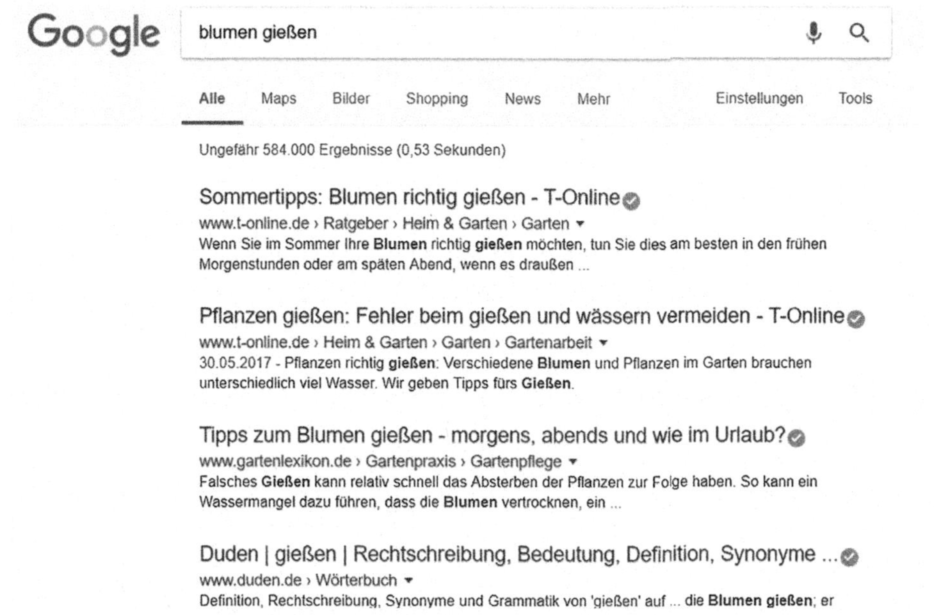

Abb. 3.1 Organische Suchergebnisse „blumen gießen“

technischen Grundlagen und ihre permanente funktionale Weiterentwicklung die Spielregeln in diesem Markt fest. Die Zielsetzung der Suchmaschinen liegt darin, Inhalte auf Basis von Nutzersignalen (in der Regel Suchanfragen) optimal auf dem jeweiligen Endgerät darzustellen und nutzbar zu machen. Die bekanntesten und derzeit relevantesten Suchmaschinen sind Google, Baidu, Bing, Yahoo! und Yandex.

3.2.2 Advertiser

Die zweite wesentliche Gruppe in diesem Umfeld sind die Anbieter (Werbetreibenden) von Inhalten, die diese möglichst zielgerichtet und umfassend durch die Hilfe von Suchmaschinen platzieren und vermarkten möchten. Ziel der Content-Anbieter ist es, den Anteil an unbezahltem/organischem Traffic auszubauen und eine maximale Sichtbarkeit für die eigenen Inhalte in den verschiedenen Suchmaschinen zu erreichen.

3.2.3 „SEOs“

Zusammengebracht werden die ersten beiden Marktteilnehmer durch professionelle Suchmaschinen-Optimierer, die die funktionalen und technischen Prämissen der Suchmaschinen analysieren und auf dieser Basis entsprechende Strategien entwerfen, um die

Inhalte von Werbetreibenden besser in den Ergebnisseiten der Suchmaschinen zu platzieren. Im Performance-Marketing wird in der Regel von dem „SEO" gesprochen, was wiederum den SEO-Consultant (w/m) meint.

3.2.4 Tool-Anbieter

Zur quantitativen und qualitativen Analyse der SEO-Performance gibt es einen großen Markt an Tool-Anbietern, die den Markt komplettieren.

Die SEO-Tools dienen z. B. dazu, vielversprechende Keywords zu identifizieren, technische Voraussetzungen wie die Ladezeit (Pagespeed) oder den Quellcode einer Website auszuwerten, Verlinkungen innerhalb der Website zu prüfen und externe Verlinkungen zu überwachen usw. Neben der Messung dieser SEO-Indikatoren hat sich zusätzlich eine weitaus komplexere Messgröße in der Suchmaschinen-Optimierung etabliert, die „Sichtbarkeit". Die Messung der Sichtbarkeit der eigenen Inhalte in einer Suchmaschine, ist einer der entscheidenden Performance-Indikatoren für den Erfolg von Maßnahmen zur Suchmaschinen-Optimierung.

Grundlegend werden zwei Typen von SEO-Tools unterschieden, Offpage-Tools und Onpage-Tools. Offpage-SEO-Tools analysieren externe Einflüsse in Form von Verlinkungen auf eine Website, während Onpage-SEO-Tools die Website selbst analysieren. Einfacher und verständlich lassen sich die Tools, die zur Suchmaschinen-Optimierung zur Verfügung stehen, in die Kategorien „Tools, die konkrete Optimierungsvorschläge liefern" und „Tools, die KPIs zur SEO-Performance darstellen" unterteilen.

3.3 Die verschiedenen Bausteine der Suchmaschinen-Optimierung

Aufgrund des wachsenden Wettbewerbs um den organischen Teil der Suchergebnisse und den immer komplexeren Algorithmen der Suchmaschinen, die zur Bewertung der Inhalte herangezogen werden, hat sich Suchmaschinen-Optimierung zu einer vielseitigen Spezialdisziplin innerhalb des Performance-Marketings entwickelt. Verschiedenste Rankingfaktoren kombiniert mit individuellen User-Signalen führen am Ende zur Platzierung von Inhalten auf den Ergebnisseiten der Suchmaschinen. Zu den wesentlichen SEO-Bausteinen gehören:

3.3.1 Onpage-Optimierung

Häufig beginnt die ganzheitliche Suchmaschinen-Optimierung mit der Onpage- oder auch Onsite-Optimierung. Konkret beschreibt Onpage-Optimierung die Summe aller Maßnahmen, die in direkter Verbindung mit der Website stehen und zur nachhaltigen Verbesserung der Auffindbarkeit in Suchmaschinen führen. Dabei handelt es sich im Wesentlichen um die technischen und strukturellen Aspekte der Website. Zu den relevanten technischen Optimierungsfaktoren gehören z. B. Struktur der Website, URL-Design, interne Verlinkungen, gut strukturierter HTML-Code und die Ladezeit. Immer wichtiger werdend ist in diesem Zusammenhang die optimale Darstellung der Website-Inhalte auf unterschiedlichen Endgeräten (Mobiltelefon, Tablet, Smart-TV, Desktop), da die Suchmaschinen die Ergebnisse auf Basis des verwendeten Geräts, mit dem der User online ist, anpassen. In diesem Zusammenhang spricht man sehr häufig von Responsive Webdesign (RWD), dass einen wesentlichen Baustein für die Onpage-Optimierung für unterschiedliche Endgeräte darstellt. Die technische Onpage-Optimierung wird häufig auf Projektbasis umgesetzt, da die Maßnahmen endlich sind und in der Regel IT-Ressourcen erfordern und binden.

3.3.2 Offpage-Optimierung

Das zweite sehr große Feld der Suchmaschinen-Optimierung ist die Offpage- oder auch Offsite-Optimierung. Hierbei werden sämtliche Maßnahmen zusammengefasst, die außerhalb der eigenen Website liegen. Im Wesentlichen geht es hierbei um die Einordnung der eigenen Inhalte im Vergleich zu ähnlichen Inhalten anderer Websites. Man spricht in diesem Zusammenhang sehr häufig auch von Website-Reputation oder der Relevanz einer Website. Diese Reputation wird im Wesentlichen durch die Linkpopularität, also die Menge der auf die Website verweisenden Links (Backlinks), bestimmt. Weitere positive Einflussfaktoren auf die Reputation der Website sind z. B. das Linkprofil (Quantität und Qualität der Backlinks) und die Nennungen (Social Signals) innerhalb von sozialen Netzwerken (z. B. Facebook, Twitter). Die Maßnahmen zur Offpage-Optimierung sind sehr vielfältig und bedürfen in der Regel keinerlei technischer Eingriffe in die Website selbst. Aufgrund der scheinbar leicht zu beeinflussenden Offpage-Faktoren verfeinern die Suchmaschinen ihre Algorithmen kontinuierlich und versuchen auf diesem Weg, jegliche Form der externen „Manipulation" (SPAM) der Website-Reputation zu erkennen und strafen diese ab. Die Offpage-Optimierung ist ein kontinuierlicher SEO-Baustein, der Teil einer ganzheitlichen und nachhaltigen SEO-Strategie sein sollte.

3.3.3 Content- und Keyword-Strategie

Neben den beiden großen Bausteinen Onpage- und Offpage-Optimierung gibt es noch zwei weitere große Felder der Suchmaschinen-Optimierung, nämlich die Content-Strategie und die Keyword-Strategie. Unter der SEO-Keyword-Strategie versteht man im Allgemeinen das Identifizieren von relevanten und erfolgsversprechenden Keywords, die zu der zu optimierenden Website passen. Die Content-Strategie greift nahtlos in die Keyword-Strategie ein und definiert die relevanten Inhalte, nach denen die potenziellen User der Website suchen. Beide Elemente werden im Wettbewerb um den größtmöglichen

Anteil an organischem Traffic immer wichtiger, da die stetige Weiterentwicklung der Suchalgorithmen und auch das Suchverhalten der User immer anspruchsvoller bzw. komplexer werden. Die Content- und Keyword-Strategie zahlt sowohl auf die Onpage- als auch auf die Offpage-Optimierung ein. So werden z. B. Umfelder für potenzielle Backlinks auf Basis von relevanten SEO-Keywords und SEO-Contents definiert. Aber auch die entsprechende Zielseite auf der Website muss auf das spezifische Keyword bzw. den Content optimiert werden, damit nicht nur die Suchmaschine die Relevanz hoch bewertet, sondern auch die tatsächliche Nutzererfahrung nachhaltig positiv ist.

Durch die semantische Suche und die aufkommende Sprachsuche verlieren einzelne Keywords an Bedeutung und der Kontext, in dem das jeweilige Keyword verwendet wird, gewinnt massiv an Einfluss. Die Intention bei der Verwendung eines Keywords kann verschiedene Ausprägungen haben, z. B. Navigationssuche, Transaktionssuche oder Informationssuche.

Über allem steht daher gestern, heute und wahrscheinlich auch morgen die Aussage „Content is King". Dabei sollte beachtet werden, dass sich dieser Bereich in diverse Content-Typen gliedert, z. B. Text, Bilder, Videos, Applikationen usw. Im Rahmen der Content-Strategie werden heute immer mehr Inhalte, durch die Werbetreibenden, gezielt für die Verbreitung auf anderen Plattformen, zur Traffic-Generierung und zum Aufbau von hochwertigen Backlinks erstellt und distribuiert.

3.4 KPIs in der Suchmaschinen-Optimierung

3.4.1 Sichtbarkeit

Um die Sichtbarkeit einer Website möglichst objektiv darzustellen, wird von einigen führenden SEO-Tool-Anbietern ein künstlicher Sichtbarkeitsindex berechnet, der als „Quasi-Standard" für die Suchmaschinen-Optimierung dient. Die Sichtbarkeit drückt aus, wie viele Top-Platzierungen eine Website für ein definiertes Set an Keywords auf den Ergebnisseiten der Suchmaschinen hat. Dieser Index kann zwischen den unterschiedlichen Tool-Anbietern variieren, da die Erhebung der Daten so wie auch die Berechnung der jeweiligen Indexe auf unterschiedlichen technischen und mathematischen Verfahren basiert.

3.4.2 Seiten-Performance

Die Seiten-Performance setzt sich aus verschiedenen messbaren Faktoren zusammen und versucht durch objektive bzw. vergleichbare Ergebnisse eine Bewertung der Leistungsfähigkeit einer Website darzustellen. Gängige Indikatoren der Seiten-Performance sind z. B. Page Speed, Anzahl indexierter Seiten und die Anzahl der 404-Fehlerseiten.

3.4.2.1 Page Speed

Page Speed ist kurz gesagt die Ladezeit einer Website. Darunter versteht man die Zeitspanne zwischen der Suchanfrage und dem vollständigen Laden sämtlicher Inhalte der Zielseite. Aus verschiedenen Aspekten hat Page Speed an Wichtigkeit gewonnen.[1] Zum einen, da mittlerweile der Großteil aller Suchanfragen mobil getätigt wird und die mobile Bandbreite noch sehr gering sein kann. Zum anderen, da bei langer Ladezeit eine negative User-Experience entsteht und aus Sicht der Suchmaschine die Gefahr besteht, dass die Suchanfrage abgebrochen wird.

3.4.2.2 Anzahl indexierter Seiten

Die Anzahl der in den Suchmaschinen indexierten Einzelseiten einer Website nennt man auch Indexierungsquote. Hierbei ist es wichtig, nicht nur die reine Anzahl der indexierten Seiten zu betrachten, sondern auch die Qualität zu prüfen. Damit ist gemeint, dass die Menge der indexierten Seiten in der Suchmaschine regelmäßig bereinigt wird und primär relevante Seiten im Index sein sollten. Unerwünschte bzw. irrelevante Seiten können z. B. gezielt über die Google Search Console aus dem Index entfernt werden.

3.4.2.3 Anzahl der Fehlerseiten

In dem Zusammenhang der indexierten Seiten ist die Anzahl der Fehlerseiten zu beachten. Auf der einen Seite führen 404-Fehlerseiten zu einer schlechten User-Experience und sind ein Indikator für fehlerhafte Verlinkungen. Auf der anderen Seite können 404-Fehlerseiten die Anzahl der im Suchmaschinenindex vorhandenen Seiten negativ beeinflussen, denn es steht pro Domain nur ein limitiertes Crawlbudget zur Verfügung. Damit kann es passieren, dass relevante Seiten nicht erfasst und indexiert werden, da irrelevante Seiten wie z. B. 404-Fehlerseiten das Crawlbudget bereits verbraucht haben.

3.4.3 Ranking

Das Suchmaschinenranking beschreibt die Position eines Ergebnisses innerhalb der organischen Suchmaschinenergebnisse zu einem bestimmten Suchbegriff oder einer Suchphrase. Die Reihenfolge und die Position der Ergebnisse können von Suchmaschine zu Suchmaschine völlig unterschiedlich ausfallen. Selbst innerhalb derselben Suchmaschine können die Inhalte der SERPs variieren, denn diese hängen unter anderem vom verwendeten Endgerät, der Suchhistorie des Nutzers und weiterer nutzerspezifischer Faktoren ab.

[1] entwickler.de/online/mobile/mobile-first-amp-seo-579798702.html Zuletzt abgerufen am 28.06.2017.

3.4.4 Linkpopularität

Als Linkpopularität bezeichnet man in der Regel die Anzahl der auf eine Website verweisenden externen Verlinkungen. Es gibt keine definierte Kennzahl, die die Linkpopularität ausdrückt und darüber hinaus steht sie auch nicht zwingend in einem direkten Zusammenhang mit dem Ranking einer Website. Die Zusammensetzung der externen Links hinsichtlich Umfang und Qualität, die auf die Website zeigen, bietet den Suchmaschinen wichtige Indikatoren für die Bewertung der Qualität. Sie hat damit Einfluss auf das Ranking der entsprechenden Website, sowohl im positiven als auch im negativen Sinne. So führen z. B. häufig rein quantitative Manipulationen der externen Verlinkungen durch aktiven Linkkauf oder Linktausch zu Penaltys und Abstrafungen beim Ranking.

3.4.5 Domainpopularität

Als Domainpopularität wird die Menge der externen Verlinkungen bezeichnet, die von unterschiedlichen Domains kommen. Hierbei ist zu beachten, dass pro Domain jeweils nur eine Verlinkung gewertet wird. Man kann also grundsätzlich sagen, dass je häufiger eine Website von unterschiedlichen Domains verlinkt wird, desto größer ist die Domainpopularität. Aber auch hier gilt wie bei der bereits beschriebenen Linkpopularität, dass die quantitative Betrachtung nicht ausreicht, sondern die Algorithmen der Suchmaschinen die Qualität und Autorität der jeweiligen Domains mit in die Bewertung für das Ranking miteinbeziehen.

3.4.6 Traffic

Der Traffic einer Website setzt sich aus verschiedenen Typen von Traffic zusammen. Grundsätzlich kann man sagen, dass Traffic die Menge der Besucher auf einer Website darstellt. Entscheidend für die Art des Traffics ist der Weg des Besuchers bis zur jeweiligen Website. Für die Suchmaschinen-Optimierung sollten zwei Traffic-Typen unterschieden werden. Zum einen den Direct Type-in Traffic und zum anderen den Traffic über generische Suchanfragen bzw. die organischen Suchergebnisse.

Generell werden drei Arten von Suchanfragen unterschieden.

- **Navigations-Suchanfragen**
  Der User sucht nach einer bestimmten Website.
- **Informations-Suchanfragen**
  Der User sucht Informationen zu einem bestimmten Thema.
- **Transaktions-Suchanfragen**
  Der User sucht nach einem bestimmten Produkt oder nach einer bestimmten Dienstleistung mit einem klaren Kaufinteresse.

3.4.6.1 Direkte Seitenbesucher (Direct Type-in)

Als Direct Type-in Traffic wird die Anzahl der Besucher bezeichnet, die über die direkte Eingabe einer URL in die Suchmaske der Suchmaschine auf eine Website kommen. Die Menge des Direct Type-in Traffics korreliert zum einen mit der Markenbekanntheit und zum anderen mit der Häufigkeit der Suchanfragen zu einem bestimmten Keyword(bei generischen Domainnamen). Der Direct Type-in Traffic gehört zu der Kategorie der Navigations-Suchanfragen.

3.4.6.2 Organische Suchergebnisse (brand/non-brand)

Als Non-Brand-Traffic oder auch Search-Traffic wird der Teil der Besucher bezeichnet, der über nicht markenbezogene Suchanfragen auf eine Website kommt. In der Regel kann man sagen, dass dieser Traffic eine andere Nutzerintention aufweist, da er noch keine konkrete Marke in seiner Suchanfrage verwendet. Der Non-Brand-Traffic gehört daher zu der Kategorie der Informations-Suchanfragen.

3.4.7 Social Signals

Die Social Signals setzen sich aus unterschiedlichen Typen von Signalen zusammen. Grob kann man sagen, dass damit die Menge der Verlinkungen, Likes, Shares und Erwähnungen von Websites und Markennamen innerhalb sozialer Netzwerke gemeint ist. Diese sozialen Signale können abhängig von der jeweiligen Plattform unterschiedliche Ausprägungen haben. Zu den bekanntesten Social Signals zählen sicherlich die Menge der Likes für eine Website oder die Anzahl von Bewertungen eines Online-Shops. Social Signals sind aber nicht nur ein reiner Indikator für Suchmaschinen zur Bewertung des Rankings einer Website, sondern vielmehr führen sie zu einem direkten Anstieg des Traffics und ermöglichen durch die sozialen Netzwerke einen kontinuierlichen Aufbau der Reichweite und der Markenbekanntheit.

3.4.8 Termgewichtung (WDF*IDF)

Die SEO Kennzahl WDF*IDF steht für „within document frequency" * „inverse document frequency" und spiegelt das Verhältnis von Schlüssel-Begriffen einer Website zu sämtlichen in der Suchmaschine erfassten Dokumente wieder. Darüber wird die Relevanz der Website gemessen bzw. bewertet.

$$\mathrm{WDF}(i) = \frac{\log^2(\mathrm{Freq}(i,j)+1)}{\log^2(L)}$$

i = Schlüssel-Begriff
j = Dokument
L = Gesamtzahl der Wörter im Dokument j
$\mathrm{Freq}(i, j)$ = Häufigkeit des Schlüssel-Begriffs i im Dokument j

3.4.9 PageRank

Der PageRank gehört zu den historischen KPIs der Suchmaschinen-Optimierung und darf daher auch in diesem Buch nicht fehlen, obwohl er heute keine Rolle mehr spielt. Es handelt sich hierbei um eine numerische Kennzahl zwischen 0 und 10, die durch einen Algorithmus die Menge der eingehenden Links einer Website bewertet. Neben der Quantität der Links wurde zusätzlich die Qualität der eingehenden Verlinkungen zur Ermittlung des PageRanks einer Website herangezogen.

Mit der Einführung des PageRanks hat die Suchmaschinen-Optimierung eine objektive und vergleichbare Kennzahl erhalten. Der PageRank ist quasi das Fundament, das dazu geführt hat, dass SEO zu einem der führenden Performance-Marketing-Instrumente geworden ist.

3.5 Tools für die Suchmaschinen-Optimierung

Innerhalb der Suchmaschinen-Optimierung gibt es eine ganze Reihe an SEO-Tools, die dabei unterstützen, Schwachstellen von Websites zu identifizieren und Hilfestellungen für die konkreten Optimierungsmaßnahmen zu bieten.

3.5.1 Google Trends

Mit Google Trends kann überprüft werden, wie häufig nach bestimmten Begriffen bei Google gesucht wird, welche Keywords gerade sehr angesagt sind und welche YouTube-Videos aktuell besonders hohe Zugriffszahlen haben. Es ist auch sichtbar, wie sich das Interesse an bestimmten Suchbegriffen im zeitlichen Verlauf verändert hat. Google Trends kann kostenlos genutzt werden (trends.google.de) (Abb. 3.2).

3.5.2 SimilarWeb

Manchmal ist es interessant, wie sich das Besucheraufkommen von Mitbewerber-Websites entwickelt, woher dessen Besucher kommen und wie groß die Seite ist. Überprüft werden kann das mit SimilarWeb, das noch weitere interessante Informationen zu Websites bereithält. Die kostenlose Variante bietet einige Basisinformationen, während die kostenpflichtige Pro-Version noch tiefer gehende Analysen erlaubt (similarweb.com) (Abb. 3.3).

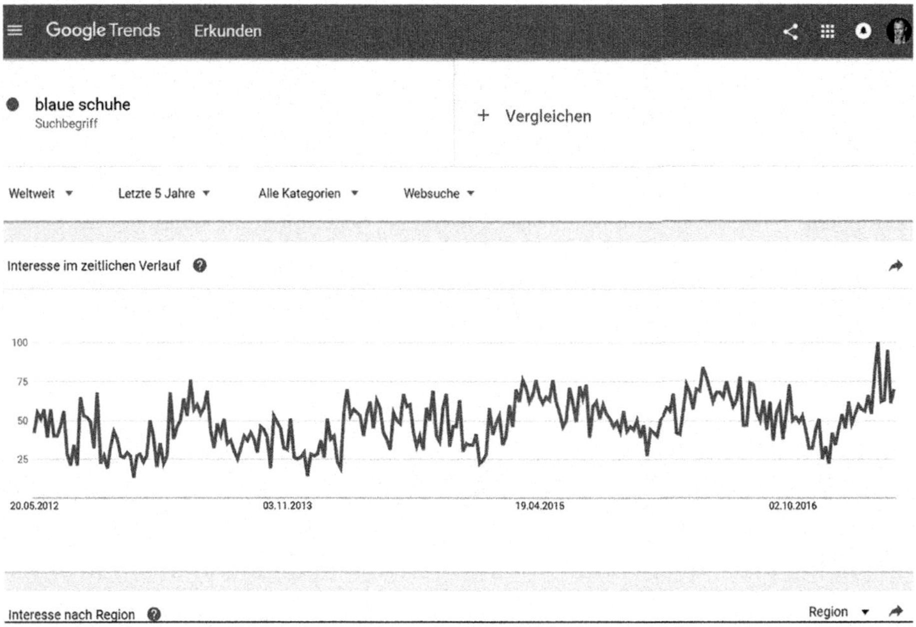

Abb. 3.2 Google Trends – Suchinteresse im zeitlichen Verlauf

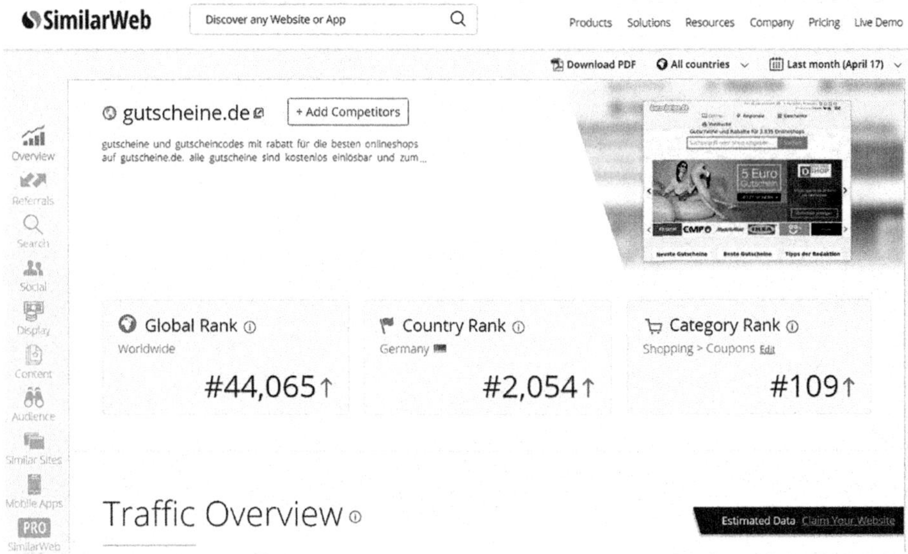

Abb. 3.3 Statistikabfrage für Gutscheine.de

3.5.3 Sistrix

Eines der beliebtesten SEO-Tools in Deutschland ist Sistrix. Bekannt geworden ist es vor allem durch seinen selbst entwickelten Sichtbarkeitsindex, mit dem sich die Sichtbarkeit einer Website in Google überprüfen lässt. Außerdem können mit dem Tool die eigenen und fremde Suchmaschinen-Rankings zu bestimmten Keywords überprüft werden (sistrix.de). Die bekannteste Alternative zu Sistrix ist Searchmetrics (searchmetrics.com) (Abb. 3.4).

3.5.4 Ryte

Ryte ist eine führende Software zu Optimierung von Webseiten. Damit lassen sich Fehler im Quellcode aufdecken, die Ladegeschwindigkeit checken, interne Verlinkungen prüfen, Inhalte verbessern und vieles mehr. Mit der Free-Version kann ein kleines Web-Projekt kostenlos analysiert werden. Für größere Websites stehen verschiedene kostenpflichtige Pakete zur Auswahl (ryte.com) (Abb. 3.5).

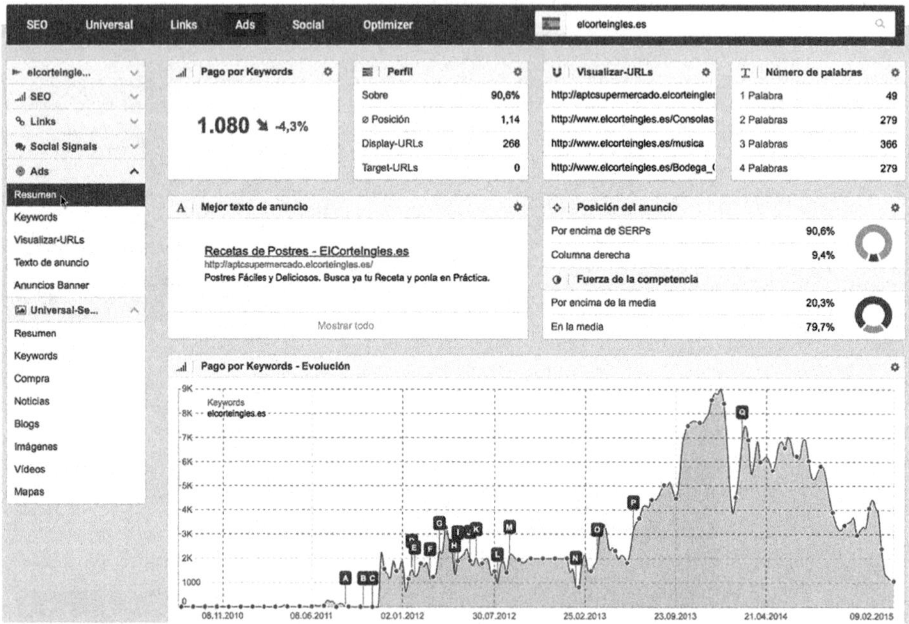

Abb. 3.4 Statistik-Oberfläche bei Sistrix

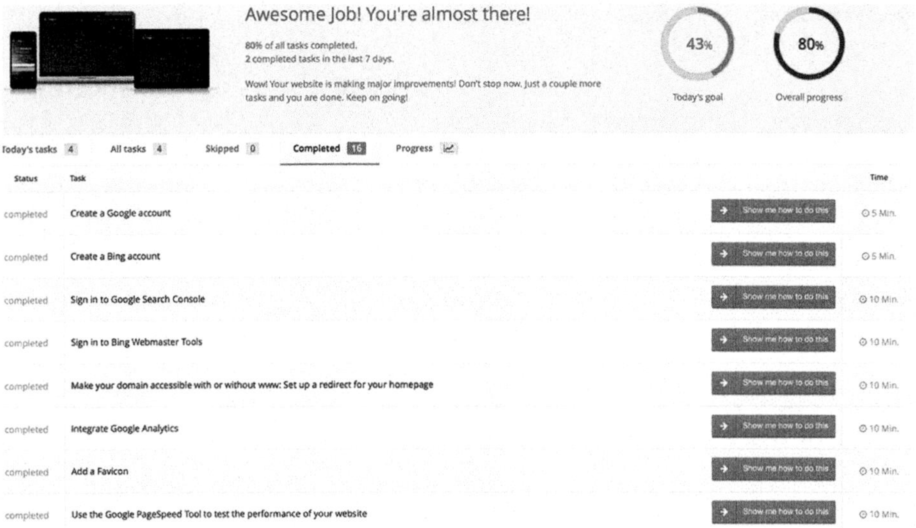

Abb. 3.5 Task-Liste bei Ryte

3.5.5 Answer the Public

Vollkommen kostenlos verwendet werden kann Answer the Public. Mit dem Tool können Kombinationen von Keywords gefunden werden. Es wird einfach ein Keyword in den Suchschlitz eingegeben (z. B. hose) und die Software findet alle möglichen ähnlichen Wörter, nach denen auch gesucht wird (z. B. hose online, hose nähen, hose kaufen etc.). Somit können leicht relevante Keywords für die eigene Website recherchiert werden (answerthepublic.com) (Abb. 3.6).

3.6 Checkliste

1. Keyword-Recherche (Fachbegriffe, Produktnamen, Dienstleistungen, Konkurrenz)
2. Analyse (Google Trends, Answer the Public)
3. Unterseiten der Website auf je ein Keyword (-Cluster) optimieren
4. Metadaten optimieren (Title, Meta Description, Meta Keywords)
5. Content optimieren (Texte, Überschriften, Keyword-Positionierung, Bilder, Videos)
6. Struktur optimieren (Navigation, Seitenaufbau, interne Links, URLs)
7. Technik (Ladezeiten, HTML, CSS)
8. Offpage (Domain, Backlinks, Ankertexte, Attribute etc.)
9. Erfolgsmessung (Google Analytics, Google Webmaster Tool, Sistrix etc.)

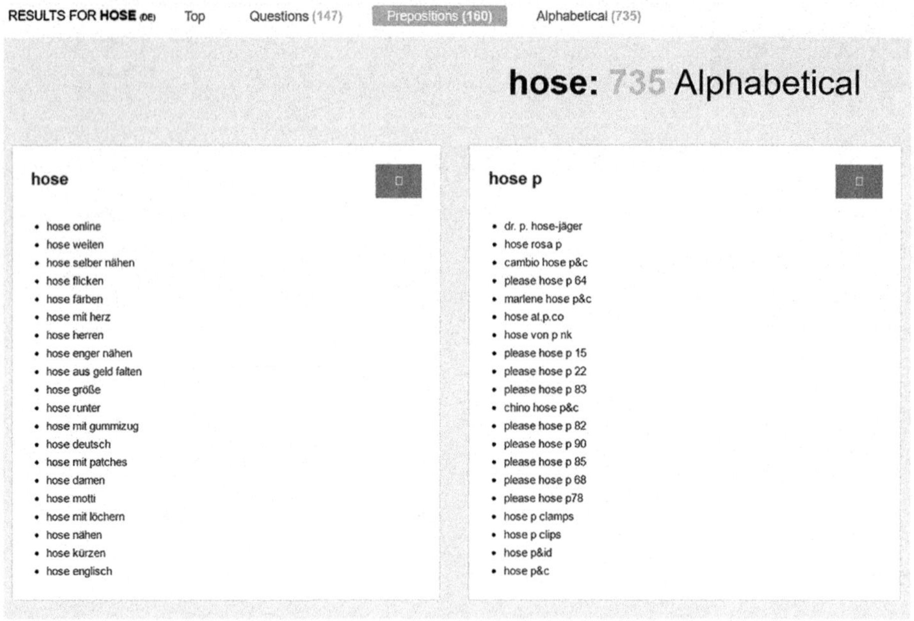

Abb. 3.6 Keyword-Recherche mit Answer the Public

3.7 Interessante Links

- de.ryte.com/knowledge-base/ – Umfangreiche Knowledge-Base zu den Themen Suchmaschinen-Optimierung und andere digitale Themen
- sistrix.de/news – Neuigkeiten und Informationen zur SEO-Szene und dem Sistrix-Tool
- seokratie.de/blog – SEO-Tipps und Branchen-News
- seo-portal.de – Online-Magazin zu allen Themen rund um die Suchmaschinen-Optimierung

3.8 Interview mit Julian Dziki (Seokratie GmbH)

- **Warum ist SEO sinnvoll?**

  Die meisten Transaktionen kommen heutzutage ohne eine dazugehörige Google-Suche nicht mehr aus. Egal, ob man sich ein Auto oder eine neue Matratze kaufen möchte, einen Kredit beantragen oder einen B2B-Dienstleister beauftragen will: Google und damit auch SEO ist die Verbindung zu unbekannten Webseiten im Internet.

  Als ich vor über zehn Jahren mit SEO anfing, gab es neben modernen Unternehmen wie Online-Shops nur wenige Firmen, die sich wirklich mit SEO beschäftigten. Heute ist es andersherum: Egal welche Dienstleistungen oder Produkte man anbietet – ohne eine SEO-optimierte Seite hat man einen großen Nachteil, weil die meisten Konkurrenten bereits SEO betreiben. Denn die Kosten für SEO sind, verglichen mit anderen Werbemaßnahmen, in der Regel vergleichsweise gering. Auch der ROI ist – verglichen mit klassischen Kanälen aber auch mit anderen Online-Marketing-Maßnahmen – nach einem entsprechend langen Zeitraum in der Regel sehr hoch.

Mit SEO kann man jeden potenziellen Kunden erreichen – mit so ziemlich jeder Geschäftsidee. Sobald es ein Bedürfnis für ein Produkt oder eine Dienstleistung gibt, gibt es auch Suchanfragen dafür. Theoretisch reicht es aus, eine möglichst passende Webseite zu dieser Suchanfrage zu bauen, um dann diese potenziellen Kunden direkt zu erreichen. Egal wie klein diese Zielgruppe ist, es kann sich enorm lohnen! So finde ich persönlich z. B. den Suchbegriff „Kreuzfahrtschiff bauen" sehr lohnenswert.

- **Was sind die größten Fehler im SEO?**

  Viele denken, dass SEO eine Abkürzung ist, um ein mittelmäßiges Produkt oder eine mittelmäßige Webseite künstlich nach oben zu pushen. Lange Zeit hat das auch funktioniert. Inzwischen kann man Google immer seltener etwas vormachen.

  Der Algorithmus, der mittlerweile sehr verfeinert worden ist, möchte die besten Webseiten auf den vorderen Plätzen der Suchergebnisse sehen und nicht diejenigen, die das beste SEO machen. Anstatt also durch Trickserеien wie Linkaufbau so zu tun als wäre man eine bekannte Seite, sollte man versuchen es wirklich zu werden – mit echtem Marketing. SEO kann heute nicht mehr der einzige Performance-Marketing-Kanal sein, sondern unterstützt die anderen Kanäle.

  Der andere größte Fehler ist schlichtweg kein SEO zu betreiben. Mittlerweile haben zum Glück die meisten Unternehmen mitbekommen, dass SEO für jedes Unternehmen wichtig ist. Trotzdem gibt es häufig keinen kompetenten Ansprechpartner, der das Thema zumindest auf dem Radar hat. Zu jedem Relaunch sollte man heute jemanden im Boot haben, der sich mit dem Thema SEO gut auskennt. Sonst kann viel Potenzial verloren gehen.

  Technische Fehler sind also nach wie vor auch noch die größten Fehler. Fehlende Weiterleitungen, Server-Fehler, doppelte Inhalte, falsche Auszeichnungen von Markups und vieles mehr. Hier kann viel Potenzial verschwendet werden.

- **Wie sieht die Zukunft des SEOs aus?**

  Machine Learning und künstliche Intelligenz werden die Zukunft prägen. Google möchte die Suchanfragen seiner User tatsächlich „verstehen" und bedient sich hier bereits heute allermodernster Technologien. Fake und Spam werden so noch schwerer in Zukunft.

  Die technischen Grundlagen des sogenannten Onpage-SEOs sind dabei weiterhin Pflicht. Die Kür wird es sein, auf einer URL möglichst viele potenzielle Suchende zufriedenzustellen und ihnen genau das zu bieten, was sie bei der Eingabe eines Suchbegriffs finden wollen.

  Gleichzeitig wird sich die Art zu Suchen durch Sprachsuche und virtuelle Agenten weiter stark verändern. Natürlich kann man nur Vermutungen äußern, aber bereits jetzt ist die mobile Suche sehr wichtig geworden – und dieser Trend wird sich weiterhin fortsetzen.

In Zukunft wird die Suche noch personalisierter auf die Bedürfnisse einzelner Nutzer reagieren können und Arzttermine beispielsweise mit dem eigenen Kalender abstimmen. So wird eine Suche nach einem Arzt künftig nur diejenigen Ärzte anzeigen, die freie Termine zu den Zeiten haben, die im eigenen Terminkalender noch frei sind.

Solche sogenannten Suchagenten stecken allerdings noch in den Kinderschuhen. Amazons Alexa, Apples Siri oder das Cortana von Microsoft sind erste vorsichtige Schritte in diese Richtung. – Allerdings wird der Durchbruch wohl noch einige Jahre auf sich warten lassen.

Kurz: Die Suche wird in Sachen Geräten mobiler, mittels K.I. intelligenter und gleichzeitig auch individueller. Für SEOs stellt das eine große Herausforderung dar. Die richtigen Informationen gewinnbringend den Suchmaschinen glaubhaft zu vermitteln, das ist die Aufgabe von Suchmaschinen-Optimierern in der Zukunft.

3.9 Spezialfall Baidu – Die Suchmaschine des „Drachen"

Das im Jahr 2000 gegründete Unternehmen Baidu, mit Hauptsitz in Beijing, ist die mit Abstand beliebteste Suchmaschine Chinas (Abb. 3.7). Mit einem Marktanteil von ca. 76 % dominiert Baidu den Chinesischen Suchmaschinenmarkt deutlich vor dem nächst

Abb. 3.7 Suchergebnisse von Baidu „fidget spinner"

größeren Wettbewerber Shenma, der nur auf ca. 9 % kommt.[2] Die Verteilung der Marktanteile bei mobilem Traffic (Handys und Tablets) liegt bei ca. 82 % für Baidu und bei ca. 14 % für Shenma. Dieser Marktanteil und der Erfolg von Baidu haben die Gründer Robin Li und Eric Xu zu zwei der reichsten Personen Chinas gemacht.[3]

Das Geschäftsmodell von Baidu ist vergleichbar mit dem von Google, es werden Werbeplätze gegen Geld angeboten und im Gegenzug liefert Baidu nicht nur eine Suchmaschine sondern auch noch eine Vielzahl weiterer Internetdienstleistungen rund um E-Commerce, Soziale Netzwerke, Navigation, Mobilfunk usw.[4] Bereits heute erzielt Baidu über 30 % seiner Umsätze aus der Vermarktung von mobilem Traffic.

Baidu ist daher nicht nur für Unternehmen relevant, die in China erfolgreich sein wollen, sondern wird zunehmend auch für die Erschließung bzw. gezielte Ansprache chinesischer Communities weltweit interessant.

3.9.1 Interview mit Marcus Pentzek (UDG United Digital Group)

Warum und für wen ist SEO für Baidu sinnvoll?
SEO für Baidu bedeutet, die Website Findbarkeit in China's stärkster klassischen Suchmaschine zu verbessern. Dies ist sinnvoll für jedes Unternehmen, welches das Ziel hat, in China Marktanteile für seinen Brand und Produkte zu erweitern.

Auch wenn die Regeln nach denen die großen Suchmaschinen Google, Bing, Yandex und Baidu die Relevanz von Websites und Dokumenten im Internet berechnen ähnlich sind, so merken Websitebetreiber aus den klassischen Google-Märkten, dass ihnen mehr Hürden in den Weg gelegt werden, als sie dies erwarten würden.

Trotz technisch guter OnPage-Optimierung bleiben Ergebnisse für die Zielkeywords aus. Stellen sich die erhofften Rankings ein, bleiben die Besucherzahlen und vor allem die Conversions nicht selten hinter den Erwartungen zurück.

Anders als bei uns verteilen sich die Rechercheaktivitäten viel mehr auch auf die Sozialen Medien, welche in China eine ganz eigene Dynamik entwickelt haben. Dennoch können „die wenigen Besucher", die man über die organische Baidu-Suche gewinnen kann, oft die Besucherzahlen aus weniger einwohnerstarken (Google-)Märkten, wie beispielsweise Deutschland oder die USA, in den Schatten stellen.

Was sind die größten Fehler bei SEO für Baidu?
Blackhat-SEO: Die großen Player (darunter auch Baidu selbst) dominieren die Top 10 der Suchergebnisse. Chinesische SEO Dienstleister, die es wie Sand am Meer gibt,

[2] https://www.chinainternetwatch.com/20538/search-engine-market-share-apr-2017/. Zuletzt abgerufen am 25.06.2017.

[3] http://www.gf-china-marketing.de/baidu-geschichte-robin-li-baidu-eric-xu-suchmaschine/. Zuletzt abgerufen am 25.06.2017.

[4] http://ir.baidu.com/phoenix.zhtml?c=188488&p=irol-searchservices. Zuletzt abgerufen am 25.06.2017.

scheinen die letzte Hoffnung. Doch hier ist Vorsicht geboten: viele schwarze Schafe wittern das große Geld und bieten Blackhat-SEO-Techniken an, mit denen bei Baidu oft noch gute Rankings erzielt werden können. Doch die zu befürchtenden Langzeitschäden für die Website sind vorprogrammiert. Baidu wird vergleichsweise schneller auch auf neue AI-Techniken zurückgreifen können, um seine Algorithmen zukünftig dynamischer und spamfreier zu gestalten. Gemäß den Regeln optimierte Websites werden dann langfristig gewinnen.

Zu diesen Techniken zählen z. B. versteckte Texte, die via Javascript „unsichtbar" gemacht werden, exzessiver (und oft minderwertiger) Linkaufbau und Keyword-Stuffing. Vielfach heute noch zu passablen oder guten Ergebnissen führend, können solcherart Methoden schon in wenigen Monaten zu Abstrafungen führen.

Falscher Keywordfokus Jedoch sollte man sich nicht zu sehr auf allgemeine Hauptkeywords konzentrieren, da diese oft von Baidu selbst und anderen sehr starken Websites dominiert werden, und die hinteren Top 10 Positionierungen selten zu vielen Besuchern führen.

Stattdessen sollte im Baidu-SEO gezielt für Mid- und Longtail-Keywords optimiert werden. Die schiere Masse an Internetusern in China bewirkt, dass gute Rankings für vermeintliche Longtail-Keywords immer noch zufriedenstellende Besucherzahlen ermöglichen.

Übersetzung statt Lokalisierung Ein ebenfalls weit verbreiteter Fehler ist die Übersetzung der englischen oder deutschen Website in die chinesische Sprache. Warum ist das ein Fehler? Der chinesische Markt „tickt anders". Eine reine Übersetzung der existierenden Inhalte kann der anderen Kultur und den anderen Suchgewohnheiten oft nicht gerecht werden.

Der bessere Weg ist, es die Markenwerte und –botschaften für den chinesischen Markt neu zu definieren und von Muttersprachlern, die außerdem im chinesischen Alltag zuhause sind (also in China leben) konzipieren und formulieren zu lassen. Die so entstehenden Inhalte haben bessere Chancen die erwünschten Reaktionen (beim User und der Suchmaschine) zu erzielen.

Der falsche Blickwinkel Was bei den Inhalten beginnt, macht oft vor der Technik nicht halt: der externe Blick aus dem Westen auf die eigene chinesische Website, statt diese aus der Perspektive der Nutzer in China zu betrachten:

- Eine in Europa schnelle Website kann in China unerwartet langsam sein. Die Serverentfernung aber auch die „Great Chinese Firewall" (von der chinesischen Regierung installierte Schutzvorrichtung gegen gefährdende Inhalte) können die Websitenutzung von außerhalb Chinas gehosteten Websites stark beeinträchtigen.
- Die Implementierung von „Facebook-" oder „Google-Log-in" mag im Westen gut funktionieren und Reichweite garantieren, in China sind diese Dienste aber nicht

zugänglich und wirken sich daher negativ auf die Akzeptanz und den Erfolg der Website aus.

- Funktionen, Inhalte in den bekannten sozialen Medien zu teilen, laden ggf. unvollständig oder nicht, können aber in jedem Fall von normalen Internetnutzen in China nicht genutzt werden. Ersteres kann sich technisch negativ auf das Ranking auswirken, letzteres passiv durch Nichtakzeptanz der User (und damit hohen Bouncerates und sinkenden Click-Through-Rates in den Suchergebnissen).

Was wird in Zukunft wichtig für SEO für Baidu?
Bereits heute findet in China mehr als 50 % des Online-Traffics über mobile Endgeräte wie Smartphones und Tablets statt. Heißt es also heute noch mobile-ready, muss es in Zukunft „mobile first“ heißen und auch so gelebt werden.

Baidu ist führend im Bereich der Spracherkennung (und das müssen sie sein, da die gesprochene chinesische Sprache im Vergleich zu den europäischen Sprachfamilien sehr feine Nuancen unterscheidet). Dies wird in Zukunft von Baidu weinter instrumentalisiert werden und die Art der Handynutzung durch den User stark beeinflussen. Werden heute Eingaben bereits über Sprache getätigt und die Ergebnisse auf dem Bildschirm des Smartphones dargestellt, werden in Zukunft auch die Ergebnisse ohne visuelles Medium transportiert werden. In Google findet man heute die „Answerboxes“, welche auch in Baidu bereits in diversen Ausprägungen Einzug finden. In Zukunft könnten diese dem Suchdienst als alleiniges Ergebnis dienen und als Antwort auf die Suchanfrage vorgelesen werden.

Bleiben wir konservativ und glauben daran, dass Baidu auch in Zukunft noch das führende Suchmedium bleiben wird, welches via Bildschirm bedient und abgelesen wird, wird die Künstliche Intelligenz bald die Suchergebnisse basierend auf Usersignals, Trafficstrom-Daten, OnPage-, OffPage- und Social-Signals gestalten und auf diese Weise erlernte und als gesetzt betrachtete Rankingfaktoren wie Title, Meta-Description und Keywordnutzung schnell als unzuverlässig ablösen. Die AI-Algorithmen werden selbstständig die Faktoren (pro Keyword) isolieren, die bewiesen haben zu besseren Ergebnissen und zufriedeneren Usern zu führen.

Personalisierung der Suchergebnisse, um den Vorlieben des Users entgegen zu kommen, wird ein Übriges tun, um „das klassische Ranking“ und messbare Positionen in den Baidu-SERPs (z. B. über Tools wie Searchmetrics) ein Relikt der Vergangenheit werden zu lassen. Ich erwarte deutliche Bemühungen Baidu’s in diese Richtung in den nächsten 10 Jahren.

Klassisches SEO (OnPage wie OffPage) wird dann aber nicht unwichtiger werden. Denn auch in Zukunft werden die Websites die Nase vorne haben, die gut von den Suchdiensten (Baidu, Sogou, 360, sowie den zukünftigen heute noch unbekannten Wettbewerbern) gecrawled werden können, die Suchintention der User befriedigen und so die beste Antwort auf die Suchanfrage des Suchmaschinennutzers liefern können.

Suchmaschinen-Werbung (SEA) – Traffic skalieren mit bezahlter Werbung

4

Inhaltsverzeichnis

4.1 Was ist Suchmaschinen-Werbung (SEA)? . . . 40
4.2 Die Marktteilnehmer bei der Suchmaschinen-Werbung . . . 42
4.2.1 Suchmaschinen . . . 42
4.2.2 Die Suchnetzwerke . . . 43
4.2.3 Das Displaynetzwerk . . . 44
4.2.4 Bid-Management-Tools . . . 44
4.3 Bausteine der Suchmaschinen-Werbung . . . 46
4.3.1 Konto . . . 46
4.3.2 Kampagnen und Anzeigen . . . 47
4.3.3 Keywords . . . 47
4.3.4 Die wichtigsten Werbeformen . . . 49
4.3.4.1 Textanzeigen . . . 50
4.3.4.2 Bild- und Videobasierte Werbeformate . . . 51
4.3.4.3 Produktanzeigen bzw. Datenfeed-basierte Werbeformen . . . 51
4.3.4.4 Gmail-Anzeigen . . . 52
4.3.4.5 Bing Native Ads . . . 52
4.3.4.6 Sonderfall: Google „Buy Button" . . . 53
4.3.5 Die Gebots- und Targeting-Optionen . . . 54
4.4 KPIs in der Suchmaschinen-Werbung . . . 55
4.4.1 Qualitätsfaktor . . . 56
4.4.2 Anzeigenrang . . . 56
4.4.3 Anzeigenposition . . . 56
4.4.4 Anzeigenrelevanz . . . 57
4.4.5 Keyword-Status . . . 57
4.4.6 Impressions und Impression-Share . . . 57
4.4.7 Tagesbudget . . . 57
4.4.8 Click-Through-Rate (CTR) . . . 58
4.4.9 Cost-per-Click (CPC) . . . 58
4.4.10 Cost-per-View (CPV) . . . 58

I. Kamps und D. Schetter, *Performance Marketing*,
https://doi.org/10.1007/978-3-658-18453-7_4

4.4.11 Cost-per-Mille (CPM bzw. TKP) ... 58
4.5 Tools für die Suchmaschinen-Werbung ... 59
4.5.1 Google AdWords Editor ... 59
4.5.2 Google Keyword Planner ... 59
4.5.3 Marin Search ... 60
4.5.4 SEMrush ... 60
4.5.5 Ad Police/Xamine ... 61
4.6 Checkliste ... 61
4.7 Interessante Links ... 63
4.7.1 Interview mit Marco Brenn (InBiz Online Marketing GmbH & Co. KG) ... 63
Literatur ... 66

Zusammenfassung

In Abgrenzung zur Suchmaschinen-Optimierung geht es bei der Suchmaschinen-Werbung um bezahlte Anzeigen innerhalb der Suchergebnisse einer Suchmaschine. Der Advertiser sucht sich bestimmte Schlüsselwörter aus, zu denen er gefunden werden möchte und gibt an, welchen Klickpreis er bereit ist zu zahlen. In diesem Kapitel wird u. a. beleuchtet, was Suchmaschinen-Werbung ist, welche Optionen es bietet und wie der Erfolg gemessen werden kann.

4.1 Was ist Suchmaschinen-Werbung (SEA)?

Innerhalb des ganzheitlichen Suchmaschinen-Marketings werden zwei wesentliche Segmente unterschieden, zum einen der Bereich der Suchmaschinen-Optimierung, der im allgemeinen Sprachgebrauch mit „SEO“ für Search Engine Optimization abgekürzt wird, und zum anderen der Bereich Suchmaschinen-Werbung, der in der Regel als SEA (Search Engine Advertising) bezeichnet wird.

Anders als bei der Performance-Marketingdisziplin SEO sind die Anzeigen innerhalb der Suchmaschinen-Werbung keine kostenlosen Suchergebnisse, sondern es handelt sich um bezahlte Anzeigen. Verkürzt könnte man Suchmaschinen-Werbung (SEA) als die Summe sämtlicher bezahlter Werbemaßnahmen innerhalb von Suchmaschinen und deren Partnernetzwerke bezeichnen.

Das gängige SEA-Abrechnungsverfahren ist Cost-per-Click (CPC), bei dem gebotsabhängig die Kosten für die jeweilige Werbeanzeige berechnet werden. Auch wenn ein Werbetreibender das höchste Gebot für ein Keyword bietet, kann es sein, dass die Werbeanzeige nicht erscheint oder nicht auf dem ersten Platz angezeigt wird. Hintergrund hierfür ist der Algorithmus der Suchmaschinen, der die Intention des Nutzers in den Mittelpunkt stellt und nicht ausschließlich nach der Höhe des Gebots eine Bewertung vornimmt. Gründe für eine schlechtere Platzierung der Anzeige trotz des höchsten Gebots sind z. B. die fehlende inhaltliche Relevanz der Anzeige zur Suchanfrage oder ein geringer Qualitätsfaktor.

Zusätzlich bietet Suchmaschinen-Werbung auch die Möglichkeit außerhalb der Suchmaschinen, in den sogenannten Such- und Partnernetzwerken, durch bezahlte Anzeigen Traffic zu generieren.

Die genauen Werbemöglichkeiten unterscheiden sich von Suchmaschine zu Suchmaschine. In der Regel handelt es sich um textbasierte Anzeigen oder Text- und Bildkombinationen (Abb. 4.1). Darüber hinaus können mithilfe von Datenfeeds weitere Werbeformen innerhalb der Suchmaschinen genutzt werden. Eines der bekanntesten Anwendungsbeispiele hierfür ist die Produktsuche von Google (Google Shopping). Aber auch dynamische Anzeigeformate basierend auf dem individuellen User-Verhalten auf bekannten Websites können anhand von Datenfeeds erstellt werden.

Neben den verschiedenen Werbeformaten und den Kosten für die Anzeigenschaltung gibt es noch ein weiteres Element, das SEA von SEO abgrenzt. Bei der bezahlten Werbung innerhalb der Suchmaschinen besteht eine Vielzahl von Möglichkeiten zur exakten Steuerung der Ausspielung der Anzeigen, während bei SEO die Ausspielung auf den Suchergebnisseiten vom jeweiligen Algorithmus der Suchmaschine abhängt. Zu den Möglichkeiten der Aussteuerung gehören beispielsweise

- Buchung von Suchbegriffen (Keywords) oder Suchphrasen
- geografische Eingrenzungen (z. B. Land, Ort, PLZ …)
- sprachabhängige Einstellungen
- zeitbasierte Ausspielung

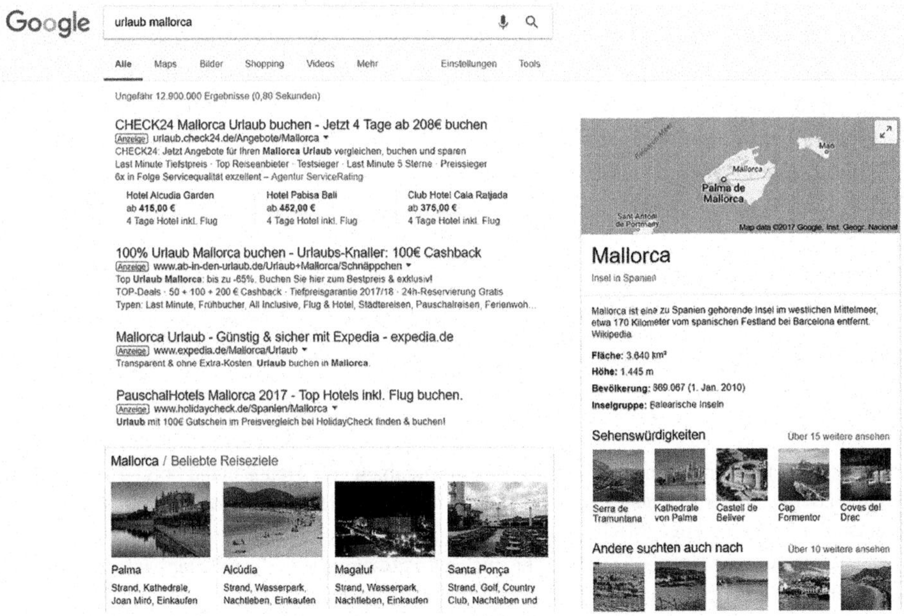

Abb. 4.1 Google Universal Search „mallorca urlaub“

- themenbezogene Platzierungen
- zielgruppenspezifische Merkmale (z. B. Kaufabsicht, Interesse, demografische Merkmale…)
- endgerätabhängige Aussteuerung (z. B. Computer, Tablet, Mobiltelefon…)
- etc.

Suchmaschinen-Werbung kann sofort genutzt werden, während die Suchmaschinen-Optimierung erst nach einer längeren Zeit ihre Wirksamkeit entfaltet.

Die Intention, wie im Performance-Marketing üblich, konzentriert sich gerade bei der bezahlten Werbung innerhalb von Suchmaschinen auf die Weiterleitung von Besuchern auf eine Website oder in einen Online-Shop.

4.2 Die Marktteilnehmer bei der Suchmaschinen-Werbung

4.2.1 Suchmaschinen

Der Markt der Suchmaschinen stellt sich gerade in Deutschland als sehr monopolistisch dar. Die dominante Suchmaschine ist seit Jahren Google mit einem Marktanteil von ca. 94 %. Der verbleibende Marktanteil von ca. sechs Prozent verteilt sich auf Bing mit einem gesamten Marktanteil von ca. vier Prozent. Die letzten zwei Prozent Marktanteil wiederum sind sehr stark fragmentiert und teilen sich zwischen Yahoo!, AOL, Ask.com, Yandex und kleineren, weniger bekannten Suchmaschinen auf[1].

Diese Verteilung kann je nach Zielland, das über Suchmaschinen-Werbung adressiert werden soll, sehr unterschiedlich ausfallen. So haben die Suchmaschinen Yahoo und Bing in den USA eine deutlich relevantere Position und repräsentieren ca. elf Prozent Marktanteil (Yahoo) bzw. ca. 22 % Marktanteil (Bing). Die beliebteste Suchmaschine in den USA ist dennoch mit weitem Abstand Google mit einem Marktanteil von ca. 63 %. Ein Blick nach Asien offenbart, dass hier die Suchmaschine Baidu[2] mit ca. 80 %[3] dominiert.

Somit ist bei der Strategie-Entwicklung für SEA-Kampagnen die Auswahl der relevanten Suchmaschinen und die Information über den jeweiligen Zielmarkt essenziell.

[1]Statista (2017), Marktanteile führender Suchmaschinen in Deutschland bis 2016. https://de.statista.com/statistik/daten/studie/167841/umfrage/marktanteile-ausgewaehlter-suchmaschinen-in-deutschland. Zuletzt zugegriffen am 07.06.2017.

[2]Mediendatenbank/mediadb.eu. 21. Baidu Inc. https://www.mediadb.eu/datenbanken/internationale-medienkonzerne/baidu-inc.html. Zuletzt zugegriffen am 07.06.2017.

[3]http://www.gevestor.de/details/baidu-aktie-warum-chinas-fuehrende-suchmaschine-nach-europa-will-777336.html, Zuletzt zugegriffen am 07.06.2017.

Vor diesem Hintergrund lohnt es sich besonders, gezielt auf das Suchverhalten von ethnischen Communities im Zielland einzugehen und sich zu überlegen, wie sich dieser Personenkreis im Internet bewegt.

Es gibt immer wieder alternative Suchmaschinen, die auf Basis neuer Suchkonzepte oder mit klaren USPs beispielsweise Datenschutz bzw. Anonymität, Werbefreiheit oder Kinderschutz versuchen, diesen Markt zu erobern. Zu den bekanntesten Suchmaschinen dieser Gattung gehören DuckDuckGo (duckduckgo.com), Qwant (qwant.com) und Blinde Kuh (blinde-kuh.de).

Ähnlich wie auch bei der Suchmaschinen-Optimierung wird auch bei der Suchmaschinen-Werbung die kommende Innovationswelle ganz stark durch die beiden Faktoren KI (Künstliche Intelligenz) und Sprachsuche getrieben. Hier wird sich zeigen, ob die etablierten Marktteilnehmer ihre Positionen verteidigen bzw. ausbauen können oder ob es neuen Konzepten gelingt, an der Dominanz von Google zu rütteln.

4.2.2 Die Suchnetzwerke

Die gängigen Suchmaschinen erweitern ihre eigene Reichweite gezielt durch Partnerschaften und ermöglichen den Werbetreibenden durch diesen Weg, noch mehr Nutzer über ihre Werbeanzeigen anzusprechen. Grundsätzlich handelt es sich bei diesen Partnern um Websites oder Apps, die eine Suchfunktion besitzen, eine zuverlässige hohe Qualität aufweisen und über eine relevante Reichweite verfügen. Zu den bekanntesten und reichweitenstärksten Kooperationen innerhalb der Suchnetzwerke gehören Websites wie beispielsweise Yahoo, MSN oder AOL, die Teil des Bing Ads-Netzwerks sind oder z. B. Web.de, T-Online; YouTube oder Google Maps, die über Google AdWords vermarktet werden.

Dabei ist unter Performance-Marketing-Gesichtspunkten zu beachten, dass die Ergebnisse von Suchmaschinen-Marketing-Kampagnen innerhalb des Suchnetzwerks sehr stark variieren können. Hintergrund hierfür ist unter anderem die Nutzungsintention der User auf den jeweiligen Partnerseiten. Um die Performance der Suchmaschinen-Marketing-Kampagnen entsprechend beeinflussen zu können, gilt es daher, die Auslieferung der Kampagnen auf den Partnerseiten zu prüfen. Ein Ausschluss der Suchpartnernetzwerke ist möglich.

Zu den gängigen Targeting-Möglichkeiten im Suchnetzwerk zählen die Ausrichtung auf Basis von:

- Keywords oder Suchphrasen
- Standorten
- Sprache
- Endgeräten (Handy, PC, Notebook …)
- definierten Zielgruppen
- demografischen Merkmalen

Diese Optionen bieten viele Ansätze zur Verbesserung der Performance von Suchmaschinen-Werbung innerhalb des Suchnetzwerks.

4.2.3 Das Displaynetzwerk

Das Google-Displaynetzwerk wird häufig als GDN abgekürzt und ermöglicht es Werbetreibenden, außerhalb von Google auf Partnerseiten Anzeigen in verschiedenen Formaten zu schalten. Das GDN besteht laut Aussage von Google[4] aus mehr als zwei Millionen Websites, die mithilfe von Google AdWords erreicht werden können. Partnerseiten aus dem GDN wiederum nutzen Google AdSense, um sich anzumelden und den Traffic der eigenen Seite entsprechend zu vermarkten.

Der wesentliche Unterschied zwischen dem Suchnetzwerk und dem Displaynetzwerk ist die Intention des Nutzers.. Im klassischen Suchnetzwerk basiert die Anzeigeneinblendung auf einer Suchanfrage (Bedarfsbefriedigung), während die Ausspielung der Anzeigen im Google-Displaynetzwerk eine bedarfsweckende Absicht hat. D. h., die Inhalte der jeweiligen Website werden durch Google gecrawlt, kategorisiert und bewertet. Die Anzeigen werden entsprechend thematisch passenden Umfeldern zugeordnet. Vor diesem Hintergrund gibt es zu der Optimierung von Kampagnen im Google-Displaynetzwerk eine Vielzahl von Targeting-Optionen. So lassen sich beispielsweise konkrete Zielgruppen definieren, manuelle Platzierungen (Placements) ein- oder ausschalten und auch Remarketing- oder Prospecting-Kampagnen (Similar Audiences) aufsetzen. Die zur Verfügung stehenden Anzeigenformate im Displaynetzwerk sind wesentlich umfangreicher als im klassischen Suchnetzwerk.

4.2.4 Bid-Management-Tools

Als Bid-Management-Tools werden Software-Lösungen zur automatisierten und optimierten Gebotssteuerung auf Basis von definierten Vorgaben bzw. Zielen bezeichnet.

Neben dieser Kernfunktion der Bid-Management-Tools ermöglichen diese in der Regel einen API-basierten Zugriff auf mehrere Suchmaschinen-Konten unterschiedlicher Anbieter (z. B. Yandex, Google, Bing etc.) sowie diverse Möglichkeiten zur Verwaltung und Steuerung von kompletten Suchmaschinen-Marketing-Kampagnen.

Die zunehmende Komplexität bei der Verwaltung von Suchmaschinen-Marketing-Konten kann den Einsatz eines Bid-Management-Systems sinnvoll machen. Die Kosten für Bid-Management-Systeme orientieren sich in der Regel an dem jeweiligen Budget(dem Ad-Spent, der pro Monat ausgegeben wird). Zusätzlich gibt es teilweise noch Lizenzkosten oder Mindest-Fees, die ebenfalls monatlich anfallen können.

---

[4]Google AdWords-Hilfe. Das Google Displaynetzwerk. https://support.google.com/adwords/answer/2404190. Zuletzt zugegriffen am 07.06.2017.

Wie schon im Rahmen der Gebotsstrategien erläutert, ist es für eine performancebasierte Aussteuerung der Kampagnen zwingend erforderlich, ein entsprechendes Tracking im Konto zu integrieren, das mit dem Bid-Management-System verknüpft wird. Die Basis der optimierten Steuerung der Gebote liefern die Conversions, die an das Bid-Management-System übermittelt werden. Die weiteren Informationen wie z. B. Kosten, Klicks, Impressions usw. liest das Bid-Management-System über die API der jeweiligen Werbekonten der Suchmaschine aus und bildet diese Informationen in einem eigenständigen Interface ab.

Durch die Zusammenführung sämtlicher Informationen im Bid-Management-System erfolgt die Steuerung der Suchmaschinen-Marketing-Kampagnen zentral im Interface des eingesetzten Bid-Management-Tools und nicht mehr auf Ebene der verschiedenen Suchmaschinen-Marketing-Konten.

Die Gebotsstrategien können direkt im Bid-Management-System übergreifend für sämtliche Konten und Kampagnen definiert werden, sodass ein Wechsel zwischen verschiedenen Systemen nicht mehr manuell erfolgen muss, sondern die Synchronisation der Konten automatisiert über das Bid-Management-System erfolgt. Vereinzelt bieten Bid-Management-Tools zusätzlich die Möglichkeit, über einen lokalen Editor, der auf dem jeweiligen Client (PC, Notebook etc.) installiert wird, die Kampagnen zu verwalten und dann über einen Upload in das System zu übertragen.

Die automatisierte Steuerung und Optimierung basiert in der Regel auf folgenden weitverbreiteten Ansätzen:

- **Regelbasiert**
  Der regelbasierte Ansatz arbeitet „keywordzentriert“, d. h. auf der Ebene von Kampagnen, Anzeigengruppen und einzelnen Suchbegriffen werden Kriterien (Regeln) festgelegt, die mithilfe des Bid-Management-Tools erreicht werden sollen.
- **Portfoliobasiert**
  Der portfoliobasierte Ansatz betrachtet die gesamten Suchmaschinen-Marketing-Kampagnen, also sämtliche Kampagnen in einem oder mehreren Konten und versucht diese, optimal auszusteuern. Dadurch kann es sein, dass einzelne Anzeigengruppen oder Suchbegriffe, obwohl sie die festgelegten Kriterien nicht erfüllen, trotzdem aktiv bleiben und zum Gesamterfolg der Kampagne beitragen.

Entscheidend für die erfolgreiche Optimierung von Kampagnen sind die Daten, die das Bid-Management-System von Haus aus zur Steigerung der Performance mitbringt und die extern hinzugezogen werden können. Relevante additive Daten können sowohl Onsite- als auch Offsite-Informationen sein. Zu den Onsite-Daten gehören z. B. Bounce-Rates, Customer Journey (Attribution), Lagerbestand, Retourenquoten, Margeninformationen, Warenkorbgröße etc. Zu den Offsite-Daten gehören u. a. Wetterinformationen, regionale Ereignisse (Feiertage, Events …), Kundenstatus (Bestands-/Neukunde), Zielgruppeninformationen etc.

Weitere Features von Bid-Management-Systemen sind u. a. Reporting, Tracking (Customer Journey Tracking, Attribution, TV-Tracking) und die Verwaltung von Produktdatenfeeds. Die Funktionen und Fähigkeiten der Bid-Management-Systeme werden sich durch den Einsatz von KI, die über APIs direkt in den Bewertungs- und Optimierungsprozess von Geboten und Kampagnen mit einbezogen werden kann, stark weiterentwickeln.

Aber nicht nur Suchmaschinen, sondern auch weitere Traffic-Quellen, die über Gebote ausgesteuert werden, wie z. B. Pinterest, Amazon, Facebook usw. könnten in Zukunft zusätzliche Anwendungspotenziale für Bid-Management-Systeme bieten.

Disruptives Potenzial in dem Bereich der Bid-Management-Tools hat sicherlich auch Google, da sich sukzessive immer mehr Funktionen, die zur automatisierten Optimierung von großen und komplexen Suchmaschinen-Marketing-Kampagnen extrem hilfreich sind, in Google AdWords integrieren ließen.

So lassen sich z. B. die Konten von Google und Bing mittlerweile exzellent ohne ein externes Bid-Management-System direkt miteinander synchronisieren, sodass der Verwaltungsaufwand massiv gesenkt wird. Darüber hinaus bietet Google zusätzliche Optimierungs-Optionen, wie z. B. die Einführung von Smart Bidding innerhalb von AdWords. Durch Smart Bidding lassen sich automatisiert individuelle Gebote pro Auktion festlegen, die auf Basis von Remarketing Informationen, Wochentag, Uhrzeit, Betriebssystem etc. berechnet werden.

Mit der Möglichkeit, immer mehr externe Datenquellen in Google Analytics einzuspielen und Google Analytics wiederum mit dem Google AdWords-Account zu verknüpfen, sammelt Google zusätzliche Daten, die durch die Kombination mit KI bzw. maschinellem Lernen die Gebote optimal aussteuern können.

4.3 Bausteine der Suchmaschinen-Werbung

4.3.1 Konto

Ein Google AdWords- oder auch ein Bing Ads-Account (Abb. 4.2) besteht mindestens immer aus einer Kampagne, die die oberste Organisationsstufe in einem Konto bildet und einer Anzeigengruppe, in der die jeweiligen Keywords und Anzeigen organisiert sind.

Die Kontostruktur stellt die Basis für jegliche zukünftige Optimierung innerhalb der Suchmaschinen-Werbung dar. Von Beginn an ist es wichtig, das Konto so aufzusetzen, dass es sowohl langfristig übersichtlich und konsistent bleibt als auch die unterschiedlichen Kampagnen sauber voneinander getrennt ausgewertet werden können.

Die gewählte Kontostruktur entscheidet am Ende darüber, ob die maximale Performance aus den Suchmaschinen-Marketing-Kampagnen herausgeholt und das Budget effizient eingesetzt wird.

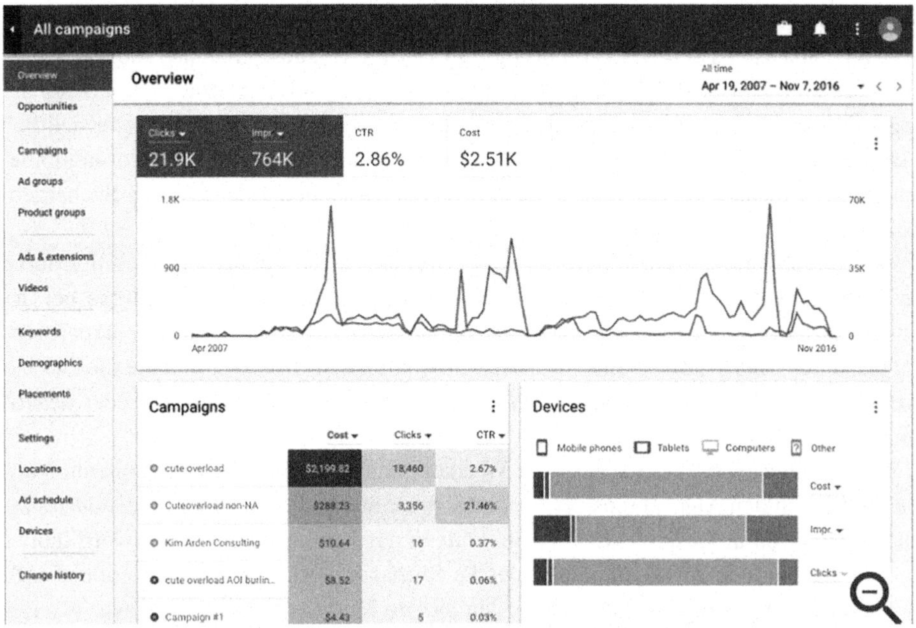

Abb. 4.2 Google AdWords User Interface

4.3.2 Kampagnen und Anzeigen

Für die Aussteuerung der Zielsetzung und der Performance stehen auf Kampagnenebene verschiedene Einstellungen zur Verfügung. Im Wesentlichen wird hier festgelegt, zu welcher Zeit, an welchem Ort, für welche Sprachen, auf welchen Endgeräten und mit welchem Werbebudget die Anzeigen erscheinen.

Die Kampagnen können völlig unterschiedliche Zielsetzungen haben. Somit ist es wichtig, die richtige Strategie bei der Erstellung der Kontostruktur zu wählen. Mögliche Ziele können die Steigerung der Markenbekanntheit, die Erhöhung der Anzahl der Besucher oder kommerzielle Ziele wie z. B. der Verkauf eines Produkts/einer Dienstleistung, die Registrierung für ein Gewinnspiel oder der Besuch eines Ladengeschäfts sein.

Innerhalb der Kampagnen werden die Inhalte in Form von Anzeigengruppen strukturiert. Jede Kampagne muss mindestens eine Anzeigengruppe enthalten, der dann wiederum mindestens eine oder mehrere Anzeigen zugeordnet sind. Die Anzeigengruppen sind ein wichtiges Strukturelement zur Sortierung der Anzeigen.

4.3.3 Keywords

Auf der untersten Ebene eines Suchmaschinen-Marketing-Kontos befinden sich die Suchbegriffe (auch Keywords genannt) und die dazugehörigen Anzeigen. Das Keyword bzw. aus heutiger Sicht die Suchphrase bildet den Ausgangspunkt der Suchmaschinen-Werbung. Spätestens seit der Einführung von Google Suggest im Jahre 2009, der Vorschau der automatischen Vervollständigung von möglichen Suchanfragen auf Basis der eingegebenen Begriffe in das Suchfeld, hat sich das Suchverhalten der Nutzer deutlich verändert. Immer mehr Suchanfragen basieren auf zusammenhängenden Wortkombinationen oder ganzen Sätzen, die es dem Algorithmus erleichtern, die richtigen Suchergebnisse und besten Anzeigen auszuspielen.

Im darauffolgenden Jahr (2010) hat Google seine Suche im Punkto Usability durch die Einführung von „Google Instant" noch einmal deutlich verbessert. Bereits bei der Eingabe des Suchbegriffs wurden die Suchergebnisse bei der Desktop-Suche aktualisiert. Aufgrund der wachsenden Dominanz von mobilen Suchanfragen hat Google dieses Feature im Juli 2017 vorerst zugunsten der Geschwindigkeit bzw. Ladezeit wieder deaktiviert.[5]

Das gesuchte Wort bzw. die gesuchte Wortkombination drückt die Nutzerintention aus und wird durch den Algorithmus der Suchmaschine interpretiert, woraufhin die dazu passenden Anzeigen ausgespielt werden. Sie können auf Basis von jedem Keyword individuelle Einstellungen zur Optimierung der Performance vornehmen, dazu gehören z. B. individuelle Gebote oder der Matchtype, den Sie pro Keyword festlegen können.

Der Matchtype (von Google auch Keyword-Option genannt) legt fest, zu welchen Suchanfragen, d. h., wie weit oder wie exakt die Suchanfrage vom Keyword abweichen darf oder übereinstimmen muss, die Anzeigen innerhalb der Suchmaschine ausgeliefert werden.

Über diese Spezifikation der Keywords wird festgelegt, ob die Anzeigen stärker auf eine breite Masse oder eine spezielle Gruppe von Suchbegriffen ausgeliefert werden, woraufhin sich in der Regel auch das Nutzerverhalten signifikant unterscheiden kann. Damit stellen Matchtypes im Performance-Marketing einen wesentlichen Hebel für die kontinuierliche Optimierung innerhalb der Suchmaschinen-Werbung dar. Die aktuell verfügbaren Keyword-Optionen zur Festlegung der Keyword-Übereinstimmung sind:

- weitgehend passend (Broad Match)
- Modifizierer für weitgehend passende Keywords (Broad Match Modifier)
- passende Wortgruppe (Phrase Match)
- genau passend (Exact Match)
- ausschließend (Negative Match)

Zur Vermeidung von unnötigen Kosten und zur Verbesserung der Performance der Suchmaschinen-Werbung ist es von Anfang an sehr wichtig, dass mit ausschließenden Keywords gearbeitet wird. Es wird definiert, zu welchen Suchanfragen bzw. zu welchen Keywords die Anzeigen nicht ausgeliefert werden. Gerade bei generischen Begriffen

[5]googlewatchblog.de/2017/07/ab-google-instant-suchergebnisse/.

oder Markenbegriffen kann das schnell zu unerwünschten Anzeigeneinblendungen und damit verbundenen Kosten führen.

Zu beachten ist, dass die Keyword-Optionen primär für die Steuerung der Anzeigen im Suchnetzwerk gedacht sind und im Displaynetzwerk sämtliche Keywords auf Basis des Matchtypes „weitgehend passend (Broad Match)" ausgespielt werden.

Darüber hinaus kann pro Keyword die dazugehörige Zielseite hinterlegt werden, die einen wesentlichen Einfluss auf die Conversion und damit auf den Erfolg der Suchmaschinen-Marketing-Kampagne hat und bestmöglich auf die jeweilige Nutzerintention abgestimmt sein sollte. Gegebenenfalls empfiehlt es sich für ausgewählte strategische Keywords oder Suchphrasen eigenständige Landingpages aufzubauen, die gezielt auf Conversion optimiert werden können, wenn es auf der Website selbst keine optimale Zielseite gibt.

Zu den grundsätzlichen strukturellen Organisationsmöglichkeiten für ein Suchmaschinen-Konto gehören die folgenden Ansätze:

- Segmentierung auf Basis von Inhalten bzw. Themenbereichen der Website
- Targeting-Optionen (Land, Sprache; Region, Endgerät …)
- Unterscheidung von „Brand" und „non Brand"
- Strukturierung auf Grundlage der Matchtypes (Broad Match, Phrase Match, Exact …)
- Differenzierung auf Basis von Kampagnentypen
- etc.

Strategien und Ansätze zur Strukturierung von Suchmaschinen-Konten gibt es sehr viele, aber alle haben eins gemeinsam: Sie versuchen, die individuelle Zielsetzung der SEA-Kampagnen möglichst optimal in der Kontostruktur abzubilden.

4.3.4 Die wichtigsten Werbeformen

Über den Erfolg der Suchmaschinen-Marketing-Kampagnen entscheiden nicht zuletzt auch die Werbeformen, die zum Einsatz kommen. Abhängig von den jeweiligen Suchmaschinen und dem Einsatzbereich-(z. B. Suchnetzwerk oder Displaynetzwerk) stehen verschiedene Formate zur Verfügung. Jedes Format bietet individuelle Optimierungsmöglichkeiten, denn Werbeformate können in Erscheinungsbild, Interaktion, Werbeaussage etc. variieren. Die relevantesten Typen von Werbeformen und ihre Optimierungsmöglichkeiten sind:

- textbasierte Anzeigenformate
- Bild- und videobasierte Anzeigenformate
- datenfeed-basierte Anzeigenformate (dynamisch)

4.3.4.1 Textanzeigen

Zu den bekanntesten Anzeigenformaten, mit denen die Suchmaschinen-Werbung erfolgreich geworden ist, gehören die klassischen Textanzeigen, die im Wesentlichen aus drei Elementen bestehen: Überschrift, Anzeigentext und URL. Wichtig zu wissen ist, dass die angezeigte URL Teil des Werbeformats ist und nicht mit der Ziel-URL übereinstimmen muss, d. h., die „Display-URL" ist ein Teil der Kommunikationselemente von textbasierten Anzeigeformaten.

Allein diese drei Basiselemente der Suchmaschinen-Werbung bieten vielfältige Optionen zur Verbesserung der Performance. So sollten zur Erhöhung der Anzeigenrelevanz zwischen Suchbegriff und Anzeige, die jeweiligen Keywords in der Textanzeige verwendet werden. Dies kann nicht nur einen positiven Einfluss auf den Qualitätsfaktor haben, sondern hat vor allem einen Einfluss auf das Klickverhalten der User. die nach einer Suchanfrage nur einen kurzen Moment benötigen, um die aus ihrer Sicht „relevanteste" Anzeige zu identifizieren und darauf zu klicken. Einer der großen Vorteile und gleichzeitig auch einer der Gründe für den Erfolg von Textanzeigen im Umfeld von Suchmaschinen ist, dass die optische Gestaltung den organischen Suchergebnissen ähnelt und dadurch eine sehr hohe Klickwahrscheinlichkeit erzeugt.

Zur Verbesserung der Performance von Textanzeigen können zusätzlich sogenannte Anzeigenerweiterungen genutzt werden. Diese Erweiterungen ergänzen die Textanzeigen gezielt mit Zusatzinformationen, die den User bei seiner Suche unterstützen sollen. Anzeigenerweiterungen sind z. B.:

- **Telefonnummern**
  Das Eintragen von Telefonnummern ermöglicht einen direkten Anruf durch den Klick auf das Symbol und eignet sich besonders für mobile Anzeigen.
- **Standorte**
  Das Hinterlegen von Adressinformationen ist ideal für die schnelle Navigation zur nächsten Filiale geeignet und bietet im Kontext von lokalen oder regionalen Anzeigen viel Potenzial.
- **Sitelinks**
  Diese zusätzlichen Textlinks bieten die Möglichkeit, zielgerichtet in spezielle Bereiche der Website einzusteigen wie z. B. Händlerextranet, Kundenservice oder wichtige Produktkategorien (Outdoor, Indoor etc.).
- **App Download**
  Für die Bewerbung von Apps eignet sich diese Erweiterung ideal, da sie den Nutzer direkt in den passenden App Store leitet, dadurch die Customer Journey signifikant verkürzt wird und die Conversion-Wahrscheinlichkeit deutlich erhöhen kann.
- **Rezensionserweiterung**
  Gerade für den Bereich Performance-Marketing bieten Bewertungen ein großes Potenzial zur Erhöhung der Klickrate und zur Steigerung der Abverkäufe, da das Vertrauen der User in eine Anzeige aktiv gestärkt wird.
- etc.

Mithilfe der Erweiterungen lassen sich ganz gezielt Use-Cases optimieren und die Nutzererfahrung deutlich verbessern, was in der Konsequenz eine Steigerung der Klickrate, eine Verbesserung der Conversion-Rate und einen positiven Einfluss auf den Qualitätsfaktor hat.

4.3.4.2 Bild- und Videobasierte Werbeformate

Innerhalb des Werbenetzwerks können verschiedene Banner- und Videoformate genutzt werden. Die Ausspielung erfolgt kontext-, themen-, interessens- und placement-basiert und kann über die Einstellungen im Displaynetzwerk spezifiziert bzw. optimiert werden.

Die Formate, Gestaltungen und Inhalte müssen mit den Werberichtlinien der Anbieter übereinstimmen. Neben der Differenzierung von Anzeigenformaten für mobile Endgeräte und Desktop-Computer lassen sich vor allem die Platzierungen und Zielgruppen definieren. So gibt es extra für YouTube besondere Video-Formate. Auch für Tablets oder Smartphones gibt es gesonderte Werbemittel, die neben den klassischen IAB-Standard-Formaten genutzt werden können. Eine kontinuierliche Optimierung von grafischen Werbemitteln sollte zur Verbesserung der Performance unbedingt durchgeführt werden. Zu den Optimierungsansätzen gehören:

- Call-to-Action und Bildmaterial variieren
- Animationen und grafische Gestaltungen testen
- Informationen aus Remarketing-Listen nutzen

Gerade bei den Videoanzeigen kann mithilfe der Gestaltungsmöglichkeiten innerhalb des Videos, wie z. B. der Call-to-Action-Elemente, die Klickrate deutlich gesteigert werden. Die Gestaltung eines Thumbnails (Videostandbilds) kann klickstark sein und erste Informationen zum Video enthalten… Wichtig ist es, dass die Zielseiteder Video-Anzeige eine hohe Korrelation zum Inhalt des Videos aufweist und keine vermeidbaren Bounces produziert. Idealerweise führt die Ziel-URL auf weitere Video-Inhalte des Kanals oder leitet den User auf eine passende Website weiter, um so die positive Nutzererfahrung zu verlängern.

Anders als bei den Textanzeigen, die primär auf Basis der Suchintention des Nutzers ausgespielt werden, befindet sich der Empfänger einer Videoanzeige gegebenenfalls nicht in einem unmittelbaren Kauf- oder Informationsprozess. Um Streuverluste zu vermeiden, müssen regelmäßige Anpassungen an den Kampagnen vorgenommen werden. Beispielsweise können auf Basis von Berichten Placements geprüft und ausgeschlossen werden. Gerade die Nutzung von Remarketing eignet sich ideal für Video-Anzeigen, um den ROI der Kampagnen zu verbessern und die Wahrscheinlichkeit einer zielführenden Interaktion mit den Nutzer zu steigern.

4.3.4.3 Produktanzeigen bzw. Datenfeed-basierte Werbeformen

Diese Form der Anzeigen ist dynamisch und wird in unterschiedlichen Formaten dargestellt. Die Basis für diese Werbeform ist der Datenfeed, der im jeweiligen Suchmaschinenkonto hinterlegt ist und Informationen wie z. B. Produktbild, Produktname, Produktbeschreibung, Produktpreis, Versandkosten, Verfügbarkeit etc. enthält.

Diese Werbeform eignet sich besonders für Online-Shops, wobei die Daten automatisiert als Anzeigen ausgespielt werden. Die Auslieferung von feed-basierten Anzeigen erfolgt auf der Suchergebnisseite von Google oder Bing, im Displaynetzwerk als dynamische Banner so wie in YouTube-Videos als Shopping Cards.

Die Optimierung von Shopping-Kampagnen bzw. feed-basierten Werbeformen erfolgt in erster Linie über die Qualität des Datenfeeds. Hier liegt die Grundlage für erfolgreiche Kampagnen. Der Umfang und die Granularität des Feeds haben einen Einfluss auf den Qualitätsfaktor und damit wiederum auf die Gebote, die für einen Klick bezahlt werden müssen.

Gängige Optimierungsansätze für Shopping-Kampagnen

- Nutzung mehrerer Shopping-Kampagnen zur differenzierteren Aussteuerung
- Negative Keywords zur Vermeidung unnötiger Kosten
- Rabatte und Aktionen (z. B. kostenloser Versand) im Feed hinterlegen
- Produktbewertungen zur Verbesserung der Conversion-Rate nutzen

Vor allem in Kombination mit Remarketing-Informationen lassen sich die Ergebnisse von Shopping-Anzeigen deutlich verbessern und die Ansprache der Nutzer noch relevanter gestalten

4.3.4.4 Gmail-Anzeigen

Im Rahmen der zur Verfügung stehenden Anzeigenformate gibt es noch einige Spezialfälle, die sich besonders für Performance-Marketing-Kampagnen eignen. Dazu gehören zum einen die Gmail-Anzeigen von Google und zum anderen die Native Ads von Bing.

Bei den Gmail-Anzeigen handelt es sich um ein Anzeigenformat, das im Posteingang von Gmail, dem kostenlosen E-Mail-Dienst von Google, erscheint und einer „normalen" E-Mail sehr stark ähnelt und auch als natives Werbeformat bezeichnet werden kann. Erst bei einem Klick auf die Gmail-Anzeige, d. h. auf den Betreff bzw. die Anzeigenheadline, wird der Inhalt sichtbar. Gmail-Anzeigen passen sich automatisch an das jeweilige Device bzw. die jeweilige Auflösung des Bildschirms an. Es können Texte, Bilder, Videos und Formulare in den Anzeigen verwendet werden. Kosten entstehen nur für den Klick auf die Anzeige und nicht für die Interaktion mit den Inhalten. Zu den besonderen Targeting-Einstellungen zählt die Möglichkeit, bereits bestehende E-Mail-Adressen zu verwenden und gezielt diese oder ähnliche Kunden anzusprechen (Abb. 4.3).

4.3.4.5 Bing Native Ads

Die Bing Native Ads gehören ebenfalls in die Kategorie der nativen Werbeformate, d. h., diese Anzeigen sind optisch perfekt auf das Placement, in der die Anzeigen eingeblendet werden, abgestimmt. Die Native Ads erscheinen im Content-Netzwerk von Bingund werden dort auf hochwertigen Content-Websites wie z. B. MSN ausgespielt.

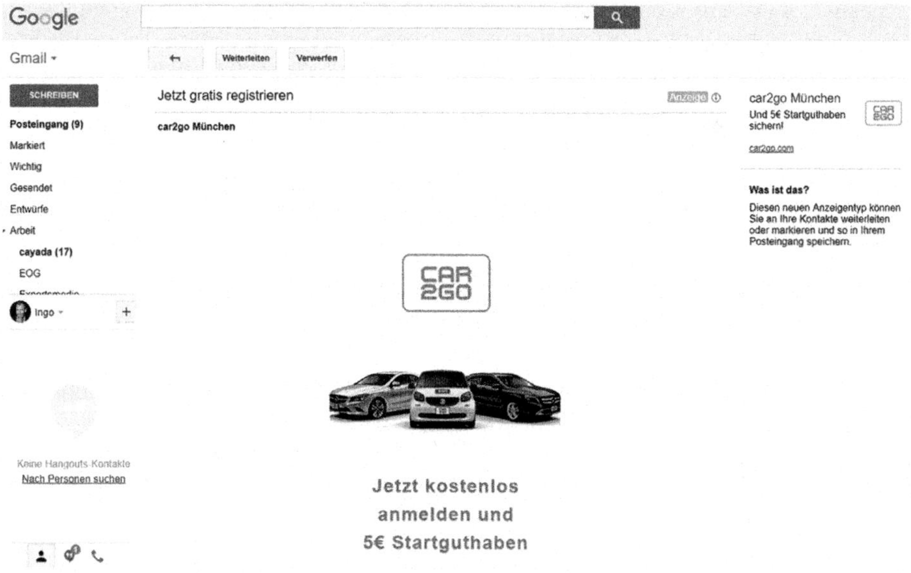

Abb. 4.3 Gmail Anzeige

Der Algorithmus betrachtet verschiedene Faktoren, um die relevanteste Anzeige zu identifizieren. Dazu gehören Signale wie z. B. Suchhistorie, Inhalt der Website, Nutzerverhalten, Targeting-Optionen usw. Vor allem die Auswahl des verwendeten Bildmaterials hat neben der Headline und dem Anzeigentext einen sehr starken Einfluss auf die Klickrate der Native Ads. Wie auch bei klassischen Textanzeigen entstehen Kosten für die Nutzung der Native Ads von Bing nur bei dem Klick auf das Werbemittel (CPC).

4.3.4.6 Sonderfall: Google „Buy Button"

Mit der Einführung des „Buy Buttons", hat Google den Werbetreibenden ein konversionsstarkes Tool an die Hand gegeben. Bei dieser Funktion besteht die Möglichkeit, direkt auf der Ebene der Shopping-Anzeigen in den Kaufprozess einzusteigen, ohne dabei die Suchmaschine zu verlassen.

Vor allem auf Basis des langfristigen Potenzials der Sprachsuche bietet dieser „universelle Check-Out-Prozess" ein enormes Monetarisierungspotenzial. Die Verbreitung der Sprachassistenten (Amazon Alexa, Microsoft Cortana, Apple Siri, Google Home, Samsung Bixby) in Form von Hardwareprodukten im Haushalt oder als integraler Bestandteil der Betriebssysteme von Smartdevices, wird dieses Anwendungsszenario deutlich beschleunigen.

Unter dem Aspekt der deutlichen Verkürzung der Customer Journey und der Vermeidung von multiplen Anmeldungen in unterschiedlichen Online-Shops wird diese Funktionserweiterung Google aus Nutzersicht noch attraktiver machen. Ändert man aber die

Perspektive, wird sehr schnell klar, dass mit dem „Buy Button“ auch noch viele weitere Themenfelder einer radikalen Veränderung unterliegen.

So erhält Google auf Basis von Nutzern umfassende Informationen über das Kaufverhalten und es besteht die Gefahr, dass die Online-Shop-Betreiber sukzessive den direkten Kontakt zum Kunden verlieren. Klassische Kommunikationselemente zur Markenbildung und zum Cross- oder Upselling finden nicht mehr im Online-Shop des Werbetreibenden statt, sondern könnten perspektivisch direkt auf Basis von algorithmusgesteuerten Recommendation-Engines in den Suchergebnissen abgebildet werden. Die von Google bereitgestellten Landingpages können durch den Werbetreibenden im Look & Feel angepasst werden, doch führt der Traffic aus der Suchmaschine nicht mehr in den eigenen Shop.

Für Werbetreibende im Performance-Marketing bietet der „Buy Button“ eine optimale Möglichkeit zur Steigerung der Leistungsfähigkeit der SEA -Kampagnen.

4.3.5 Die Gebots- und Targeting-Optionen

Zur kontinuierlichen Optimierung der Leistungsfähigkeit der SEA-Kampagnen gibt es verschiedene Ansätze. Wichtig hierbei ist es, die Ziele und Kennzahlen sorgfältigzu definieren, damit die jeweiligen Veränderungen an den Geboten und Targeting-Einstellungen systematisch vorgenommen werden können.

Folgende Gebotsstrategien finden im Performance-Marketing häufige Anwendung:

- basierend auf dem Return on Investment (ROI)
- basierend auf dem Return on Advertising Spent (ROAS)
- basierend auf einem angestrebten „Ziel-CPA“ (Cost-per-Action)

Eher unüblich ist die Aussteuerung der Gebote mit der Zielsetzung einer maximalen Reichweite, d. h., auf Basis eines festen Budgets die Anzahl der Klicks bzw. des Traffics zu maximieren. Diese quantitative Herangehensweise eignet sich eher für Awareness-Kampagnen, deren Fokus nicht auf dem Abverkauf liegen.

Grundsätzlich lässt sich auf Basis von Geboten, dem Bid-Management(einer Erhöhung oder Verringerung der Gebote), die Ausschöpfung der vorhandenen Suchanfragen steuern. Werden die Gebote erhöht, so wird auch die Anzahl der Einblendungen (Impressions) der Anzeigen entsprechend größer und bei einer Verringerung geringer.

Interessanter und zielführender als die alleinige Aussteuerung von Suchmaschinen-Werbung über die Höhe der Gebote und der Ausrichtung der Anzeigen nach Ort, Zeit und Endgerät ist die Ausnutzung der vielfältigen weiteren Optionen bei den Gebotsanpassungen. Diese ermöglichen es, die Anzeigen noch gezielter auszusteuern und auf diesem Weg wertvollen Traffic zu generieren. Gebotsanpassungen sind prozentuale Erhöhungen von Geboten auf Basis von vorher definierten Einstellungen oder besser gesagt Bedingungen. Zu den derzeit verfügbaren Einstellungen bei den Gebotsanpassungen gehören

- Standort eines Nutzers,
- Uhrzeit der Suchanfrage,
- verwendete Geräte,
- individuelles Nutzungsverhalten von Besuchern der Website (Remarketing-Listen),
- etc.

Zielsetzung dieser sehr granularen Gebotsanpassungen ist es, die Suchanfragen von besonders wertvollen Nutzern höher zu priorisieren und über diesen Weg trotz eines höheren Gebotspreises für den Klick, einen besseren oder gleichen ROI der Kampagne zu erreichen.

Abhängig von der jeweiligen Suchmaschine stehen unterschiedliche Optionen zur Verfügung. Die Suchmaschinen bieten zusätzliche automatisierte Einstellungen zur Steuerung der individuellen Gebotsstrategien an. So kann z. B. festlegt werden, dass Anzeigen oberhalb der Werbung eines Konkurrenten ausgespielt oder bestimmte Positionen erreicht werden sollen. Diese Gebotsstrategien werden als „Kompetitive Auktionsposition" oder als „Ausrichtung auf Suchseitenposition" bezeichnet.

Alternativ und vor allem im Performance-Marketing sehr verbreitet wird dafür auf Basis eines vorher definierten Ziels (z. B. dem Verkauf eines Produkts oder der Buchung eines Hotelzimmers) – das einen maximalen CPA (Cost-per-Acquisition) hat – die Höhe der Gebote gesteuert. Diese Strategie wird „Ziel-CPA" genannt und erfordert im Vorfeld die Implementierung eines Conversion-Trackings, das die Interaktionen bzw. Ziele auf der Website misst. Diese Conversions werden dann mit dem Werbe-Account verknüpft, sodass auf Basis der Kampagnen die erzielten Käufe oder Buchungen gemessen und ausgewertet werden können.

Die Automatisierung der Gebote durch die Möglichkeiten innerhalb der Suchmaschinen oder mithilfe von Bid-Management-Tools bietet eine hohe Effizienz bei der Steuerung von SEA-Kampagnen, doch können im Einzelfall individuelle bzw. manuelle Anpassungen noch effizienter sein. Eine allgemeine Strategieempfehlung ist nicht möglich, da die Ziele der jeweiligen Suchmaschinen-Werbung maßgeblich für die Art der Aussteuerung der Gebote sind.

Vor diesem Hintergrund ist es im Performance-Marketing essenziell, dass ein Conversion-Tracking implementiert ist und die wirtschaftlichen Ziele, die mit der Website verfolgt werden, entsprechend als Conversions definiert und gemessen werden.

4.4 KPIs in der Suchmaschinen-Werbung

Gerade bei der Suchmaschinen-Werbung ist eine maximale Transparenz der KPIs notwendig, da sehr schnell unerwünschte Kosten entstehen können, denn die dominierende Währung im SEA ist der Cost-per-Click. Da der CPC pro Suchanfrage sehr stark variieren kann, lohnt sich ein Blick auf die entsprechenden Faktoren, die dafür verantwortlich sind und auf die dazugehörigen KPIs zur Optimierung der Kampagnen.

Zielsetzung sämtlicher KPIs ist es, einen belastbaren Anhaltspunkt zur Optimierung des Erfolgs der SEA-Kampagnen zu bieten. Abschließend lässt sich festhalten, dass relevante Anzeigen mit entsprechenden Zielseiten, die eine exzellente Nutzererfahrung liefern, höhere Anzeigenpositionen zu geringeren Klickkosten ermöglichen.

4.4.1 Qualitätsfaktor

Der Qualitätsfaktor ist ein numerischer Wert zwischen 1 und 10, der die Qualität von Keyword, Suchanzeige und dazugehöriger Zielseite auf Basis von verschiedenen Kriterien bewertet. Zu den wesentlichen Faktoren gehören die Relevanz der Anzeigentexte und Zielseiten aber auch die Nutzererfahrung, die auf Basis der Click-Through-Rate (CTR) und der historischen Kontoleistung bewertet wird. In den Qualitätsfaktor fließen darüber hinaus auch Merkmale wie z. B. die Ladezeitoder die Kompatibilität der Zielseite mit dem genutzten Endgerät (mobil optimiert) ein. Der Qualitätsfaktor hat einen entscheidenden Einfluss auf das Mindestgebot für ein Keyword bzw. den Klickpreis, der im Vergleich zu anderen Werbetreibenden für dasselbe Keyword bezahlt werden muss. Damit gehört die kontinuierliche Optimierung der SEA-Kampagnen auf Basis des Qualitätsfaktors zu den wichtigsten Stellschrauben.

4.4.2 Anzeigenrang

Der Anzeigenrang bestimmt die jeweilige Position einer Anzeige im Vergleich zu konkurrierenden Anzeigen. Der Wert legt fest, ob die Anzeige überhaupt ausgespielt wird bzw. auf welcher Position diese erscheint. Der Anzeigenrang setzt sich aus verschiedenen Komponenten zusammen, zu denen unter anderem die Anzeigenrelevanz, die Klickrate, der Qualitätsfaktor und die Nutzererfahrung gehören. In der Konsequenz ergibt sich daraus eine dynamische Anzeigenposition, die bei jedem Gebot neu berechnet wird.

4.4.3 Anzeigenposition

Dieser Wert besagt, auf welcher Position die Anzeige auf der Suchergebnisseite ausgespielt wird. Die Anzeigenposition wird auf Basis des Anzeigenrangs berechnet und bei jeder Auktion neu ermittelt. Durch die Erhöhung des Gebots, die Verbesserung der Anzeigenqualität und die Optimierung der Nutzererfahrung kann eine höhere Anzeigenposition erreicht werden. Die höchste Position, die erreichbar ist, ist die #1 – die Anzeige erscheint ganz vorne. Die Position wird im Werbekonto als Durchschnittswert ausgewiesen.

4.4.4 Anzeigenrelevanz

Bei der Anzeigenrelevanz handelt es sich um einen qualitativen Status, der die Korrelation zwischen Keyword und Anzeige beschreibt. Die Anzeigenrelevanz kann drei Ausprägungen haben: durchschnittlich, überdurchschnittlich und unterdurchschnittlich. Je besser die Anzeige zu einer Suchanfrage passt, desto größer ist die Anzeigenrelevanz. Dieser Wert fließt dann wiederum in die Berechnung des Qualitätsfaktors ein und stellt ein großes Potenzial für die Optimierung von SEA-Kampagnen dar.

4.4.5 Keyword-Status

Der Keyword-Status legt fest, ob zu dem Keyword eine Anzeigenschaltung erfolgt oder nicht und kann durch den vererbten Status einer Kampagne oder Anzeigengruppe festgelegt werden. Unterschieden wird zwischen dem Freigabestatus und dem Systemstatus. Bei dem Freigabestatus wird jedes Keyword durch einen Freigebeprozess geprüft, um sicherzustellen, dass die Werberichtlinien nicht durch den Werbetreibenden verletzt werden. Im schlechtesten Fall kann eine gesamte Website von Anzeigenschaltungen ausgeschlossen sein, d. h., für keins der Keywords würde dann eine Ausspielung der Anzeigen erfolgen.

Der Systemstatus macht eine Angabe zur Leistungsfähigkeit des Keywords. Dazu gehört z. B., dass das Suchvolumen für eine Anzeigenausspielung zu gering oder der Qualitätsfaktor nicht ausreichend hoch ist, um eine regelmäßige Einblendung der Anzeigen zu gewährleisten.

4.4.6 Impressions und Impression-Share

Die Anzahl der Impressions gibt an, wie häufig eine Anzeige eingeblendet wird. Wesentlich relevanter im Kontext von Performance-Marketing-Kampagnen ist aber der Impression-Share, dereinen wichtigen Indikator für potenzielle Optimierungen darstellt. Der Impression-Share gibt den Anteil der tatsächlich erzielten Einblendungen im Verhältnis zur Anzahl der maximal möglichen Einblendungen an. Dieser prozentuale Wert liefert ein gutes Feedback zum noch verbleibenden Potenzial der Anzeigen.

4.4.7 Tagesbudget

Mit dem zugeordneten Tagesbudget wird festgelegt, wie viel Budget die Kampne an einem Tag durchschnittlich verbrauchen darf. Über diese Einstellung lassen sich sehr gut die Kosten innerhalb der Suchmaschinen-Werbung kontrollieren. Bei Erreichung der festgelegten KPIs empfiehlt es sich ohne Budgetbegrenzungen zu arbeiten. Das

Tagesbudget wird entsprechend höher eingestellt. Dadurch wird vermieden, dass die Anzeigen trotz vorhandener Suchanfragen nicht mehr ausgespielt werden.

4.4.8 Click-Through-Rate (CTR)

Die Click-Through-Rate ist das Verhältnis der Anzahl der Webeeinblendungenzu geklickten Anzeigen. Auf der Basis der Click-Through-Rate können Anzeigen bewertet und optimiert werden.. Durch eine Verbesserung der Anzeigetexte in Form der Ansprache, Tonalität oder einer Erhöhung der Relevanz zwischen Text und dem gesuchten Keyword lässt sich die CTR erhöhen.

$$\mathrm{CTR} = \frac{\mathrm{Klicks}}{\mathrm{Anzahl\,der\,Werbeeinblendungen}} * 100$$

4.4.9 Cost-per-Click (CPC)

Der CPC ist die klassische Währung für die Suchmaschinen-Werbung. Für einen Klick auf eine Suchanzeige fallen Kosten an, die aufgrund des Gebots- bzw. Auktionsverfahrens, das zusätzlich noch Faktoren wie den Qualitätsfaktor und die Wettbewerbssituation berücksichtigt, bei jedem Klick unterschiedlich sein können. Der Klickpreis wird im Werbekonto als Durchschnittspreis angezeigt.

$$\mathrm{CPC} = \frac{\mathrm{Gesamtkosten\,der\,Klicks}}{\mathrm{Anzahl\,der\,Klicks}}$$

4.4.10 Cost-per-View (CPV)

Der CPV ist der Wert, den eine Interaktion mit einer Video-Anzeige kostet. Zu den gemessenen Interaktionen gehören z. B. das Abspielen einer Video-Anzeige, der Klick auf das Video oder eines der Call-to-Action-Elemente wie z. B. Infokarten oder Overlays.

$$\mathrm{CPV} = \frac{\mathrm{Kosten}}{\mathrm{Anzahl\ der\ Videoeinblendungen}} * 100$$

4.4.11 Cost-per-Mille (CPM bzw. TKP)

Der CPM gibt an,welche Kosten für 1000 sichtbare Videoeinblendungen gezahlt werden müssen.

$$\mathrm{CPM} = \frac{\mathrm{Kosten}}{\mathrm{Anzahl\ der\ Werbeeinblendungen}} * 100$$

4.5 Tools für die Suchmaschinen-Werbung

Es gibt verschiedene Tools, die sich zur Überwachung, Steuerung und Optimierung von Kampagnen in der Suchmaschinen-Werbung sinnvoll einsetzen lassen. Einige der bekanntesten und gängigsten SEA-Tools sind in dieser Übersicht zusammengefasst.

4.5.1 Google AdWords Editor

Der Google AdWords Editor ist eine Software zur komfortablen und schnellen Verwaltung umfangreicher AdWords-Kampagnen. Die Kampagnen lassen sich vollständig herunterladen und offline bearbeiten. Anschließend werden die Änderungen wieder ins Konto hochgeladen. Der Google AdWords Editor kann kostenlos heruntergeladen und genutzt werden (google.com/intl/de_de/adwordseditor) (Abb. 4.4).

4.5.2 Google Keyword Planner

Mit dem kostenlos nutzbaren Google Keyword Planner lassen sich passende Schlüsselwörter für die eigene SEA-Kampagne finden. Nach Eingabe eines Beispiel-Keywords findet die Software selbstständig andere Varianten und zeigt auch den ungefähren Klickpreis und das monatliche Suchvolumen an (adwords.google.com/home/tools/keyword-planner).

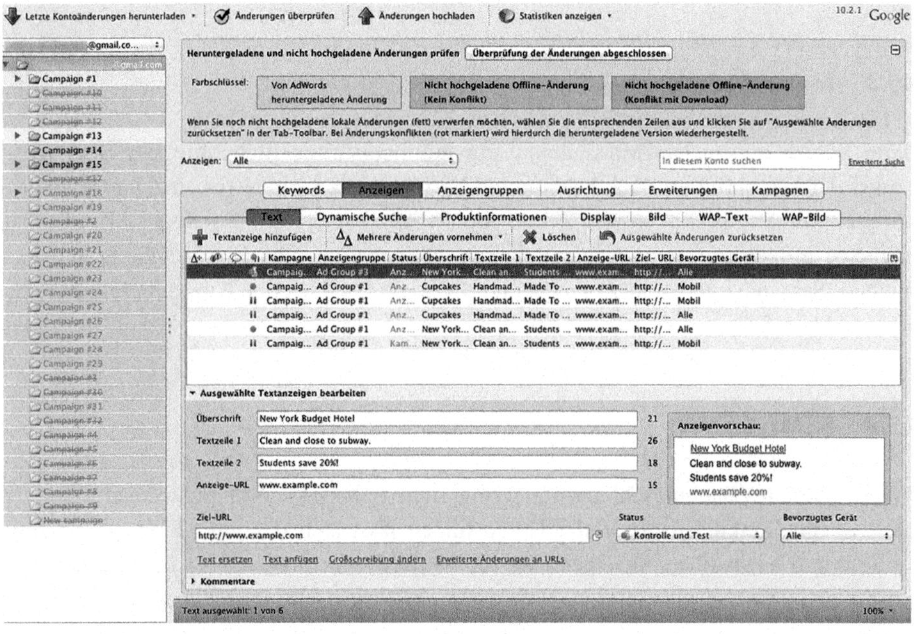

Abb. 4.4 Kampagnenstruktur im Google AdWords-Editor

Abb. 4.5 Keywords und Suchvolumina prüfen mit dem Google Keyword Planner

Eine Alternative zum Keyword Planner ist beispielsweise das Tool Answer the Public, das ebenfalls kostenlos verwendet werden kann (answerthepublic.com) (Abb. 4.5).

4.5.3 Marin Search

Marin Search ist ein Bid-Management zur automatisierten Steuerung von SEA-Kampagnen. Dieses optimiert nach bestimmten Vorgaben die Gebote für einzelne Keywords (beispielsweise zu verschiedenen Zeiten oder Wochentagen), um das eigene SEA-Budget möglichst effizient zu verwenden. Bekannte Mitbewerber von Marin Search sind u. a. Intelliad Search (intelliad.de/search) und Refined Labs (refinedlabs.com/bid-management) (Abb. 4.6).

4.5.4 SEMrush

Um erfolgreiches Suchmaschinen-Marketing zu betreiben, kann es nicht schaden zu wissen, was die Konkurrenz so treibt. Herausfinden lässt sich das mit SEMrush. So zeigt die Software an, welche Anzeigentexte die Mitbewerber nutzen, welche Strategien sie verwenden und welches Budget sie aufwenden. SEMrush hilft auch dabei, Anzeigentexte

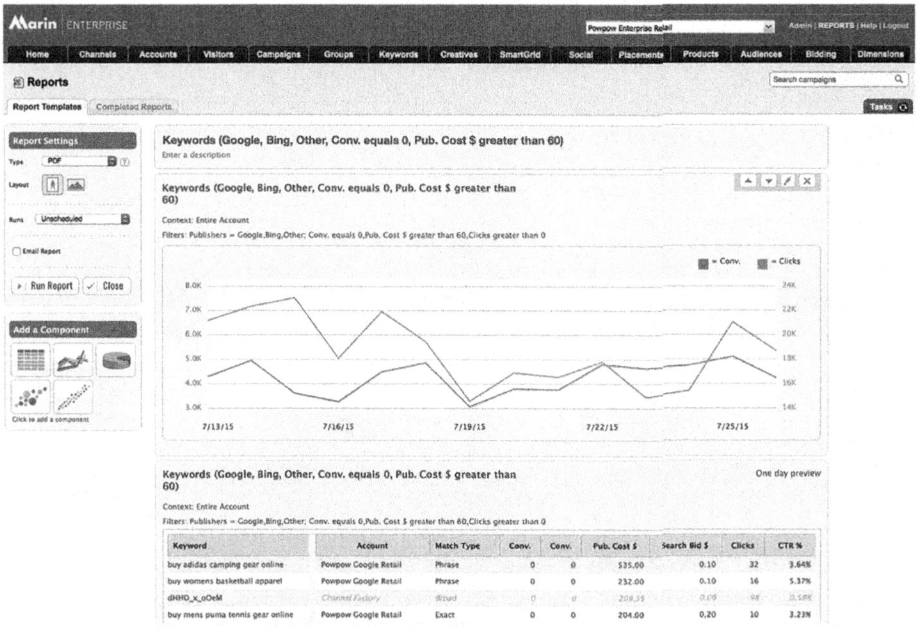

Abb. 4.6 Bid-Management für SEA Kampagnen

für verschiedene Länder zu lokalisieren (semrush.com) (Abb. 4.7). Ähnliche Funktionen bietet SpeedPPC (speedppc.com).

4.5.5 Ad Police/Xamine

Einige Unternehmen bieten bei SEA-Kampagnen gerne auf den Firmennamen konkurrierender Unternehmen, um deren Interessenten abzufangen. Um solche Versuche aufzudecken, hilft ein Brand-Protection-Tool wie Ad Police. Selbst durch Tricks (siehe Kap. 17 Betrug im Performance-Marketing) lässt sich die Software nicht überlisten (adpolice.de) (Abb. 4.8). Eine Alternative mit gleichen Funktionen bietet die Firma Xamine GmbH (xamine.com).

4.6 Checkliste

1. Zielsetzungen definieren (KPIs)
2. Werbebudget, Kosten-Umsatzrelation oder Produkt-Margen überprüfen
3. Kontenstruktur langfristig und möglichst granular ausrichten

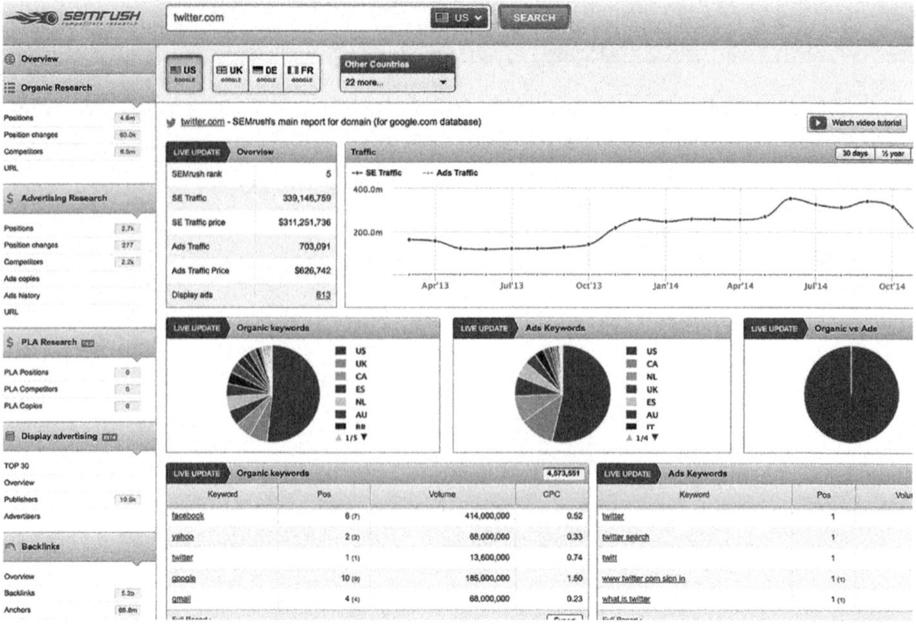

Abb. 4.7 Statistik-Cockpit von SEMrush

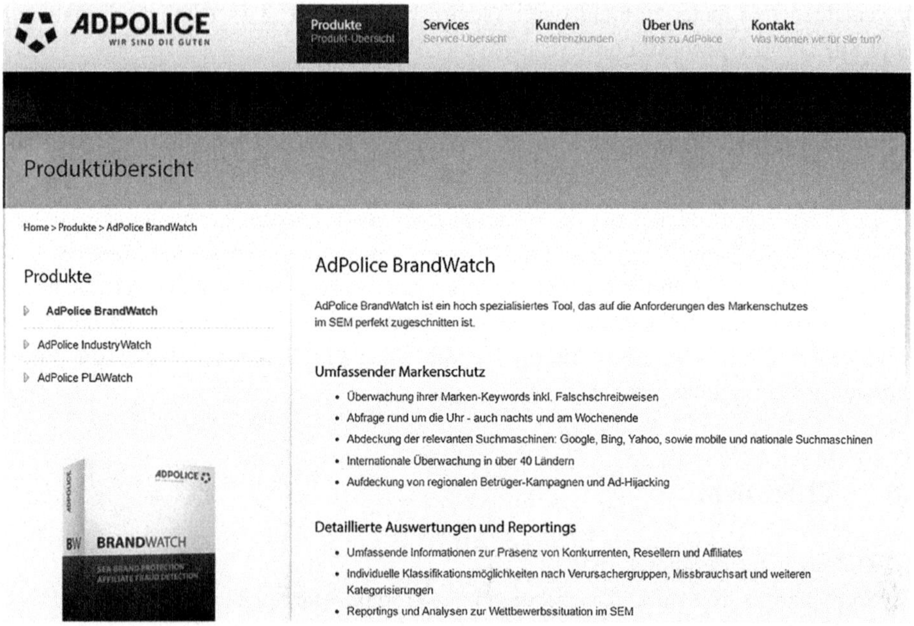

Abb. 4.8 Brand-Bidding verhindern mit Ad Police

4. Ausschließende Keywords verwenden und die Matchtypes kontrollieren
5. Kampagnen nach Endgeräten ausrichten und Zielseiten entsprechend gestalten
6. Relevanz und den Qualitätsfaktor der Anzeigen im Auge behalten
7. Conversion-Tracking integrieren
8. Automatisierte Reports nutzen und Ergebnisse kontrollieren
9. Regelmäßiges A/B-Testing von Landingpages zur kontinuierlichen Conversion-Optimierung
10. Anzeigentexte und Headlines variieren
11. Remarketing-Listen nutzen
12. Anzeigenerweiterungen (z. B. Anruferweiterungen) testen

4.7 Interessante Links

- adwords-de.blogspot.de – Der offizielle Google-Blog ist deutschsprachig und bietet alle Neuigkeiten rund um AdWords
- ppchero.com – PPC Hero ist ein englischsprachiges Online-Magazin und widmet sich verschiedenen PPC-Plattformen wie AdWords, Bing etc.
- searchengineland.com – Eine der größten englischsprachigen Websites rund um Suchmaschinen und Suchmaschinen-Marketing
- sem-deutschland.de/online-marketing-tipps – SEM Deutschland ist eine der größten deutschsprachigen Ressourcen rund ums Thema SEM und bietet zahlreiche Tipps für die Kampagnenoptimierung
- searchenginejournal.com – Search Engine Journal bietet aktuelle News und Experten-Interviews in Englisch, zu Themen wie SEA, SEO, Social Media und viele mehr.
- sea-panda.de – deutschsprachiger Google AdWords Blog mit Tipps und Tricks zur Optimierung von SEA-Kampagnen

4.7.1 Interview mit Marco Brenn (InBiz Online Marketing GmbH & Co. KG)

Warum ist Suchmaschinen Werbung (SEA) sinnvoll?
Zunächst gehört es, die Begriffe Suchmaschinen Werbung oder auch Search Engine Advertising einzuordnen. Spricht die Fachwelt von „SEA", dann wird meist die Schaltung bezahlter Suchanzeigen über Plattformen wie Google AdWords, BingAds oder Yandex.Direct gemeint.

„Wie kann ich mein Produkt mit SEA sinnvoll bewerben?", „Funktioniert Suchmaschinen Werbung für meine Idee?", „Ist SEA für mein Unternehmen sinnvoll?" oder „Funktioniert Suchmaschinen Werbung (SEA) überhaupt?" sind dabei extrem häufig gestellte Suchanfragen die Benutzer beispielsweise an Googles Suchmaschine stellen. Marketingverantwortliche, Entscheider oder Unternehmensinhaber haben oft schon von

Suchmaschinen Werbung (SEA) gehört, sie sind sich aber häufig nicht sicher ob SEA auch für sie funktionieren kann.

Die Praxis zeigt jedoch, dass sich bedingt durch die stete Weiterentwicklung der Vermarktungsplattformen durch die Suchmaschinenbetreiber nahezu jede Art von Produkt und Dienstleistung effizient vermarkten lässt. Doch warum ist das so? Der Großteil der Nutzer einer Suchmaschine bewegen sich nach dem von Elmo Lewis entwickelten klassischen vierstufigen „AIDA-Modell" in den Stufen „D – Desire" und „A – Action". Nun kann man über die Bewertung der Suchmaschinen als Channels unterschiedliche Denk- und Trackingmodelle anwenden. Unumstößlich bleibt aber, dass die Suchmaschinen gerade in den letzten Jahren das Erlebnis über die bezahlte Suche vor dem Kauf derart perfektioniert haben, dass Sie zu einem Gatekeeper geworden sind.

Ich verwende hier gerne das Beispiel aus dem Fußball. Die Suchmaschinen sind unser Stürmer, der bestbezahlte aber auch der umjubelste und umstrittenste Mann auf dem Platz. Er schießt das Tor, er ist derjenige auf den sich Erfolg oder auch Mißerfolg 1:1 projizieren lassen ganz ohne Berücksichtigung vorher beteiligter Spieler. Ebenso wie unsere Suchmaschinen, sie sind der Stürmer, der der über den Besuch oder das Fernbleiben eines Users auf der eigenen Website entscheidet.

Über die Jahre hat allen voran Google mit seinem AdWords System einen „de fakto" Industriestandard geschaffen. Weitgehend alle Plattformen orientieren sich an diesem Standard, sodass folgende Punkte auf die Gesamte SEA Landschaft anwendbar sind:

Suchmaschinen-Werbung ist skalierbar – Eine der schwierigsten Herausforderungen für jeden Marketingverantwortlichen ist die Suche nach geeigneten Quellen, aus denen er effizient Anfragen für die seine Produkte oder Dienstleistung generieren kann. Die Herausforderung liegt aber in der Stabilisierung und dem Ausbau der Quelle. Haben Sie erst einmal eine Werbekampagne erstellt, die zu einem rentablen Preis konvertiert, dann gibt es eigentlich keinen Grund, die Kampagne nicht weiter auszubauen. Als Marketingverantwortlicher können Sie einfach Ihr Budget erhöhen und Ihre Leads und Gewinne werden entsprechend ansteigen. Ihr Limit sind dabei nur die Suchanfragen, die die User über die Suchmaschinen stellen.

Suchmaschinen-Werbung ist messbar – Verglichen mit klassischen Werbekanälen wie Print, TV oder Radio sind Online Werbekampagnen einfach und transparent messbar. Werbekampagnen, in Suchmaschinen sind hier maximal transparent und stellen dem Marketingverantwortlichen zahlreiche Metriken granular bis auf Suchbegriffsebene wie beispielsweise Tageszeiten und Standorte oder verwendete Geräte der User und Wettbewerber Daten zur Verfügung. So können Sie schnell und jederzeit erkennen, was funktioniert und was eben nicht.

Suchmaschinen-Werbung ist flexibel – Die Vermarktungs Werkzeuge der Suchmaschinen bieten inzwischen hunderte von Optionen um die Werbekampagnen an die individuellen Bedürfnisse und Ziele anzupassen und die gewünschte Zielgruppe zu erreichen. Hier seien einige Beispiele genannt wie der Einsatz von speziellen Anzeigenerweiterungen zur Darstellung von Produkten mit Preisinformationen oder Rezensionen von Usern. Mit frei definierbaren Feeds oder Produktdaten lassen sich gezielt shopping-affine User oder User nach Ihren Zielgruppen Eigenschaften wie Alter, Geschlecht, Einkommen, Herkunftsort nicht nur segmentieren, sondern auch wieder ansprechen. Spezielle Anzeigenformate wie Google Shopping und ResponsiveAds oder inVideo Ads auf YouTube sollen Interaktion der User mit Werbekampagnen der Vermarkter nicht nur steigern, sondern auch für mehr Umsatz sorgen.

Was sind die größten/häufigsten Fehler in der Suchmaschinen Werbung?
Durch die vielfältigen Möglichkeiten, die die Vermarktungsplattformen der Suchmaschinen heute mitbringen, entsteht nicht nur ungeheures Potenzial für die Gestaltung effektiver Kampagnen, sondern eben auch für Fehler. Das A und O einer guten Kampagnenbasis bildet dabei eine gut durchdachte Kontostruktur. Nur durch eine in sich schlüssige Struktur behalten Marketingverantwortliche bei Aussteuerung und Optimierung der Kampagnen den Überblick.

Neben einer gut durchdachten Kontostruktur spielt der richtige Umgang mit Matchtypes eine wesentliche Rolle. Fast alle Suchmaschinen bieten die Wahl aus vier positiven Matchtypes „Exakt", „Wortgruppe", „Weitgehend Modifiziert" und „Weitgehend" an. Hinzu kommen bei allen Anbietern die negativen Keywordoptionen „Negative Exakt", „Negative Wortgruppe" und „Negative Weitgehend" mit deren Hilfe Keywords als Suchanfrage ausgeschlossen werden können.

Wie zu erwarten ist, verhalten sich die einzelnen Matchtypes unterschiedlich und sollten daher mit Bedacht ausgewählt werden. Denn je „exakter" ein Keyword im Konto definiert worden ist, umso höher ist die Relevanz zwischen Anzeigentext und Keyword.

Um die Anzeigenrelevanz weiter zu steigern empfiehlt es sich systematisch Anzeigentexte durch Tests permanent weiterzuentwickeln und um Anzeigenerweiterungen wie Sitelinks, Telefonnummern, Preise, Empfehlungen, User Rezensionen und viele weitere zu erweitern. Anzeigenerweiterungen steigern nicht nur die Klickrate sondern zahlen auch direkt auf eine Verbesserung der Kontenqualität ein.

Um die Leistung der Werbekampagnen anhand eigener definierter Kennzahlen auch beurteilen zu können, ist die Definition von Zielen und die Einrichtung einer Erfolgsmessung sehr wichtig. Als Basis kann hier beispielsweise der generierte Umsatz eines Kunden im Onlineshop sein oder das Absenden eines Kontaktformulars beziehungsweise das Aufrufen einer bestimmten Schlüsselseite genannt werden.

Einen ebenso wesentlichen Einfluss auf den Erfolg einer Suchmaschinen Kampagne hat die Auswahl der richtigen Zielseite. Idealerweise findet der Suchende nach dem Klick auf die Textanzeige das Beste Ergebnis passend zu seiner Suchanfrage auf der Website. Nur dann wird er die gewünschte Zielaktion wie einen Kauf durchführen und nicht abbrechen.

Was wird in Zukunft wichtig für Werbetreibende in der Suchmaschinen Werbung? Schon heute stehen Marketingverantwortlichen zahlreiche Werkzeuge zur Verfügung, um Werbekampagnen perfekt auf die Zielgruppe zuzuschneiden. In Zukunft ist zu erwarten, dass der User noch weiter in den Fokus rücken wird. So haben die großen Suchmaschinen bereits verlautbaren lassen, dass mit speziellen Targeting Mechanismen Keyword Kampagnen noch feiner ausgerichtet werden können. Sogenannte „Market Audiences" werden es in Zukunft erlauben einen Blick hinter die Suchanfrage zu werfen um einen potenziellen Käufer von einem Informationssuchenden unterscheiden zu können.

Überhaupt werden maschinenlernende Mechanismen Einzug halten. Das Wissen welchen Schulabschluss ein Benutzer hat, ob er lieber zu Hause oder im Büro online einkauft, welcher Gehaltsklasse er angehört, bb der Benutzer verheiratet ist oder ein Baby bekommt – wird dem Marketingverantwortlichen in Zukunft noch mehr über das Verhalten der Suchenden verraten.

„Data-driven" wird in Zukunft nicht mehr nur ein Schlagwort für die Suchmaschinen sein. Feed gesteuerte Inhalte zum Ausspielen in Anzeigen in Echtzeit werden in Zukunft noch einfacher sein. Bereits heute lassen sich mit simplen „IF-Abfragen" Anzeigen auf den einzelnen Nutzer hin individualisieren. Darüber hinaus hat das klassische „Last-Click-Wins-Modell" nun endlich ausgedient. Mithilfe ausgeklügelter „Attributionsmodelle" werden die Suchmaschinen den Werbetreibenden noch tiefere Einblicke in das Verhalten der Suchenden geben. Dies wird schlussendlich in gänzlich anderen Aussteuerungs- und Optimierungsmöglichkeiten münden. Marketingverantwortliche können so in Zukunft den User vom ersten Kontakt, egal ob online oder offline, bis zum Kauf noch besser begleiten und gezielter ansprechen. Das umgangssprachliche „Mit Kanonen auf Spatzen schießen" wird endlich ein Ende haben.

Literatur

Google AdWords-Hilfe. Das Google Displaynetzwerk. https://support.google.com/adwords/answer/2404190. Zugegriffen: 07. Juni 2017.

Mediendatenbank/mediadb.eu. 21. Baidu Inc. https://www.mediadb.eu/datenbanken/internationale-medienkonzerne/baidu-inc.html. Zugegriffen: 07. Juni 2017.

Statista 2017. Marktanteile führender Suchmaschinen in Deutschland bis 2016. https://de.statista.com/statistik/daten/studie/167841/umfrage/marktanteile-ausgewaehlter-suchmaschinen-in-deutschland/. Zugegriffen: 07. Juni 2017.

E-Mail-Marketing – der direkte Weg zum Nutzer

5

Inhaltsverzeichnis

5.1 Was ist E-Mail-Marketing? 68
5.2 Die Markteilnehmer im E-Mail-Marketing 69
5.2.1 Advertiser 69
5.2.2 Agenturen 69
5.2.3 Adresshändler 69
5.2.4 Empfänger 69
5.3 Adressgenerierung im E-Mail-Marketing 70
5.3.1 Newsletter-Registrierung 70
5.3.2 Kauf von E-Mail-Adressen 70
5.3.3 Co-Registrierung 70
5.3.4 Co-Sponsoring 71
5.3.5 Bestandskunden 71
5.4 E-Mail-Marketing-Formen 71
5.4.1 Stand-Alone-E-Mails 71
5.4.2 Newsletter 72
5.4.3 Trigger-Mails 73
5.4.4 Transaktions-Mails 73
5.4.5 E-Mail-Retargeting 73
5.4.5.1 Nicht-Reagierer, Öffner und Klicker 73
5.4.5.2 Tracking-Pixel in der Website 74
5.5 KPIs im E-Mail-Marketing 74
5.5.1 Zustellrate (Delivery Rate) 74
5.5.2 Bounce-Rate 75
5.5.3 Öffnungsrate 75
5.5.4 Click-Through-Rate (CTR) 75
5.5.5 Abmeldequote 75
5.5.6 Spam-Rate 75
5.5.7 Website Traffic 76
5.5.8 Zeit auf der Website (Time on Site) 76

I. Kamps und D. Schetter, *Performance Marketing*,
https://doi.org/10.1007/978-3-658-18453-7_5

5.5.9 Zeit bis zum Kauf (Time to Purchase) . . . 76
5.5.10 Listen-Wachstum (List Growth) . . . 76
5.5.11 Anzahl der Verkäufe (Total Sales) . . . 76
5.5.12 Cost-per-Lead (CPL) . . . 77
5.5.13 Cost-per-Order (CPO) . . . 77
5.5.14 Return on Investment (ROI) . . . 77
5.5.15 Social-Media-Wachstum (Social Growth) . . . 77
5.5.16 Brand Awareness . . . 77
5.6 Tipps zur Steigerung der Performance von E-Mail-Marketing-Kampagnen . . . 78
5.6.1 Betreffzeile . . . 78
5.6.2 Mobilfreundlichkeit . . . 78
5.6.3 Personalisierung . . . 78
5.6.4 Echten Absender verwenden . . . 78
5.6.5 Segmentierung der E-Mail-Liste . . . 79
5.6.6 Verschiedene Versandzeiten testen . . . 79
5.6.7 Versandfrequenz und Wahlmöglichkeit . . . 79
5.6.8 Klaren Call-to-Action definieren . . . 79
5.6.9 Split-Tests . . . 80
5.6.10 Handlungsdruck erzeugen . . . 80
5.6.11 Konsequente Erfolgsmessung . . . 80
5.6.12 E-Mail-Liste regelmäßig säubern . . . 80
5.7 Tools fürs E-Mail-Marketing . . . 81
5.7.1 Campaign Monitor . . . 81
5.7.2 Mailchimp . . . 82
5.7.3 GetResponse . . . 82
5.7.4 CleverReach . . . 82
5.7.5 newsletter2go . . . 83
5.8 Checkliste . . . 83
5.9 Interessante Links . . . 85

Zusammenfassung

Das folgende Kapitel befasst sich mit dem Performance-Kanal E-Mail-Marketing. Nach einer Erklärung des Begriffs E-Mail-Marketing wird aufgezeigt, welche Marktteilnehmer es gibt, wie sich E-Mail-Adressen generieren lassen und in welchen Formen E-Mail-Marketing betrieben werden kann. Es folgt ein ausführlicher Blick auf alle wichtigen KPIs und ihre Berechnung – das Herzstück der E-Mail-Marketing-Performance. Anschließend gibt es Tipps zur Verbesserung der Leistung von E-Mail-Marketing Kampagnen.

5.1 Was ist E-Mail-Marketing?

Wie der Titel schon sagt umfasst das E-Mail-Marketing alle Werbebemühungen durch den Versand von elektronischen Mails. Im Gegensatz zum vielfach verhassten Spam erreichen diese E-Mails ausschließlich Personen, die sich für die darinstehenden Inhalte tatsächlich interessieren und ihre Einwilligung zum Erhalt gegeben haben. Der große

Vorteil von E-Mail-Marketing liegt darin, dass sich eine große Zahl von Interessenten zu sehr überschaubaren Kosten erreichen lässt. E-Mail-Marketing ist besonders gut dazu geeignet, bereits bestehende Kunden erneut zu aktivieren, kann aber auch für die Neukundenakquise eingesetzt werden.

E-Mail-Marketing gibt es in verschiedenen Ausprägungen. Die Mails können einmalig oder regelmäßig versandt werden, sie können aus reinem Text bestehen, Bilder beinhalten oder mit Rich-Media-Elementen (z. B. Videos) versehen sein. Und das Wichtigste: Der Erfolg der Werbebemühungen lässt sich hervorragend messen und optimieren.

5.2 Die Markteilnehmer im E-Mail-Marketing

5.2.1 Advertiser

Als Advertiser werden werbetreibende Unternehmen bezeichnet, die ihr Produkt oder ihre Dienstleistung an den Mann oder die Frau bringen wollen und zu diesem Zweck eigene E-Mails versenden oder Anzeigen in fremden Newslettern schalten.

5.2.2 Agenturen

Die Agenturen verfügen über große E-Mail-Listen aus verschiedenen Interessengebieten, die sie Advertisern für den Versand von Stand-Alone-E-Mails kostenpflichtig anbieten. Der Versand selbst erfolgt über die Agentur.

5.2.3 Adresshändler

Bei Adresshändlern lassen sich E-Mails mieten bzw. kaufen, um damit Botschaften an Empfänger außerhalb der eigenen E-Mail-Liste senden zu können.

5.2.4 Empfänger

Die Personen, die ihre Einwilligung zum Erhalt eines Newsletters oder von Werbemails gegeben haben, werden als Empfänger bezeichnet.

5.3 Adressgenerierung im E-Mail-Marketing

5.3.1 Newsletter-Registrierung

Die einfachste Methode, den Empfängerbestand für E-Mail-Marketing-Maßnahmen zur steigern, ist die bekannte Newsletter-Registrierung. Dabei wird auf der eigenen Website ein Formularfeld integriert, in das Interessenten ihre E-Mail-Adresse eintragen können. Anschließend erhalten sie eine Mail mit einem Bestätigungslink mit der Bitte, auf diesen Link zu klicken, an die angegebene Adresse (Double-Opt-in-Verfahren). Erst wenn das passiert ist, kann die E-Mail bedenkenlos in den eigenen Verteiler aufgenommen und zum Versand weiterer E-Mails verwendet werden.

Es ist zu beachten, dass die nun vorhandene Einwilligung zum Erhalt weiterer Nachrichten durch den Nutzer nicht endlos gültig ist. Wurde dem Empfänger vier Jahre keine E-Mail mehr zugestellt, erlischt das damals akzeptierte Double-Opt-in automatisch und muss neu eingeholt werden.

5.3.2 Kauf von E-Mail-Adressen

Es ist grundsätzlich erlaubt, Adressen zu kaufen und den Empfängern anschließend E-Mails zuzusenden. Es ist allerdings auch hier zwingend darauf zu achten, dass alle Empfänger wirksam per Double-Opt-in der Zusendung von Werbemails zugestimmt haben.

Wenn es vermeidbar ist, sollte allerdings vom E-Mail-Adressen-Kauf abgesehen werden. Die Daten sind häufig nicht so exakt wie von den Adresshändlern versprochen und zum Teil sogar fehlerhaft. Darüber hinaus können Empfänger das werbende Unternehmen nicht zuordnen und drücken daher verstärkt auf den Spam-Button. Dies kann sich negativ auf die zukünftige Zustellbarkeit von E-Mails auch an andere Empfänger auswirken.

5.3.3 Co-Registrierung

Ein weiteres Instrument zur Vergrößerung des eigenen E-Mail-Bestands ist die Co-Registrierung. Hierbei wird der Newsletter-Registrierungsprozess eines Kooperationspartners genutzt, um eigene E-Mail-Adressen zu sammeln. Der Empfänger meldet sich also nicht nur beim eigentlichen Newsletter-Anbieter an, sondern gleichzeitig beim Kooperationspartner.

Das klappt am besten, wenn sich die Angebote der Unternehmen gut ergänzen und der Nutzer ein Interesse an beiden Anbietern hat. Die Zustimmung zur Co-Registrierung seiner E-Mail-Adresse muss der Nutzer aktiv durchführen. Das entsprechende Kästchen auf der Website darf daher nicht standardmäßig aktiviert sein. Auch das Double-Opt-in ist natürlich Pflicht.

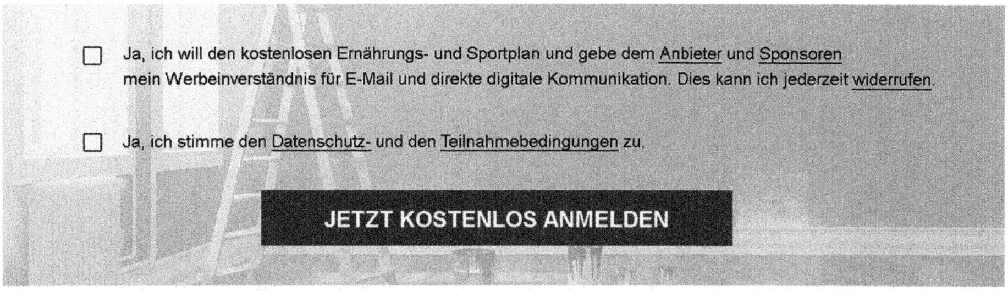

Abb. 5.1 Beispiel für Co-Sponsoring

5.3.4 Co-Sponsoring

Ähnlich der Co-Registrierung werden die Adressen auch beim Co-Sponsoring über Dritte generiert. In diesem Fall tritt das Unternehmen, das die E-Mail-Adressen einsammeln möchte, als Sponsor eines Gewinnspiels auf.

Per Co-Sponsoring lassen sich auf schnelle Weise große E-Mail-Adressbestände aufbauen. Allerdings müssen Abstriche bei der Qualität der E-Mail in Kauf genommen werden, da sich die anmeldenden Personen nur wegen des Gewinnspiels anmelden und kein grundsätzliches Interesse an den Angeboten von Drittunternehmen unterstellt werden kann. Darüber hinaus verwenden viele Nutzer für die Teilnahme an Gewinnspielen bevorzugt weniger wertvolle Zweit-E-Mail-Adressen (Abb. 5.1).

5.3.5 Bestandskunden

Besteht eine geschäftliche Beziehung zu einem Empfänger (z. B. wenn dieser bereits ein Produkt gekauft hat), darf ihm das Unternehmen auch ohne bestehendes Double-Opt-in E-Mails zusenden. Voraussetzung dafür ist, dass der Empfänger seine E-Mail selbst übermittelt hat (z. B. im Bestellprozess).

Natürlich muss dem Nutzer mit dem Erhalt der ersten Mail die Möglichkeit gegeben werden, der Zusendung weiterer E-Mails zu widersprechen. Außerdem sollten zwischen dem letzten aktiven Geschäftskontakt und der ersten versendeten E-Mail nicht mehr als 24 Monate vergangen sein.

5.4 E-Mail-Marketing-Formen

5.4.1 Stand-Alone-E-Mails

Stand-Alone-E-Mails sind einzelne E-Mails mit bestimmten Werbebotschaften, die an den Verteiler eines Drittanbieters versandt werden. Die Empfängerliste gehört daher dem Dienstleister und nicht dem werbenden Unternehmen. Es können auch mehrere E-Mails

Abb. 5.2 Beispiel Promotion E-Mail von iBood

zum gleichen Thema versendet werden, allerdings erfolgt der Versand in keinem Fall regelmäßig (siehe Newsletter). Gestalterisch weichen Stand-Alone-Mailings häufig vom klassischen Newsletter ab und stellen eine ganz zentrale Botschaft in den Mittelpunkt (Abb. 5.2).

5.4.2 Newsletter

Im Gegensatz zu Stand-Alone-E-Mails werden Newsletter regelmäßig verschickt (z. B. alle 14 Tage). Der Empfänger meldet sich aktiv an und erhält ab diesem Moment die Mails in diesen Zeitintervallen in sein E-Mail-Postfach. Es gibt aber auch Anbieter, die ihre Empfänger die Intervalle selbst bestimmen lassen. Grundsätzlich erhalten aber alle Empfänger die E-Mail im gleichen Moment.

Wenn der Empfänger den Newsletter nicht mehr erhalten möchte, kann er sich jederzeit vom Abonnement abmelden. Dazu enthält jede versandte E-Mail einen entsprechenden Unsubscribe-Link am Fußende.

5.4.3 Trigger-Mails

Trigger-Mails sind (meist automatisch) versendete E-Mails, die zu einem bestimmten Ereignis verschickt werden. Die einfachste Form ist eine Willkommensnachricht, die dem Nutzer automatisch zugestellt wird, wenn er sich bei einem Online-Dienst anmeldet. Aber auch automatisch versandte Geburtstagsglückwünsche sind Trigger-Mails.

Im E-Commerce-Bereich können Trigger-Mails komplementäre Produktvorschläge zu einem kürzlich gekauften Produkt des Empfängers enthalten (z. B. passende Kissen zum bereits gekauften Sofa).

Werden Trigger-Mails sorgfältig geplant, ausgesteuert und idealerweise personalisiert, können diese E-Mails eine sehr hohe Aufmerksamkeit und dadurch sehr gute Öffnungs- und Click-Through-Rates (CTR) erreichen.

5.4.4 Transaktions-Mails

Transaktions-Mails sind eine spezielle Form von Trigger-Mails und werden nach Transaktionen automatisiert versendet. Die bekannteste Form sind Bestellbestätigungen von Online-Shops, es können aber auch Rechnungen sein.

Transaktions-Mails sind grundsätzlich nicht werblich und benötigen kein Werbeeinverständnis des Empfängers. Sie können allerdings trotzdem auch werblich genutzt werden und beispielsweise komplementäre Produktvorschläge zu einem kürzlich gekauften Produkt des Empfängers enthalten (z. B. passende Kissen zum bereits gekauften Sofa).

5.4.5 E-Mail-Retargeting

Für den Begriff E-Mail-Retargeting existieren unterschiedliche Definitionen. Wie beim klassischen Retargeting aus dem Display Advertising werden aber bei jeder Variante Nutzer erneut per Online-Werbung angesprochen, die zuvor eine bestimmte Aktion durchgeführt bzw. nicht durchgeführt haben.

5.4.5.1 Nicht-Reagierer, Öffner und Klicker

Im ersten Fall wird zunächst eine E-Mail an einen großen Verteiler gesendet (z. B. 500.000 Adressen) und anschließend ausgewertet, wie sich die Empfänger verhalten haben. So kann ausgewertet werden, welche Nutzer gar nicht auf die E-Mail reagiert, welche sie zumindest geöffnet und welche sogar den Link in der E-Mail angeklickt

Tab. 5.1 Beispieldaten einer E-Mail-Retargeting-Kampagne mit erneuter Ansprache aller Empfänger, die beim Initialversand geöffnet und/oder geklickt haben

Versand	Volumen	Öffner	Klicker
Initialversand	500.000	52.383 (10,48 %)	5498 (1,10 %)
1. Retarget nach 4 Tagen	57.881	33.117 (57,22 %)	1736 (3,00 %)
2. Retarget nach 8 Tagen	57.881	27.284 (47,14 %)	1369 (2,37 %)

haben (Tab. 5.1). Anschließend erhält nach einigen Tagen ein bestimmter Teil des Initialverteilers weitere Reminder-E-Mails (z. B. alle Öffner und Klicker).

Beim Verfassen der Retargeting-Mail ist es sinnvoll, die Betreffzeile gegenüber dem Initialversand so zu verändern, dass der grundsätzliche Tenor erhalten bleibt, die Botschaft aber mit anderen Worten übermittelt wird.

5.4.5.2 Tracking-Pixel in der Website

Bei der zweiten Variante des E-Mail-Retargetings wird ein Tracking-Pixel in der Website integriert. Klickt der Nutzer nun auf den Link in der initial versendeten E-Mail und gelangt auf die Website, wird ein Cookie gespeichert und es kann genau verfolgt werden, wie sich der Nutzer auf der Seite bewegt (z. B. welche Produkte er sich angesehen, aber nicht gekauft hat).

Anschließend wird ihm nach einiger Zeit eine E-Mail zugesandt, in der noch mal genau auf das kürzlich angesehene Produkt hingewiesen wird. Um den Nutzer vom verspäteten Kauf zu überzeugen, kann diese E-Mail zusätzlich auch einen Rabattgutschein enthalten. Als Alternative zur E-Mail kann der getrackte Nutzer auch mit Display-Werbemitteln angesprochen werden.

In einer etwas abgewandelten Form wird der Tracking-Pixel in die E-Mail selbst integriert und der Nutzer wird gefragt, ob er der Speicherung des Cookies zustimmt.

5.5 KPIs im E-Mail-Marketing

5.5.1 Zustellrate (Delivery Rate)

Die Zustellrate beschreibt das Verhältnis der Anzahl versendeter E-Mails zu den tatsächlich beim Empfänger angekommenen Mails. Der Grund für nicht ankommende Mails könnte beispielsweise sein, dass diese als Spam deklariert wurden. Mit der Zustellrate lässt sich die grundsätzliche Qualität des Verteilers (z. B. gekauften Listen) bewerten.

5.5.2 Bounce-Rate

Im Laufe des Lebenszyklus einer E-Mail-Liste werden einige E-Mails mit der Zeit nicht mehr funktionieren. Nicht mehr vorhandene Empfänger-E-Mails können sofort aus der Liste gelöscht werden. Es kann aber auch sein, dass eine E-Mail-Adresse nur temporär unerreichbar ist (z. B. aufgrund eines vollgelaufenen Postfachs). Diese können nach einiger Zeit noch mal kontaktiert werden, um ihren Status zu überprüfen.

$$\text{Bounce} - \text{Rate} = \frac{\text{Bounces}}{\text{Empfängerliste}} * 100$$

5.5.3 Öffnungsrate

Die Öffnungsrate zeigt an, wie viele Empfänger die E-Mail geöffnet haben. Der gemessene Wert kann von der Realität abweichen, da einige E-Mail-Programme eingegangene Mails je nach Einstellung automatisch öffnen. An der Öffnungsrate kann beispielsweise abgelesen werden, wie gut die Betreffzeile der E-Mail gewirkt hat.

$$\text{Öffnungsrate} = \frac{\text{Öffnungen}}{(\text{Empfängerliste} - \text{Bounces})} * 100$$

5.5.4 Click-Through-Rate (CTR)

Analog zu anderen Online-Marketing-Kanälen lässt sich die Anzahl der Klicks messen, die Nutzer auf einen in der E-Mail vorhandenen Link getätigt haben. Die CTR ergibt sich aus dem Verhältnis zwischen tatsächlich zugestellten Mails und der Klickanzahl.

$$\text{CTR} = \frac{\text{Klicks}}{\text{Seitenaufrufe}} * 100$$

5.5.5 Abmeldequote

Die Anzahl der Empfänger, die sich nach dem Erhalt einer E-Mail aus dem Verteiler abmelden. Es ist wichtig, den Abmeldeprozess so komfortabel wie möglich zu gestalten, um Nutzer nicht zu verärgern und somit für immer zu verlieren.

$$\text{Abmeldequote} = \frac{\text{Abmeldungen}}{\text{Anzahl versendeter Mails}} * 100$$

5.5.6 Spam-Rate

E-Mail-Anbieter wie Gmail geben ihren Nutzern die Möglichkeit, unerwünschte E-Mails als Spam zu melden. Daher ist jedem Werbetreibenden daran gelegen, die Spam-Rate möglichst gering zu halten. Dies lässt sich am besten durch ansprechende Betreffzeilen und eine geringe Versandfrequenz erreichen.

$$\text{Spam} - \text{Rate} = \frac{\text{Geblockte Mails}}{\text{Anzahl versendeter Mails}} * 100$$

5.5.7 Website Traffic

Wenn die versandte E-Mail einen Link enthält, wird sich der Versand nach kurzer Zeit durch ein gesteigertes Besucheraufkommen auf der eigenen Website auswirken. Da E-Mails heutzutage häufig zuerst mobil gelesen und dann später am Rechner erneut geöffnet werden, sollte die analysierte Zeitspanne etwas ausgedehnt werden. Die Auswertung des Website Traffics wird mit einem Analyse-Tool wie z. B. Google Analytics vorgenommen.

5.5.8 Zeit auf der Website (Time on Site)

Wie lange hat sich der Nutzer auf der Website aufgehalten, die er mit dem Klick auf den entsprechenden Link geöffnet hat? Diese und weitere Informationen lassen Rückschlüsse auf die Qualität der Landingpage zu, die durch Klick auf der Link in der E-Mail geöffnet wird.

5.5.9 Zeit bis zum Kauf (Time to Purchase)

Dies ist die Zeitspanne, die zwischen dem Versand einer E-Mail und dem Kauf des darin beworbenen Produkts durch den Empfänger vergeht. Je nach Produkt kann der Zeitrahmen zwischen wenigen Stunden und einem Jahr variieren.

5.5.10 Listen-Wachstum (List Growth)

Wird für den Versand immer dieselbe E-Mail-Liste verwendet, wird die Zahl der Empfänger mit der Zeit sehr wahrscheinlich abnehmen. Daher ist es wichtig, immer wieder neue Anmeldungen zu generieren. Das kann beispielsweise durch Incentives, Wettbewerbe oder eine einfache Newsletter-Registrierungsmöglichkeit auf der Website geschehen.

$$\text{List Growth} = \frac{\text{Neuanmelder}}{\text{Abmelder}} * 100$$

5.5.11 Anzahl der Verkäufe (Total Sales)

Ein sehr wichtiger Indikator für den Erfolg einer versandten E-Mail mit Produktangebot ist natürlich die daraus resultierende Zahl der Verkäufe. Um den kompletten Überblick zu erhalten, ist es sinnvoll, nicht nur die direkt in der Mail beworbenen Produkte zu betrachten, sondern die kompletten Warenkörbe der Empfänger.

5.5.12 Cost-per-Lead (CPL)

Werden die Kosten für den Versand der E-Mail der Anzahl dadurch generierter Neukunden gegenübergestellt, ergibt sich daraus der Cost-per-Lead. Kostet der Versand beispielsweise 1000 EUR und es sind 100 Neukunden zu verzeichnen, liegt der CPL bei 10 EUR.

$$\text{CPL} = \frac{\text{Gesamtkosten der Leads}}{\text{Anzahl der Leads}}$$

5.5.13 Cost-per-Order (CPO)

Wenn der E-Mail-Dienstleister eine Werbe-E-Mail auf eigenes Kostenrisiko versendet und dafür prozentual an den darüber verkauften Produkten partizipiert, wird der CPO zur wichtigen Messgröße. Erhält er beispielsweise 15 % eines Produkts für 100 EUR, erhält er für jeden durch die E-Mail geworbenen Kunden 15 EUR (CPO) vom Werbetreibenden.

$$\text{CPO} = \frac{\text{Gesamtkosten der Sales}}{\text{Anzahl der Sales}}$$

5.5.14 Return on Investment (ROI)

Der ROI beschreibt die generierten Umsätze im Verhältnis zu den entstandenen Kosten. Dabei werden die Gesamtumsätze der E-Mail-Kampagne durch die dafür aufgewendeten Gesamtkosten dividiert. Bei einem Umsatz von 5000 EUR und Gesamtkosten von 1000 EUR liegt der Return on Investment bei 500 %.

$$\text{ROI} = \frac{\text{Umsatz}}{\text{Gesamtkosten}} * 100$$

5.5.15 Social-Media-Wachstum (Social Growth)

Wenn die E-Mail genutzt wird, um die eigenen Social-Media-Kanäle wie Facebook, Snapchat oder Twitter zu stärken, wird der Zuwachs an Fans und Followern auf diesen Kanälen gemessen. Dies lässt sich leicht bewerkstelligen.

$$\text{Social Growth} = \frac{\text{Neue Fans \& Followe}}{\text{Empfängerliste}} * 100$$

5.5.16 Brand Awareness

E-Mail-Marketing ist eine gute Option, sich bei Bestandskunden immer mal wieder in Erinnerung zu rufen, auch wenn der Kunde schon lange nichts mehr gekauft hat. Der Effekt lässt sich natürlich nur schwer messen und ist daher kein richtiger Performance-KPI, soll aber an dieser Stelle nicht unerwähnt bleiben.

5.6 Tipps zur Steigerung der Performance von E-Mail-Marketing-Kampagnen

5.6.1 Betreffzeile

Eine hohe Öffnungsrate steht und fällt mit der Betreffzeile. Daher ist es notwendig, dass diese sehr kurz und prägnant formuliert ist, neugierig macht und aus der Masse anderer E-Mails hervorsticht. Falls es möglich ist, kann auch eine personalisierte Betreffzeile Wunder wirken.

5.6.2 Mobilfreundlichkeit

E-Mails werden heutzutage zum großen Teil zuerst mobil gelesen. Das kann nicht oft genug betont werden. Daher muss die E-Mail auf jeden Fall für die Darstellung auf Smartphones optimiert werden, ansonsten wandert sie häufig ungelesen in den Papierkorb. Weitere Besonderheiten zur Gestaltung mobiler E-Mails werden im Kap. 12. Spezialfall Mobile Marketing behandelt.

5.6.3 Personalisierung

Es ist davon auszugehen, dass Empfänger jeden Tag mehrere E-Mails erhalten, die um ihre kurze Aufmerksamkeitsspanne buhlen. Dass ein Nutzer eine E-Mail öffnet, heißt noch nicht, dass er diese auch bis zum Ende aufmerksam gelesen hat. Durch Personalisierung fühlt er sich hingegen oft stärker involviert und widmet der E-Mail daher mehr Zeit. Dafür kann schon die persönliche Ansprache „Hallo Vorname Nachname" genügen.

5.6.4 Echten Absender verwenden

Viel zu viele E-Mails und Newsletter werden mit dem Absender „Noreply" versendet. Dabei ist inzwischen längst bekannt, dass ein echter Absender mit einem echten Namen nicht nur die Öffnungsrate signifikant steigert, sondern sich auch positiv auf die Conversion-Rate auswirkt. Darüber hinaus hilft es dabei, bessere Beziehungen zu den Empfängern aufzubauen, wenn sie auf die E-Mail antworten können und diese Antworten nicht im digitalen Nirwana verschwinden.

5.6.5 Segmentierung der E-Mail-Liste

Durch die Einteilung der E-Mail-Liste in verschiedene Segmente wird den unterschiedlichen Interessen der Nutzer Rechnung getragen. Nutzer in verschiedenen Segmenten können die E-Mail zu unterschiedlichen Zeitpunkten erhalten oder mit unterschiedlichen Ansprachen und Angeboten adressiert werden. Segmente können beispielsweise sein:

- Demografisch: Alter, Geschlecht, Wohnort, Beruf etc.
- Verhalten: Neu- oder Bestandskunde, loyaler Kunde, Mitglied, Öffner, Nicht-Reagierer
- Anmeldezeitpunkt: Neuanmelder, langjährige Empfänger
- Empfangsgerät: Desktop oder mobil

5.6.6 Verschiedene Versandzeiten testen

Kommerzielle E-Mails erreichen ihre Empfänger im Idealfall genau in dem Moment, in dem sie Zeit haben, diese zu lesen. Der Versand sollte daher in dem Zeitraum erfolgen, wenn die Empfänger ihr Postfach aktiv abrufen. Aufgrund verschiedener Zielgruppen gibt es leider nicht den idealen Zeitpunkt. Durch Tests lässt sich aber herausfinden, zu welchen Zeiten die Öffnungsrate höher liegt. Dies können möglicherweise auch Zeiten sein, in denen mit weniger Wettbewerb um die Aufmerksamkeit im E-Mail-Postfach zu rechnen ist.

5.6.7 Versandfrequenz und Wahlmöglichkeit

Die Frage nach dem passenden Zeitraum zwischen der Aussendung zweier E-Mails lässt sich nicht pauschal beantworten. Es ist aber klar, dass man seine Empfänger nicht ständig mit Botschaften überschütten darf. Im Idealfall können die Nutzer selbst festlegen, wie häufig sie eine E-Mail erhalten wollen. Ansonsten ist davon auszugehen, dass aktive Nutzer (Öffnungsrate, CTR) eine höhere Versandfrequenz akzeptieren als weniger aktive User. Eine Möglichkeit, um entsprechende Informationen zu erhalten, ist eine kurze Umfrage an Nutzer, die sich vom Erhalt der E-Mail abmelden wollen (Grund der Abmeldung mit Antwortvorgaben).

5.6.8 Klaren Call-to-Action definieren

Einer der größten Performance-Killer in E-Mails ist ein fehlender oder unklarer Call-to-Action. Dabei ist es egal, ob der Nutzer einfach per Link auf die Website geschickt werden, an einer Umfrage teilnehmen oder ein Produkt kaufen soll. Wenn er nicht in wenigen Sekunden erfassen kann, was man von ihm möchte, ist es zu spät und die E-Mail wird gelöscht. Daher macht es Sinn, die E-Mail vor dem Versand zwei unbeteiligten Personen zu zeigen und entsprechend ihrer Reaktion zu reagieren.

5.6.9 Split-Tests

Testen ist das A und O, um das ideale Setting für die eigenen Kampagnen zu finden. Bei einem Split-Test (auch A/B-Test) erhalten die Empfänger verschieden gestaltete E-Mails. Anschließend wird überprüft, welche Variante der E-Mail die beste Performance bringt. Mögliche Variablen sind u. a. die Betreffzeile, der Absender, die Versandzeit und der Call-to-Action. Um aussagekräftige Ergebnisse zu erhalten, sollte keine Empfängergruppe kleiner sein als 100 Personen.

5.6.10 Handlungsdruck erzeugen

Da jeder Nutzer täglich verschiedene E-Mails erhält, wird es vorkommen, dass er einige dieser Mails nicht aufmerksam lesen wird, obwohl ihn der Inhalt eigentlich interessiert. Er möchte sich die Nachricht für später aufheben, aber in der Zwischenzeit kommen natürlich auch neue Nachrichten an. Dadurch fällt so manche Mail ungewollt durchs Leseraster. Diesem Effekt lässt sich entgegenwirken, wenn die Betreffzeile der E-Mail einen gewissen Handlungsdruck enthält (z. B. „nur heute“). Dadurch wird dem Empfänger signalisiert, dass der Mailinhalt nur kurz gültig ist und kein Aufschub geduldet wird. Bei zu häufigem Einsatz dieses Stilmittels oder einem uninteressanten Angebot besteht allerdings Abnutzungsgefahr.

5.6.11 Konsequente Erfolgsmessung

Mithilfe von ULM-Parametern kann z. B. in Google Analytics überprüft werden, was der Nutzer nach dem Klick auf den Link in der E-Mail auf der Website macht. Daher sollten die in den E-Mails platzierten Links mit sauberen ULM-Parametern ausgestattet werden. So kann das Ganze dann aussehen: www.DeineWebsite.de/?utm_source=E-Mail&utm_medium=Button.

5.6.12 E-Mail-Liste regelmäßig säubern

Wird die E-Mail-Liste nicht regelmäßig gereinigt, hat das mit der Zeit negative Auswirkungen auf die Öffnungsrate des Verteilers. Einige Empfänger geben aus Versehen fehlerhafte Daten an, löschen alte E-Mail-Adressen und erstellen neue. Einige Verbesserungen beinhalten:

- Löschen von Duplikaten aus der Liste
- Verbesserung offensichtlicher Fehler (z. B. „@gmal.com" statt „@gmail.com")
- E-Mail-Versand zur Neubestätigung durch den Nutzer
- Aktualisierung bekannter Kontakte

5.7 Tools fürs E-Mail-Marketing

5.7.1 Campaign Monitor

Campaign Monitor stellt seinen Nutzern optisch sehr ansprechende E-Mail-Templates zur Verfügung. Eigene Elemente lassen sich ganz einfach per Drag & Drop zu den Templates hinzufügen. Auch dynamische Inhalte sind dabei möglich. Campaign Monitor wird auch von Firmen wie Facebook, Apple und eBay verwendet (campaignmonitor.com) (Abb. 5.3).

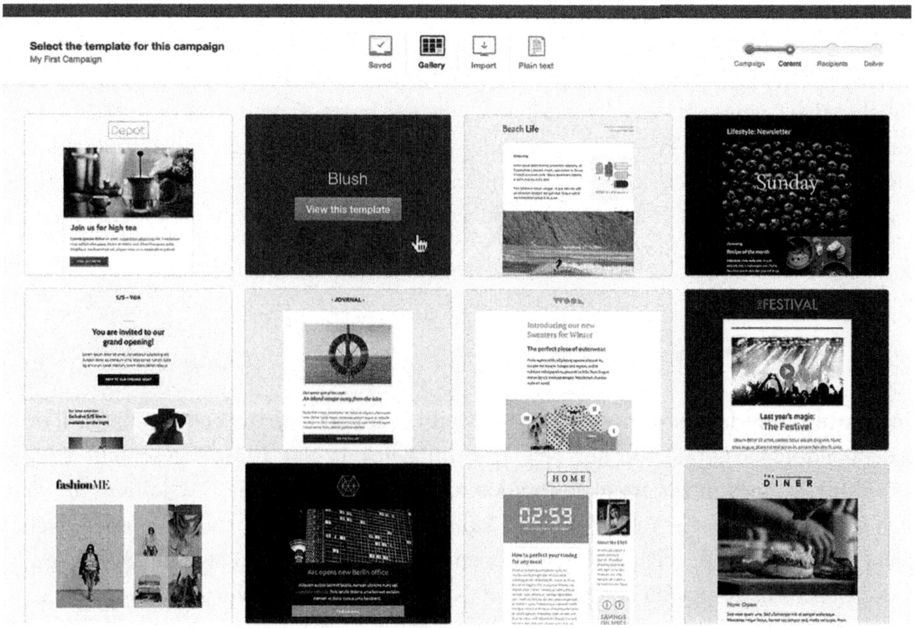

Abb. 5.3 High-Class E-Mail-Marketing-Tool Campaign Monitor

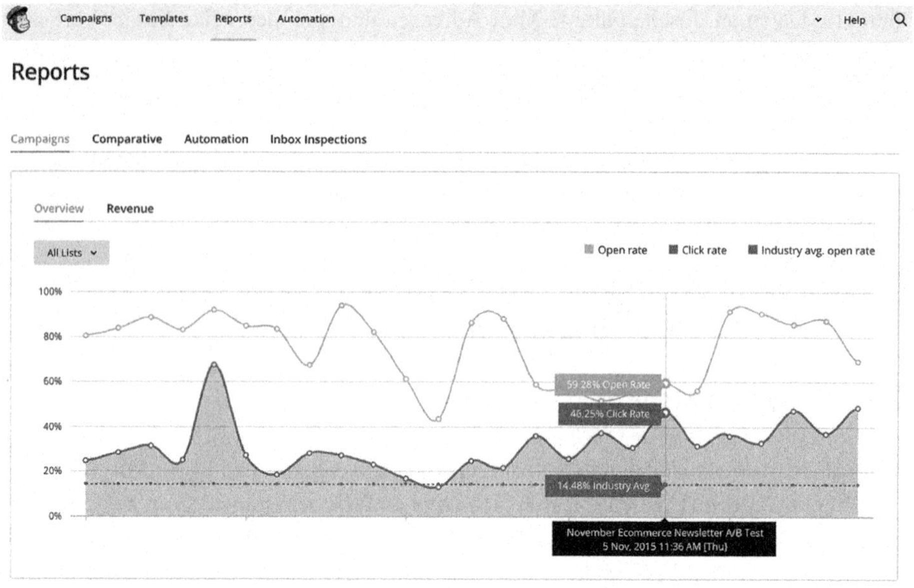

Abb. 5.4 Leicht bedienbar und automatisierbar – Mailchimp

5.7.2 Mailchimp

Mailchimp ist eines der am leichtesten zu bedienenden E-Mail-Marketing-Tools und kann zum Beginn sogar kostenlos verwendet werden. Viele Vorgänge lassen sich automatisieren, z. B. können bei einer Verbindung mit dem eigenen Online-Shop Warenkorbabbrecher automatisch per E-Mail angesprochen werden. Es existieren außerdem Apps für Android und iOS (mailchimp.com) (Abb. 5.4).

5.7.3 GetResponse

Mit GetResponse lassen sich nicht nur E-Mails erstellen und versenden, sondern komplette Landingpages, auf die der Nutzer beim Klick in der E-Mail geschickt werden kann. Mittels eines integrierten Editors kann vor dem Versand die Darstellung in wichtigen E-Mail-Clients wie Yahoo!, Gmail, Hotmail und Outlook überprüft werden. Neben einem WordPress-Plug-in und Integrationen für Facebook, PayPal und Joomla bietet GetResponse auch Apps für Android und iOS (getresponse.de) (Abb. 5.5).

5.7.4 CleverReach

Aus Deutschland kommt mit CleverReach eine weitere sehr gute Alternative für professionelles E-Mail-Marketing. Die Software verfügt über Schnittstellen zu zahlreichen

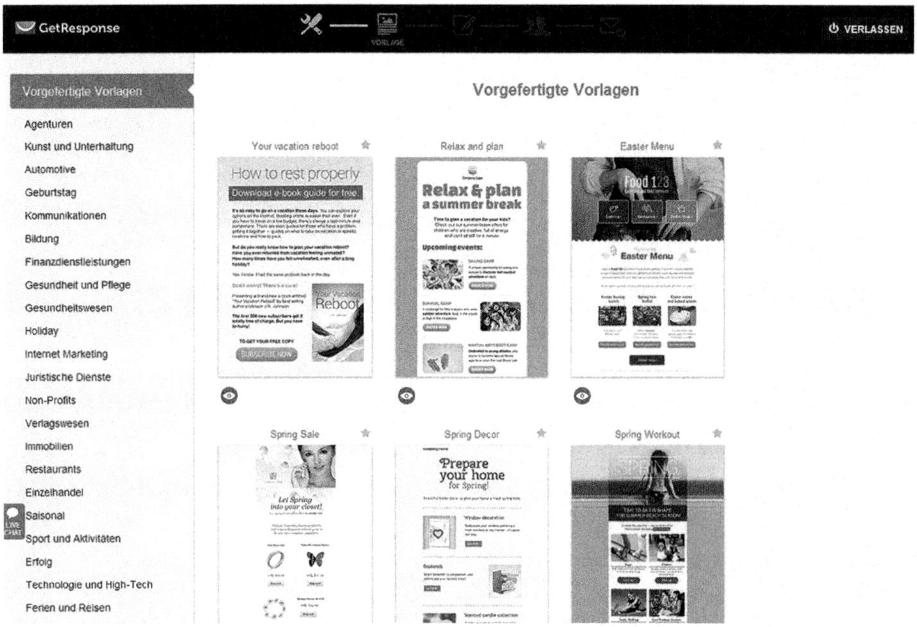

Abb. 5.5 E-Mail-Marketing und Landingpage-Tool: GetResponse

Shop- und CRM-Systemen, WordPress und bringt ein eigenes Conversion-Tracking mit. Viele Schritte lassen sich automatisieren und die Performance-Reports lassen keine Wünsche offen (cleverreach.com) (Abb. 5.6).

5.7.5 newsletter2go

Ebenfalls aus Deutschland kommt newsletter2go. Der Funktionsumfang ist gegenüber Mitbewerbern wie Campaign Monitor oder Mailchimp etwas eingeschränkt (z. B. bei der Automatisierung), dafür punktet die Software mit günstigen Preisen, Integrationen für Shop-Systeme und WordPress und bis zu 1000 Gratis-E-Mails pro Monat (newsletter2go.de) (Abb. 5.7).

5.8 Checkliste

1. Double-Opt-in beachten
2. E-Mail-Marketing-Software mit weitreichenden Statistik-Fähigkeiten verwenden und Website-Analyse implementieren (z. B. Google Analytics)
3. Die passenden KPIs definieren und immer im Blick behalten (siehe Abschn. 5.5)
4. Verschiedene Varianten und Versandzeitpunkte testen

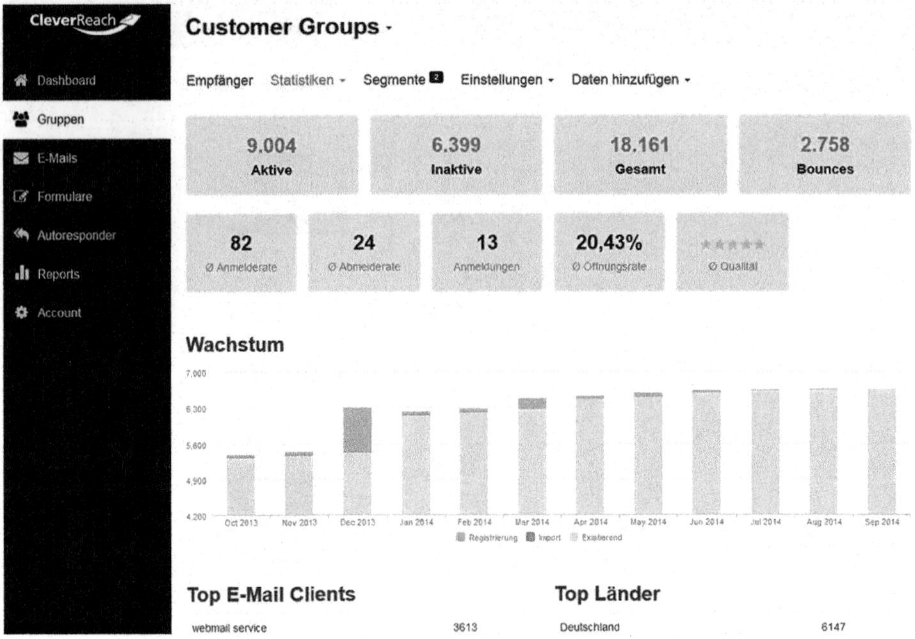

Abb. 5.6 Clever-Reach – Viele Schnittstellen und komfortable Bedienung

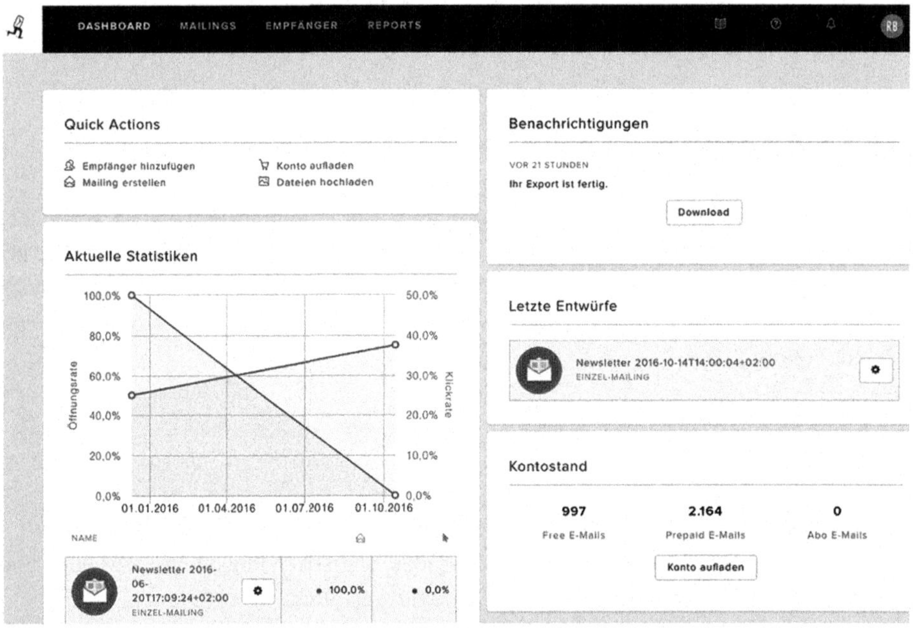

Abb. 5.7 Die günstige Alternative für E-Mail-Marketing: newsletter2go

5. Verschiedene Anmeldeseiten testen
6. Verschiedene Landingpages testen
7. E-Mails mit Mehrwert für den Empfänger ausstatten
8. Providerspezifische Kennzahlen auswerten (Gmail, Hotmail etc.)
9. Impressum und Abmeldemöglichkeit in E-Mails platzieren

5.9 Interessante Links

- emailtooltester.com – Verschiedene E-Mail-Marketing-Tools im Vergleichstest
- email-marketing-forum.de – Portal mit Fachartikeln zum Thema E-Mail-Marketing
- onlinemarketing.de/anbieter/ – Übersicht der wichtigsten E-Mail-Marketing-Dienstleister
- emailmarketingblog.de – E-Mail-Marketing-Blog vom Experten Nico Zorn
- bvdw.org/themen/e-mail.html – E-Mail-Fokusgruppe des Bundesverbands Digitaler Wirtschaft

Display Advertising – Renaissance des Banners

6

Inhaltsverzeichnis

6.1 Was ist Display Advertising? . . . 88
6.2 Was ist Programmatic Advertising? . . . 89
6.2.1 Daten: Die Basis von Programmatic Advertising . . . 90
6.2.1.1 First-Party-Daten . . . 90
6.2.1.2 Second-Party-Daten . . . 90
6.2.1.3 Third-Party-Daten . . . 91
6.2.1.4 (Buying)-Intent-Daten . . . 91
6.2.2 Targeting . . . 91
6.2.2.1 Audience Targeting . . . 91
6.2.2.2 Contextual Targeting . . . 91
6.2.2.3 Semantic Targeting . . . 92
6.2.2.4 Social Targeting . . . 92
6.2.2.5 Cross-Device Targeting . . . 92
6.2.2.6 Emotional Targeting . . . 92
6.2.2.7 Datenschutz . . . 93
6.3 Die Marktteilnehmer im Display Advertising . . . 93
6.3.1 Advertiser . . . 93
6.3.2 Publisher . . . 93
6.3.3 Ad Exchanges/Werbenetzwerke . . . 93
6.3.4 Data-Management-Plattformen (DMPs) . . . 94
6.3.5 Demand-Side-Plattformen (DSPs) . . . 94
6.3.6 Supply-Side-Plattformen (SSPs) . . . 94
6.3.7 Trading Desks . . . 94
6.4 Biet-Strategien im Programmatic Advertising . . . 95
6.4.1 Retargeting . . . 95
6.4.1.1 Site-Retargeting . . . 95
6.4.1.2 Dynamisches Retargeting . . . 95
6.4.1.3 E-Mail-Retargeting . . . 96

I. Kamps und D. Schetter, *Performance Marketing*,
https://doi.org/10.1007/978-3-658-18453-7_6

6.4.1.4 CRM-Retargeting . . . 96
6.4.1.5 Search-Retargeting . . . 96
6.4.2 Prospecting . . . 96
6.5 KPIs im Display Advertising . . . 97
6.5.1 Cost-per-Mille (CPM bzw. TKP) . . . 97
6.5.2 Effective Cost-per-Mille (eCPM bzw. RPM) . . . 97
6.5.3 Cost-per-Click (CPC) . . . 97
6.5.4 Cost-per-Action (CPA) . . . 97
6.5.5 PostClick- vs. PostView-Conversions . . . 97
6.6 Tools fürs Display Advertising . . . 98
6.6.1 Adroll . . . 98
6.6.2 Moat . . . 99
6.6.3 WhatRunsWhere . . . 99
6.7 Checklisten . . . 99
6.8 Interessante Links . . . 100
6.9 Interview mit Philipp Westermeyer (Online Marketing Rockstars) . . . 101
Literatur . . . 102

Zusammenfassung

Display Advertising ist so alt wie das Web. Schon in den 90er-Jahren tauchte Banner-Werbung auf den ersten Websites auf. Befand sich Display Advertising aufgrund schwacher Interaktionsraten immer mehr auf dem Rückzug, erlebte es durch das Aufkommen datengestützter Modelle seine Renaissance. Durch den Einsatz von Nutzerdaten kann Display-Werbung inzwischen so genau ausgesteuert werden, dass es zu einem der wichtigsten Performance-Kanäle avancierte.

6.1 Was ist Display Advertising?

Beim Besuch einer Website fällt der Blick nach kurzer Zeit unweigerlich auf verschiedene Boxen, auf denen Produkte oder Services beworben werden, die mit dem Inhalt der Seite nichts zu tun haben. Dabei handelt es sich um Display-Anzeigen – oft auch als Werbebanner bezeichnet. Sie können sich direkt am Seitenanfang befinden, an der Seite neben dem Inhalt, innerhalb des Seitentextes oder sie legen sich gleich über den kompletten Inhalt. Display-Anzeigen sind statisch, animiert oder kommen in Form eines Videos daher. Alle Formen haben jedoch gemein, dass sie grundsätzlich einen festen Platz innerhalb der Seitenstruktur haben (Abb. 6.1). Ausnahmen bilden Sticky Ads uns layerbasierte Anzeigenformate, die sich an der Bildschirmposition orientieren.

Display Advertising wird programmatisch

In den ersten Jahren wurde Display Advertising fast ausschließlich ähnlich einer Zeitungsanzeige in bestimmten Umfeldern zum TKP-Preis gebucht. Gängige KPIs waren dabei beispielsweise die gelieferte Reichweite (Ad Impressions) oder Klicks auf das

Abb. 6.1 Beispiel für Display-Anzeigen der Telekom auf Spiegel.de

Werbemittel. In den letzten Jahren hat sich allerdings inzwischen das sogenannte Programmatic Advertising herausgebildet, wodurch Display Advertising zu einem echten Performance-Kanal avancierte.

6.2 Was ist Programmatic Advertising?

Programmatic Advertising ist eine Methode zum datengestützten Handel von Online-Werbeplätzen. Durch die Automatisierung einzelner Vorgänge läuft der Anzeigenverkauf deutlich effizienter ab als bei konventionellen Umfeldbuchungen anhand eines Mediaplans. Entgegen einiger Vorstellungen läuft Programmatic Advertising allerdings keinesfalls voll automatisiert ab. Wichtige strategische Entscheidungen werden weiterhin manuell getroffen.

Auch wenn Programmatic Advertising aktuell hauptsächlich mit Display Advertising in Verbindung gebracht wird, werden auch andere Bereiche wie TV-Spots und sogar Out-of-Home-Werbeflächen immer häufiger programmatisch gehandelt (Abb. 6.2).

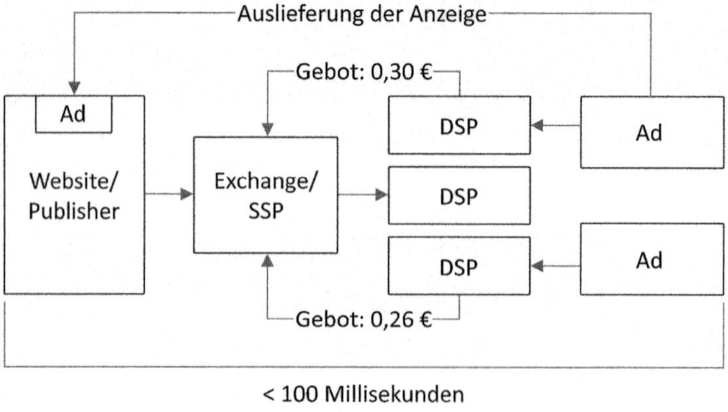

Abb. 6.2 Das Programmatic Advertsing-Ökosystem

6.2.1 Daten: Die Basis von Programmatic Advertising

Durch den Einsatz von Daten wird Display Advertising programmatisch. Je bessere und umfangreichere Daten zur Verfügung stehen, desto zielgenauer können potenzielle Kunden identifiziert und durch Werbung angesprochen werden. Grundsätzlich wird zwischen vier verschiedenen Arten von Daten unterschieden:

6.2.1.1 First-Party-Daten

Während des Besuchs eines Nutzers auf der eigenen Website entstehen First-Party-Daten. So wird beispielsweise gemessen, welche Unterseiten er sich ansieht, welche Produkte er in den Warenkorb legt, welche Eingaben er in die Suchmaske macht oder an welcher Stelle er einen Kaufprozess abbricht. Auch vom Nutzer direkt eingegebene Informationen wie der Name, die Adresse, die E-Mail-Adresse und demografische Angaben werden als First-Party-Daten bezeichnet. Einen besonderen Stellenwert habenFirst-Party-Daten insbesondere beim Retargeting. Für ein Unternehmen sind First-Party-Daten besonders wertvoll, da es sich dabei um sehr relevante und vor allem exklusive Daten handelt.

6.2.1.2 Second-Party-Daten

Von ihrer Anlage her sind Second-Party-Daten identisch wie First-Party-Daten, kommen aber von einem anderen Unternehmen. Die Daten werden durch direkte Partnerschaften, Data-Management-Plattformen (DMPs) oder über ein spezielles Second-Party-Data-Netzwerk zur Verfügung gestellt. Second-Party-Daten werden genau wie Third-Party-Daten vorrangig für die Neukundengewinnung eingesetzt. Qualitativ sind Second-Party-Daten ihren Third-Party-Pendants in der Regel überlegen, wohingegen mit Third-Party-Daten eine größere Reichweite produziert werden kann.

6.2.1.3 Third-Party-Daten

Bei Third-Party-Daten handelt es sich um anonymisiert vorliegende Daten, die von Datenhändlern gekauft werden können. Das geschieht in der Regel über Data-Management-Plattformen (DMPs). Es sind alle möglichen Daten verfügbar, beispielsweise Alter, Geschlecht oder Interessen. Aber auch Wetterdaten zählen zur Third-Party.

6.2.1.4 (Buying)-Intent-Daten

Bestimmte Nutzeraktionen auf Websites können von Werbetreibenden als Absichtsinformationen verstanden und für Werbezwecke genutzt werden. Das können beispielsweise Preisvergleiche, bestimmte Suchen oder Informationsabfragen zu bestimmten Produkten sein (z. B. Lesen eines Testberichts). Mit diesen Informationen kann unterstellt werden, dass der Nutzer eine grundsätzliche Kaufabsicht hat und gegenüber Werbung für ein passendes Produkt aufgeschlossen ist. Allerdings kommt der Datenqualität hier eine ganz besondere Rolle zu. Denn häufig sind entsprechende Daten veraltet (Nutzer hat bereits gekauft), fehlerhaft oder eventuell auch zu teuer.

6.2.2 Targeting

Die eigentliche Weiterentwicklung des Programmatic Advertisings im Vergleich zu früheren Methoden der Werbeschaltung liegt darin, dass nicht mehr das Umfeld (z. B. Werbung auf einem Auto-Portal) im Vordergrund steht, in dem der Werbetreibende seine Zielgruppe vermutet, sondern dass der tatsächlich zu erreichende Nutzer ins Zentrum rückt (daher wird manchmal auch von User-Centricity gesprochen). Um relevante Nutzer anzusprechen, stehen verschiedene Targeting-Optionen zur Verfügung, die auch in Kombination miteinander eingesetzt werden können.

6.2.2.1 Audience Targeting

Audience-Daten beinhalten u. a. soziodemografische Angaben wie das Alter, Geschlecht, Einkommen. Dazu kommen Interessen des Nutzers: Welche Websites hat er kürzlich aufgesucht (z. B. Preisvergleich) und welche Websites sucht er regelmäßig auf (Interessen)? Auch Suchanfragen können – sofern verfügbar – in die Bildung von Audience-Segmenten einfließen. Die Daten werden ausschließlich anonymisiert verwendet und auf Basis einer Nutzer-ID aus verschiedenen Quellen zusammengeführt (siehe Abschn. 15.1.2.4 Cookie-Matching).

6.2.2.2 Contextual Targeting

Beim Contextual Targeting wird überprüft, ob ein bestimmtes Wort im Haupttext der Website vorkommt, auf der die Werbung erscheinen soll. So kann sich beispielsweise ein Smartphone-Hersteller Seiten für seine Werbung auswählen, in denen das Keyword „Smartphone“ eine Rolle spielt. Die entsprechenden Keywords werden im Vorfeld im System hinterlegt. Ein anderer Begriff für Contextual Targeting ist Keyword Targeting.

6.2.2.3 Semantic Targeting

Eine erweiterte Form des kontextbezogenen Targetings stellt das Semantic Targeting dar. Hierbei wird auf den potenziellen Werbeträgern nicht nur nach einzelnen Schlüsselwörtern gesucht, sondern auch der inhaltliche Zusammenhang des Textes analysiert. So soll beispielsweise verhindert werden, dass die Werbung des Advertisers in einem für ihn ungünstigen Umfeld erscheint (Brand Protection). Ein Hersteller von Skiern möchte wahrscheinlich nicht auf einer Seite werben, die über Lawinentote berichtet.

6.2.2.4 Social Targeting

Social Targeting bedeutet nichts anderes, als dass angesprochene Nutzerprofile mit Daten aus sozialen Netzwerken angereichert werden. Der Vorteil von Social Targeting liegt darin, dass die Daten in der Regel sehr valide sind, da sie von den Nutzern selbst angegeben wurden (z. B. Interessen). In gewisser Weise lässt sich sagen, dass Social Targeting alle Targeting-Optionen in sich vereint. Die bekannteste Plattform für Werbung mit Social Targeting ist derzeit Facebook.

6.2.2.5 Cross-Device Targeting

In der früheren Zeit des Internets war es relativ leicht, einen Nutzer anhand seines Zugangsgeräts (beispielsweise eines Laptops) zu identifizieren und dementsprechend über die gesamte Customer Journey hinweg mit Online-Werbung anzusprechen. Mit dem Aufkommen von Smartphones, Tablets etc. wurde die Sache zunehmend deutlich komplizierter. Nun nutzten Personen verstärkt mehrere Geräte, um sich über Produkte zu informieren und einen Kaufabschluss zu tätigen.

Daher stand die Frage im Raum, wie man Nutzer so zuverlässig zuordnen kann, dass sie über verschiedene Geräte hinweg eindeutig identifiziert werden können. Möglich ist dies mit persönlichen Identifikationsmerkmalen (Personal Identifiable Information). Das können beispielsweise Log-ins sein, aber auch Geräte-IDs, E-Mail-Adressen oder Kundenkonten (weitere Informationen siehe Kap. 12 Spezialfall: Mobile Marketing).

6.2.2.6 Emotional Targeting

Momentan konzentriert sich die Werbetechnologie stark darauf, neue Audience-Segmente zu bilden, indem diese mit allen Daten gefüttert werden, die sich irgendwie auftreiben lassen denn aktuellist das die einzige skalierbare Option. Völlig außen vorgelassen werden emotionale Gefühle wie Aufregung, Gier, Verwirrung, Freude usw. Um wirklich treffende Werbeeinblendungen ausliefern zu können, muss die Technologie lernen, diese Emotionen miteinzubeziehen. Ein Anwendungsbeispiel hierfür ist die Auswertung der Gesichtszüge durch Kameras oder Scanner.

Dafür sind natürlich noch deutlich intelligentere Systeme notwendig, als sie momentan zur Verfügung stehen und es werden noch weitaus mehr Daten über einen Nutzer benötigt. Es muss erkannt werden, wie Nutzer auf gesehene Anzeigen reagieren. Das wird besonders eine Herausforderung für Data-Management-Plattformen (DMPs). Einige große Anbieter haben sich dem Problem bereits angenommen und versuchen der Herausforderung mit künstlicher Intelligenz beizukommen.

6.2.2.7 Datenschutz

Aus Gründen der geltenden Datenschutzrichtlinien dürfen die im Rahmen des Online-Marketings erhobenen Daten nur anonymisiert und damit nicht personenbezogen gespeichert und verwendet werden. Zum jetzigen Moment gilt in Deutschland weiterhin das Telemediengesetz (§ 15 Abs. 3), nach dem Nutzer über Tracking-Mechanismen aufgeklärt werden müssen und diesen jederzeit widersprechen können müssen. Dementsprechend sind die meisten Display-Werbemittel mit einem kleinen Quadrat oben rechts versehen, über welches die Nutzer weitere Informationen anfordern können.

Um sicherzugehen, sollten alle Website-Betreiber sich die Einwilligung der Nutzer für die Nutzung von Cookies einholen[1]. Das passiert auf den meisten Websites ja auch bereits. Der Einwilligungstext wird dabei idealerweise beim ersten Seitenaufruf angezeigt und vom Nutzer durch Klick auf „okay" bestätigt.

6.3 Die Marktteilnehmer im Display Advertising

6.3.1 Advertiser

Als Advertiser werden werbetreibende Unternehmen bezeichnet, die ihr Produkt oder ihre Dienstleistung an den Mann oder die Frau bringen wollen und zu diesem Zwecke Display-Werbung schalten.

6.3.2 Publisher

Unter dem Begriff Publisher werden all diejenigen zusammengefasst, die Content-Angebote betreiben, auf denen Werbeflächen zur Verfügung stehen. Das können beispielsweise Websites oder mobile Apps sein.

6.3.3 Ad Exchanges/Werbenetzwerke

Unter Ad Exchanges werden Marktplätze verstanden, auf denen sich Advertiser und Publisher treffen, um Anzeigenplätze zu handeln. Die Publisher bieten dort das Werbeinventar an, auf das die Advertiser bieten. Dieser Prozess kann nahezu in Echtzeit geschehen. Der Advertiser richtet seine Gebote für die Werbefläche daran aus, wie viel ihm die Nutzer wert sind, denen die Werbung ausgespielt werden soll.

[1]European Commission, Information Providers Guide. Cookies. http://ec.europa.eu/ipg/basics/legal/cookies/index_en.htm#section_5. Zuletzt zugegriffen am 07.06.2017.

6.3.4 Data-Management-Plattformen (DMPs)

Data-Management-Plattformen (DMPs) sind eine Art Data Warehouse, auf denen Daten gespeichert und sortiert werden. Unternehmen können DMPs beispielsweise nutzen, um ihre gesammelten First-Party-Daten für die weitere Verwendung zu sichern. Aber auch Second- und Third-Party-Daten können hier gespeichert werden. Marketing-Verantwortliche nutzen DMPs primär zum Speichern von Cookie-IDs und zur Bildung von Audience-Segmenten (z. B. Weinliebhaber), die sie dann für ihre Display Advertising-Bemühungen verwenden können. Das Thema DMP wird ausführlich in Kap. 15 Data-Management-Plattformen behandelt.

6.3.5 Demand-Side-Plattformen (DSPs)

Über eine DSP kaufen Advertiser Werbeeinblendungen über Ad Exchanges auf verschiedenen Publisher-Websites ein. Das Besondere ist, dass sie keine bestimmten Platzierungen buchen, sondern auf Nutzer bieten, die bestimmte Eigenschaften aufweisen. Das können beispielsweise Standorte oder das frühere Browserverhalten sein. Der Preis für die Werbeeinblendungen wird meistens in einem Echtzeit-Auktionsverfahren bestimmt. DSPs werden auch als Nachfrage-Seite des Marktes bezeichnet. Sie können entweder vom Advertiser selbst bedient werden (Self-Service) oder von einem Dienstleister (Managed-Service).

6.3.6 Supply-Side-Plattformen (SSPs)

SSPs sind so etwas wie das Gegenstück zu DSPs. Doch statt den Werbegeboten werden hier die angebotenen Werbeplätze verschiedener Publisher gesammelt. SSPs stellen also die Angebotsseite des Marktes dar, auf der Daten wie Werbemittelformate, Mindestpreise und verfügbare Nutzerdaten hinterlegt sind. Die Verbindung zu externen Daten und die Werbeplatznachfrage aus den DSPs findet über Schnittstellen statt.

6.3.7 Trading Desks

Ein Tool zur Planung und zum Einkauf großer Werbeagenturen wird Agentur Trading Desk genannt. Darüber kaufen die bei den Agenturen beschäftigten Mediaplaner über eine oder mehrere DSPs Werbeinventar für ihre Kunden ein.

6.4 Biet-Strategien im Programmatic Advertising

6.4.1 Retargeting

Mittels Retargeting werden Personen erneut per Online-Werbung angesprochen, die man bereits zuvor identifizieren konnte.

6.4.1.1 Site-Retargeting

Die simpelste Retargeting-Art ist das Site-Retargeting. Hier werden Nutzer per Online-Werbung angesprochen, die zuvor eine bestimmte Website besucht haben. In einer etwas erweiterten Variante wird die Schaltung der Retargeting-Anzeigen an eine bestimmte Handlung des Nutzers auf der Website gekoppelt (Abb. 6.3).

6.4.1.2 Dynamisches Retargeting

Beim dynamischen Retargeting werden die Werbemittel, die dem Nutzer nach seinem Website-Besuch angezeigt werden, dynamisch generiert. Interessant ist dies besonders für Online-Shops, die dem Nutzer dynamisch genau die Produkte anzeigen können, die er sich zuvor auf der Website zwar angesehen, aber nicht gekauft hat (z. B. Schuhe). Mit dieser Maßnahme ist die Hoffnung verbunden, ihn im Nachgang doch noch vom Kauf des Produkts überzeugen zu können. Das Werbemittel wird daher auch häufig mit einem Call-to-Action (z. B. Gutschein für Versandkostenfreiheit) angereichert.

Abb. 6.3 Beispiel einer Retargeting-Kampagne für Smartmobil.de

6.4.1.3 E-Mail-Retargeting

Für das E-Mail-Retargeting gibt es verschiedene Ansätze und Definitionen, die sich beispielsweise darin unterscheiden, ob der Nutzer zunächst auf einer Website oder in einer von ihm geöffneten E-Mail identifiziert wird. Als Abgrenzung zu den vorherigen Varianten wird der Nutzer anschließend allerdings nicht durch Display-Werbemittel wieder angesprochen, sondern durch eine E-Mail. Dort wird er beispielsweise noch mal auf das Produkt hingewiesen, das er sich kürzlich angesehen hat.

6.4.1.4 CRM-Retargeting

Beim CRM-Retargeting werden im Unternehmen vorhandene E-Mail-Adressen mit Daten aus dem Cookie-Pool abgeglichen. Dadurch können Bestandskunden im Internet wiedergefunden und gezielt mit Werbung angesprochen werden, um ihnen gegebenenfalls komplementäre Produkte anzubieten (z. B. Toner für einen gekauften Drucker). Nach dem gleichen Prinzip funktionieren Facebook Custom Audiences, bei denen E-Mail-Adressen bei Facebook hochgeladen werden, um die entsprechenden Nutzer zu erreichen.

6.4.1.5 Search-Retargeting

Auch das Search-Retargeting tritt in verschiedenen Ausprägungen auf. Hierbei werden Nutzer auf Basis ihrer Suchanfragen mit Werbung adressiert. Die Suchdaten können dazu verwendet werden, Besucher der eigenen Website noch zielgenauer mit Display-Werbung anzusprechen. Es ist aber auch möglich, Besucher von Fremdseiten auf Basis ihrer dortigen Sucheingaben zu targeten, auch wenn es sich dabei streng genommen nicht um richtiges Retargeting handelt.

6.4.2 Prospecting

Während Retargeting auf Nutzer zugeschnitten wird, die bereits auf der eigenen Website gewesen sind, sollen mit Prospecting ausschließlich passende neue Nutzer gefunden werden, zu denen bisher noch gar kein Kontakt bestand. Um diese Personen zu finden, braucht es eine klar definierte Zielgruppe, damit diese Informationen mit denen in Demand-Side-Plattformen (DSPs) vorhandenen Targeting-Informationen gematcht werden können. Anschließend wird auf Nutzer geboten, die genau die passenden Merkmale aufweisen und damit als Neukunden infrage kommen (häufig als Lookalikes oder statistische Zwillinge bezeichnet). Das können beispielsweise Personen sein, die sich in der Vergangenheit über ähnliche Produkte informiert haben.

6.5 KPIs im Display Advertising

6.5.1 Cost-per-Mille (CPM bzw. TKP)

Der TKP (Tausender-Kontakt-Preis), also der Preis für 1000 Werbeeinblendungen, ist die übliche Abrechnungsform im Display Advertising. Sein englischsprachiges Pendant ist der CPM (Cost-per-Mille).

$$\text{CPM} = \frac{\text{Kosten}}{\text{Anzahl der Werbeeinblendungen}} * 100$$

6.5.2 Effective Cost-per-Mille (eCPM bzw. RPM)

Der eCPM ist vor allem für Publisher interessant, da er beschreibt, wie viel der Website-Betreiber mit tausend Werbeeinblendungen verdient. Während der eCPM in der Realität die gängige Bezeichnung ist, gibt es auch noch die von Google verwendete Bezeichnung RPM, die als Revenue-per-Mille bekannt ist.

$$\text{eCPM} = \frac{\text{Umsatz}}{\text{Anzahl der Werbeeinblendungen}} * 100$$

6.5.3 Cost-per-Click (CPC)

Während der CPC im Suchmaschinen-Marketing die entscheidende Währung darstellt, spielt diese Abrechnungsform im Display Advertising nur eine untergeordnete Rolle. CPC bedeutet, dass der Advertiser immer dann einen Betrag zahlt, wenn ein Nutzer auf sein Werbemittel klickt (z. B. 0,50 EUR).

$$\text{CPC} = \frac{\text{Gesamtkosten der Klicks}}{\text{Anzahl der Klicks}}$$

6.5.4 Cost-per-Action (CPA)

Bei der Abrechnung per CPA zahlt der Werbetreibende nur dann, wenn der Nutzer eine bestimmte Handlung ausführt. Das kann beispielsweise ein Kauf in einem Online-Shop oder das Ausfüllen eines Formulars sein. Im Display Advertising spielt der CPA keine besonders große Rolle (mehr).

$$\text{CPA} = \frac{\text{Gesamtkosten der Aktionen}}{\text{Anzahl der Aktionen}}$$

6.5.5 PostClick- vs. PostView-Conversions

Eine Conversion liegt immer dann vor, wenn der Nutzer eine bestimmte Aktion auf der Website durchführt (z. B. Kauf eines Produkts). Beim Post-Click hat der Nutzer das Display-Werbemittel vor dem Kauf angeklickt, während es ihm bei einer PostView-Conversion lediglich angezeigt wurde. Grundsätzlich sind Klicks natürlich ein stärkerer

Indikator für eine wahrgenommene Werbekampagne. Allerdings sollten PostView-Conversions nicht außer Acht gelassen werden – vor allem dann, wenn mit der Display-Advertising-Kampagne auf ein neues, noch sehr unbekanntes Produkt hingewiesen wird. Alternativ zu PostClick und PostView wird auch von Click-Through bzw. View-Through gesprochen.

Viele Advertiser bezweifeln den Wert von PostView-Conversions, da keine direkte Interaktion mit ihrem Werbemittel stattgefunden hat. Durch einen A/B-Test kann festgestellt werden, ob PostView zu einer tatsächlichen Steigerung des Ergebnisses führt oder ob dem Kanal lediglich sowieso entstandene Verkäufe zugerechnet werden.

6.6 Tools fürs Display Advertising

6.6.1 Adroll

Der US-Anbieter Adroll bietet Unternehmen die Möglichkeit, über ein Online-Tool selbstständig Retargeting-Kampagnen anzulegen und zu schalten. Auch Facebook-Retargeting-Kampagnen lassen sich damit erstellen, insgesamt sind über 500 Ad Exchanges angeschlossen. Adroll ist gut geeignet, auf kostengünstige Art und Weise erste Erfahrungen mit dem Thema Retargeting zu sammeln (adroll.com) (Abb. 6.4).

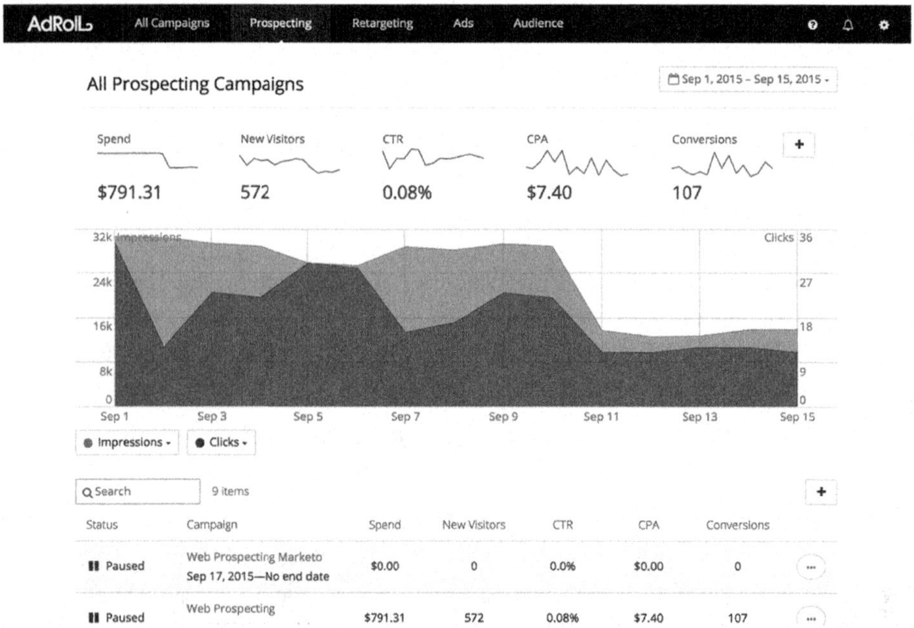

Abb. 6.4 Do-it-yourself-Retargeting-Kampagnen mit Adroll

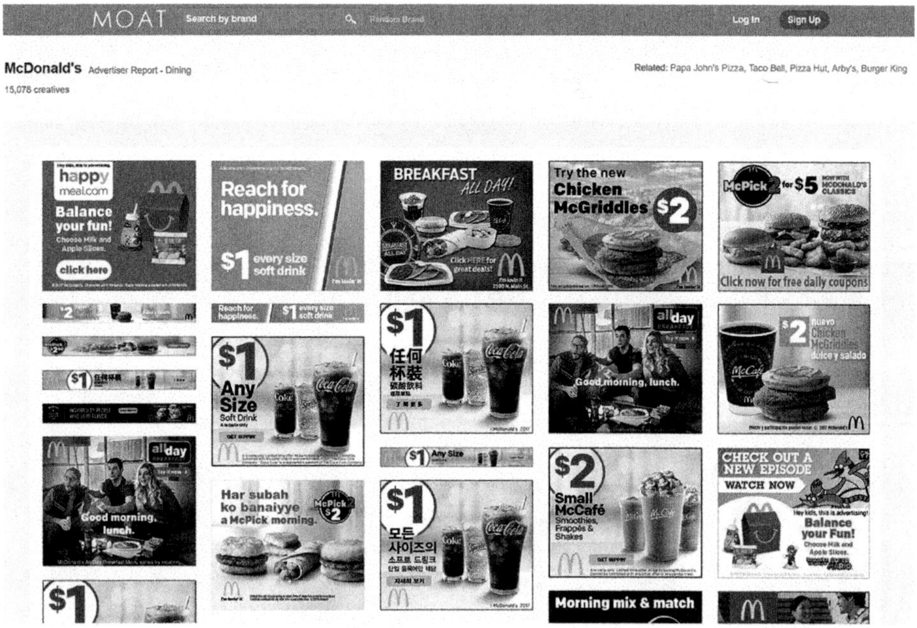

Abb. 6.5 Suchmaschine für Display-Werbemittel

6.6.2 Moat

Bei Moat handelt es sich um eine Suchmaschine für Display-Werbemittel (Banner). Das Angebot an deutschen Werbemitteln ist zwar sehr überschaubar, aber man kann trotzdem genügend Vorbilder für eigene Display-Kampagnen finden. Dazu ist das Angebot kostenlos nutzbar (moat.com) (Abb. 6.5).

6.6.3 WhatRunsWhere

Noch einen Schritt weiter geht WhatRunsWhere. Hier lassen sich nicht nur die Display-Anzeigen der Konkurrenz recherchieren, sondern auch gleich die Websites, die sie belegen. Mehr als 40 Werbenetzwerke mit über 120.000 Websites werden erfasst, darunter auch viele aus Deutschland (whatrunswhere.com) (Abb. 6.6).

6.7 Checklisten

1. Eignet sich Display Advertising für das Produkt?
2. Welche Zielsetzung verfolgt die Kampagne: Performance oder Branding?
3. In welchem Zeitraum müssen die Ziele erreicht werden?

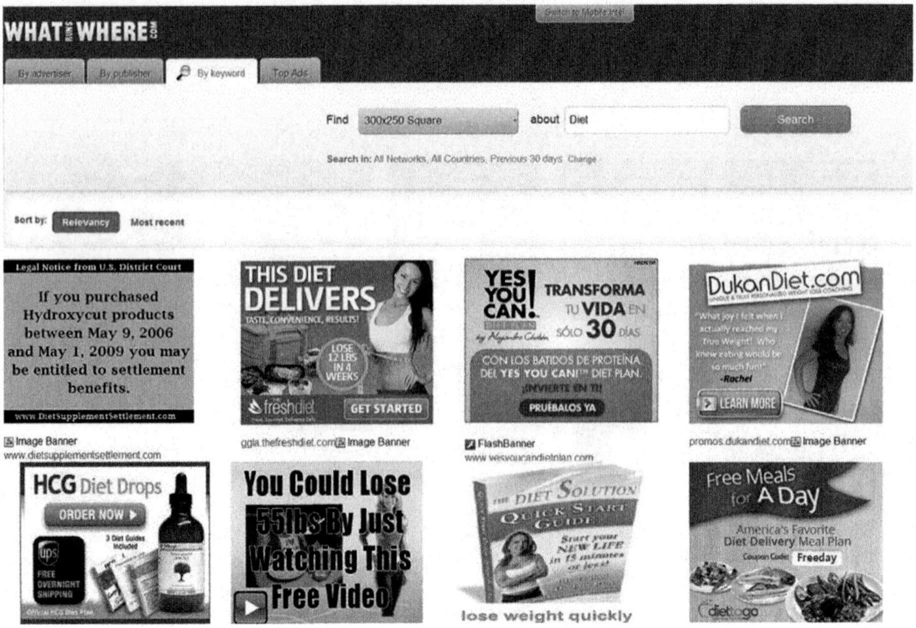

Abb. 6.6 Konkurrenzanalyse im Display Advertising

4. Welche Biet-Strategie soll verfolgt werden (Retargeting und Prospecting)?
5. Welches Budget steht zur Verfügung?
6. DSP: Self-Service oder Managed-Service?
7. Welche eigenen Daten (First-Party-Data) können genutzt werden?
8. Sind Display-Werbemittel und Landingpages verfügbar oder müssen sie erstellt werden?
9. Sind die Zielgruppen definiert?
10. Wird die Kampagne nach Last-Cookie oder nach Attribution (siehe Abschn. 10.4 Customer Journey & Attribution) bewertet?
11. Soll die Kampagne In-House oder über einen Dienstleister umgesetzt werden?

6.8 Interessante Links

- d3con.de/ebook – Whitepaper zum Thema Programmatic Advertising
- adexchanger.com/data-driven-thinking/bidding-farewell-audience – Die Zukunft von Audience-Segmenten

6.9 Interview mit Philipp Westermeyer (Online Marketing Rockstars)

- **Warum ist Display Advertising sinnvoll?**
  Display Advertising ist nicht für jeden sinnvoll. Man muss ein für die Besonderheiten des Display Advertising gemachtes Produkt und eine bestimmte Grund-Media-Firepower haben. Mit 5000 EUR im Monat kann niemand den Kanal Display sinnvoll nutzen – eher ab 50.000 monatlich. In der Vergangenheit hat Display immer für Produkte gut funktioniert, die per se wenig Streuverluste zu befürchten haben (Schuhe und Handy-Verträge braucht jeder).
  Mittlerweile gibt es clevere Ansätze, die auch etwas „kleinere" Produkt-Typen beschleunigen können. Wichtig ist hier sicher eine sehr zielgenaue Aussteuerung auf die richtigen Personen, zum richtigen Preis auf den optimalen Placements. Hier besteht die Anforderung an sehr gute technisch-programmatische Erfahrungen oder einfach sehr tiefe Erfahrung mit Direktbuchungen. Am Ende ist Display sicher einer der spannendsten Upper-Funnel-Kanäle, die man derzeit so finden kann. Nur ganz „platt" klappt es selten. Aktuell sollte man sich neben den schon genannten Themen sicher auch mit „Content-Recommendation-Bannern", dynamischen Bannering und anderen Themen beschäftigen.
- **Was sind die größten Fehler im Display Advertising?**
  Die mangelnde Erfolgskontrolle ist das größte Problem. Mangelnd soll hier gar nicht heißen, dass sie nicht stattfindet, sondern eher, dass es sehr schwierig ist, den Kanal korrekt zu bewerten und zuzuordnen. Themen wie Attribution und Customer Journey sind insbesondere für Maßnahmen wichtig, die einen Kauf sehr früh auslösen sollen und einen potenziellen Käufer erstmalig mit einem Produkt überhaupt in Kontakt bringen – zum Teil bevor die Person ahnt, dass es ein derartiges Produkt gibt. Display ist genauso ein Kanal und er leidet darunter, dass er viel schlechter zu fassen ist als andere Maßnahmen. Das geht in beide Richtungen. Sicherlich sind viele Werbetreibende zu optimistisch, was ihre Display-Erfolge angeht. Andere sind zu pessimistisch. Am Ende werden beide die falschen Konsequenzen ziehen.
- **Wie sieht die Zukunft des Display Advertisings aus?**
  Sehr sicher ist ein wichtiger Baustein der Bereich „Programmatic", also automatisierter Handel mit Kontakten auf Basis von Daten. Dazu braucht es sehr viel Traffic und gute Daten. Ich würde das mal als den Bereich „Scale" bezeichnen. Sowohl als Werbetreibender als auch als Publisher geht es vor allem um Quantität. Entsprechend ist dies fast schon zwangsläufig ein Geschäft, bei dem nicht viele Anbieter relevant sein können.
  Daneben gibt es den Bereich „Brand", in dem vermutlich auch weiterhin eher klassisch Werbeflächen in besonderen Umfeldern gehandelt werden. Besondere Umfelder sind z. B. solche, die redaktionell bewusst für Werbung erzeugt werden, wo sich schwer zu adressierende Zielgruppen erreichen lassen oder in denen das Umfeld aufgrund der Abstrahleffekte eine besondere Wirkung hat. Alle Ideen zwischen „Scale"

und „Brand“ werden es schwer haben. Langfristig sind das zwei komplett unterschiedliche Bereiche in demselben Display-Advertising-Markt. Der Markt teilt sich also deutlicher auf also zuvor und wird „Extreme“ belohnen und es schwer machen für alle, die dazwischen stecken.

Literatur

European Commission, Information Providers Guide. Cookies. http://ec.europa.eu/ipg/basics/legal/cookies/index_en.htm#section_5. Zugegriffen: 7. Juni 2017.

Affiliate-Marketing – die Vertriebs-Maschine

7

Inhaltsverzeichnis

7.1 Was ist Affiliate-Marketing? 104
7.2 Die Marktteilnehmer im Affiliate-Marketing 104
7.2.1 Advertiser (Merchants) 104
7.2.2 Publisher (Affiliates) 105
7.2.3 Affiliate-Netzwerke 105
7.2.3.1 Public Network 105
7.2.3.2 Private Network 105
7.2.4 Affiliate-Agenturen 106
7.3 Tracking 106
7.3.1 Gutschein-Portale 108
7.3.2 Deal-Seiten 108
7.3.3 Preisvergleich 109
7.3.4 Vergleichsportale 109
7.3.5 Cashback-Anbieter 111
7.3.6 Bonussysteme 111
7.3.7 Empfehlungsmarketing 111
7.3.8 E-Mail-Marketing 112
7.3.9 Social-Media 112
7.3.10 Exit Intent Layer 112
7.3.11 Virtual Currency 113
7.3.12 Display/Retargeting 113
7.4 KPIs im Affiliate-Marketing 114
7.4.1 Cost-per-Order (CPO) 114
7.4.2 Cost-per-Lead (CPL) 117
7.4.3 Cost-per-Click (CPC) 117
7.4.4 Cost-per-Install (CPI) 117
7.4.5 Conversion-Rate 117
7.4.6 Kosten-Umsatz-Relation (KUR) 117
7.4.7 PostClick-/PostView-Conversions 118

I. Kamps und D. Schetter, *Performance Marketing*,
https://doi.org/10.1007/978-3-658-18453-7_7

7.5 Tools fürs Affiliate-Marketing (Advertiser) 118
7.5.1 Ghostery 118
7.5.2 AdPolice/Xamine 118
7.5.3 Live http Headers 119
7.5.4 Screaming Frog SEO Spider 121
7.5.5 Sistrix Sichtbarkeitsindex 121
7.6 Checkliste (Advertiser) 122
7.7 Interessante Links 123
7.8 Interview mit Markus Kellermann (xpose360) 123

Zusammenfassung

Affiliate-Marketing gehört zu den klassischen Performance-Marketing-Kanälen und spielt seit den 90er-Jahren eine wichtige Rolle im Online-Vertrieb von Dienstleistungen und Produkten. Durch seine rein performanceorientierte Abrechnung ist es für fast jeden interessant, der über das Internet verkauft. Wie sich der Erfolg messen lässt und welche Publisher-Modelle dabei helfen können, wird im folgenden Kapitel beschrieben.

7.1 Was ist Affiliate-Marketing?

Affiliate-Marketing ist eine internetbasierte Vertriebslösung, bei der ein kommerzieller Anbieter (Advertiser) seine Vertriebspartner (Affiliates) erfolgsorientiert, in Form einer Provision vergütet. Dafür stellt der Advertiser seine Online-Werbemittel über ein Affiliate-Netzwerk zur Verfügung. Der Affiliate verwendet diese auf seinen Websites, um die Angebote des Advertisers zu bewerben. Alternativ setzt er sie über andere Kanäle ein – z. B. Social-Media oder E-Mail-Marketing.

Für Unternehmen ist Affiliate-Marketing sehr attraktiv, da ihnen grundsätzlich nur dann Werbekosten entstehen, wenn sie durch eine vorherige Transaktion selbst Umsatz generiert haben. Das Kostenrisiko wird also an den Affiliate übertragen. Außerdem gibt es kaum einen anderen Performance-Marketing-Kanal, der sich so flexibel einsetzen lässt. Viele Online-Vertriebsinnovationen der letzten Jahre sind aus dem Affiliate-Marketing heraus entstanden.

7.2 Die Marktteilnehmer im Affiliate-Marketing

7.2.1 Advertiser (Merchants)

Unternehmen, die ihre Produkte oder Dienstleistungen über Affiliates vermarkten lassen, werden als Advertiser bezeichnet. Als Advertiser treten beispielsweise Online-Shops, Reisevermittler, Banken oder Versicherungen auf. Ein anderer Begriff für Advertiser ist Merchant.

7.2.2 Publisher (Affiliates)

Publisher oder Affiliates platzieren Werbung des Advertisers auf ihren Websites und erhalten im Falle eines Verkaufs eine Provision. Eine Übersicht der wichtigsten Publisher-Varianten ist unter Abschn. 7.4 Affiliate-Modelle zu finden.

7.2.3 Affiliate-Netzwerke

Die Netzwerke sind das Bindeglied zwischen den Advertisern und Publishern und stellen gewissermaßen die Infrastruktur zur Durchführung von Affiliate-Marketing zur Verfügung. Die bekanntesten deutschen Affiliate-Netzwerke sind affilinet (Fusioniert mit Awin, 09/2017), Awin (ehemals zanox), Tradedoubler und CJ Affiliate by Coversant. Neben diesen großen und einigen kleineren Networks existieren verschiedene Vertikal-Netzwerke, die sich auf bestimmte Branchen spezialisiert haben (z. B. Finance oder Telekommunikation).

7.2.3.1 Public Network

Öffentliche Netzwerke haben die Struktur eines Marktplatzes. Sie verfügen in der Regel über ein großes Angebot verschiedener Affiliate-Programme. Darüber hinaus sorgen sie für die technische Infrastruktur (inklusive der Werbemittel-Bereitstellung), übernehmen das Tracking der Sales und Leads, zahlen die Provisionen an die Publisher aus, kümmern sich um die Rechnungsstellung und bringen Advertiser und Publisher zusammen.

Für diese Leistungen verlangt das Public Network vom Advertiser in der Regel neben einer Setup-Gebühr eine standardmäßige Provision in Höhe von 30 % der Publisher-Provision (Auszahlung an den Publisher 10 EUR, Netzwerkprovision: 30 % von 10 EUR = 3 EUR).

7.2.3.2 Private Network

Im Gegensatz zu öffentlichen Netzwerken müssen Advertiser – die ein eigenes Private Network betreiben – ihre Publisher selber finden, Provisionen selbst freigeben, Werbemittel in Eigenregie hochladen und die Publisher-Auszahlungen selbstständig auf den Weg bringen. Dafür reduzieren sich die Netzwerkkosten. Private Networks eignen sich daher vor allem für große Advertiser, die genügend eigene Ressourcen für solche Aufgaben bereitstellen können. Ein weiterer Grund für ein privates Netzwerk könnte gegeben sein, wenn der Advertiser seinen Publisher-Pool als geschlossen ansieht. Private Networks werden u. a. von Ingenious Technologies (ingenioustechnologies.com), NetSlave (netslave.de) oder Lead Alliance (lead-alliance.net) angeboten.

7.2.4 Affiliate-Agenturen

Ist der Advertiser nicht in der Lage, genügend Ressourcen für die selbstständige Abwicklung eines Affiliate-Programms bereitzustellen, kann er auch eine spezialisierte Agentur beauftragen. Diese übernimmt das Programm-Management für ihn und sucht neue Publisher, kommuniziert mit bestehenden Affiliates, verwaltet die Werbemittel, führt den Sales-Abgleich durch und berät den Advertiser bezüglich der Kampagnenplanung. Dafür erhält die Agentur eine entsprechende Vergütung. Wie im Performance-Marketing üblich, wird die Agentur sehr häufig am Erfolg beteiligt und erhält eine variable Komponente (z. B. einen Anteil der Affiliate-Provisionen oder des erzielten Umsatzes). Die Vor- und Nachteile von Agenturen gegenüber einer Inhouse-Betreuung werden in Kap. 18 beleuchtet.

7.3 Tracking

Eine der wichtigsten Aufgaben von Affiliate-Netzwerken ist die Bereitstellung eines zuverlässigen Trackings, mit denen die durch Affiliates an den Advertiser vermittelten Transaktionen gemessen und anschließend vergütet werden. Dafür baut der Advertiser einen vom Netzwerk bereitgestellten Tracking-Code auf der Bestellbestätigungsseite seiner Website bzw. seines Online-Shops ein. Dadurch kann das Netzwerk erkennen, wann eine Transaktion abgeschlossen ist und welcher Affiliate eine Provision dafür erhalten soll.

Die gängigste Tracking-Methode im Affiliate-Marketing ist das Cookie-Tracking. Ein solches Cookie wird gesetzt, wenn ein Internetnutzer sich auf der Website des Affiliates aufhält und dort auf ein Werbemittel des Advertisers klickt. Beim Abschluss der Transaktion wird dann überprüft, ob sich auf dem Rechner des Käufers ein Affiliate-Cookie befindet. Dabei kommt fast ausschließlich das sogenannte Last-Cookie-Wins-Prinzip zum Einsatz, d. h., der Affiliate mit dem letzten Werbekontakt erhält die Provision.

Beispiel

Affiliate 1 hat einen Blog zum Thema Mobilfunkverträge. Ein Nutzer liest auf der Seite und klickt auf ein Werbemittel eines Mobilfunkanbieters, worauf das Cookie von Affiliate 1 gesetzt wird. Anschließend begibt sich der Nutzer zum Tarifvergleich von Affiliate 2 und klickt dort erneut auf ein Werbemittel desselben Advertisers. Das Cookie von Affiliate 2 wird gesetzt und überschreibt das Cookie von Affiliate 1. Im Falle einer Transaktion erhält Affiliate 2 nun die Provision, während Affiliate 1 leer ausgeht.

Die meisten Affiliate-Programme verwenden eine Cookie-Lebensdauer von 30 Tagen. Der Affiliate erhält also bei einer Transaktion bis zu 30 Tage nach dem Werbemittelklick seine Provision, sofern sein Cookie nicht vorher von einem anderen Publisher überschrieben wird. Es gibt aber auch Programme mit längerer oder kürzerer Laufzeit. Bei Amazon sind es beispielsweise nur 24 h.

Seine Beliebtheit bezieht das Cookie-Tracking aus seiner einfachen Anwendung. Das Verfahren bringt allerdings auch verschiedene Probleme mit sich: Datenschutzdebatten der Vergangenheit haben dafür gesorgt, dass einige Browser inzwischen deutlich restriktiver mit Cookies umgehen. Manche Browser löschen sie sogar automatisch.

Auf mobilen Geräten wie Smartphones oder Tablets, auf denen sich die Online-Nutzung heutzutage primär abspielt, lassen sich Cookies nur sehr eingeschränkt verwenden. Dazu sind sie immer an das Gerät gebunden, auf dem sie gesetzt wurden. Da bei Verkaufsprozessen inzwischen aber häufig mehrere Geräte zum Einsatz kommen (z. B. Recherche auf dem Tablet, Kaufabschluss am PC), können die Transaktionen immer schwieriger der Werbeleistung eines Affiliates zugerechnet werden (mehr dazu im Kap. 12 Spezialfall: Mobile Marketing).

Den Problemen beim Cookie-Tracking sind die Affiliate-Netzwerke schon vor langer Zeit begegnet und haben ergänzende Tracking-Technologien eingeführt. Dazu gehört beispielsweise das Fingerprint-Tracking, bei dem im Moment des Werbemittelkontakts eine digitale Signatur aus IP-Adresse, Browser- und Rechnerkonfiguration des Nutzers generiert und im Falle einer Transaktion erneut abgeglichen wird.

Last-Cookie-Wins vs. Attribution

Das Last-Cookie-Wins-Modell hat dafür gesorgt, dass sich viele Affiliates auf Werbemodelle konzentrieren, die erst kurz vor dem Kaufabschluss zum Einsatz kommen. Sie wollen dadurch die Gefahr minimieren, noch von einem anderen Publisher überschrieben zu werden. Typisch für diesen Trend sind Gutscheinseiten, Exit Intent Layer; Toolbars und Cashback-Systeme. Diese Publisher-Modelle rücken erst dann in den Fokus eines Kunden, wenn er seine grundsätzliche Kaufentscheidung bereits gefällt hat. Der Ursprungsgedanke des Affiliate-Marketings, nach dem die Affiliates den Advertisern neue und inkrementelle Kunden zuführen, ist dadurch etwas verloren gegangen.

Publisher, die mit ihren Modellen tatsächlich zu Kaufentscheidung eines Kunden beitragen (z. B. Blogs), wenden sich hingegen immer häufiger anderen Monetarisierungsoptionen zu (z. B. Google AdSense), da ihr Cookie immer seltener das letzte in der Kette war.

Um das Problem zu entschärfen, sprechen sich viele Branchenvertreter dafür aus, das Last-Cookie-Wins-Prinzip durch ein Attributionsmodell zu ersetzen, bei dem die Provision auf die relevanten Werbekontakte aufgeteilt wird (mehr dazu im Abschn. 10.4 Customer Journey & Attribution). Einzelne Advertiser haben ihre Vergütungsstruktur schon dementsprechend angepasst. Es gibt aber auch ausgesprochene Gegner einer solchen Vorgehensweise, die darin das Ende der Verständlichkeit und Kalkulierbarkeit des Affiliate-Kanals sehen.

Abb. 7.1 Gutschein-Portal coupons4u

Geschäftsmodelle im Affiliate-MarketingIn den vergangenen Jahren haben sich zahlreiche Publisher-Modelle etabliert. Waren es früher fast ausschließlich Ein-Mann-Unternehmen, die als Affiliates den Ton angegeben haben, ist daraus inzwischen so manches Unternehmen mit mehreren Mitarbeitern entstanden. Zu den erfolgreichsten Modellen im Affiliate-Marketing gehören:

7.3.1 Gutschein-Portale

Viele Online-Shops bieten Gutscheine an, mit denen Kunden versandkostenfrei bestellen können, Neukunden einen Rabatt erhalten oder bestimmte Produkte günstiger erworben werden können. Gutscheinseiten sammeln die Gutscheine aller Online-Shops und bereiten diese redaktionell auf (Abb. 7.1).

7.3.2 Deal-Seiten

Es gibt zahlreiche Websites, die sich darauf spezialisiert haben, täglich die besten Deals, Schnäppchen und Angebote von Online-Shops zu präsentieren. Kauft einer der Besucher anschließend etwas im entsprechenden Shop, erhält der Betreiber der Deal-Seite

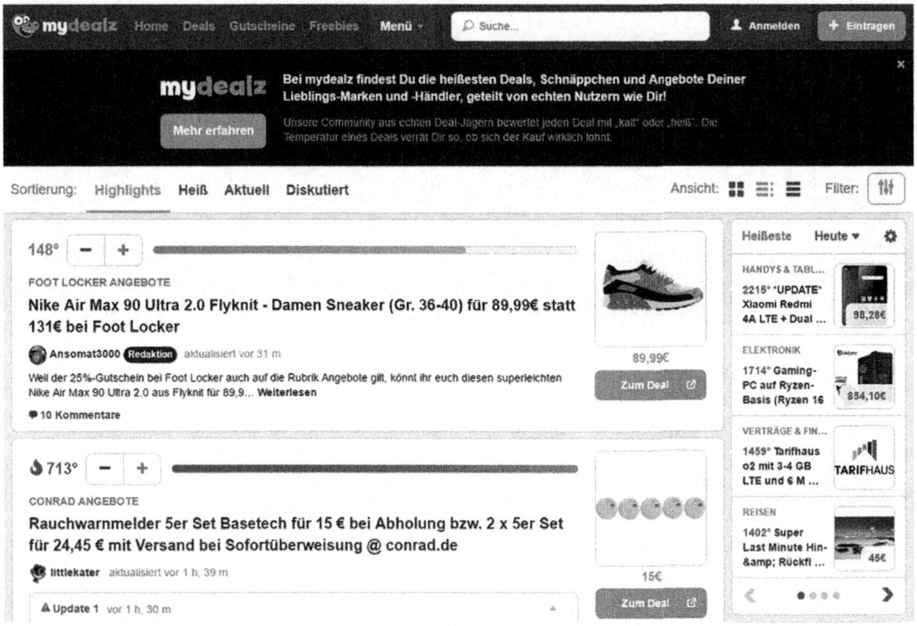

Abb. 7.2 MyDealz ist die größte Deal-Seite in Deutschland

eine Provision. Manche Deal-Seiten bieten ihren Nutzern die Möglichkeit, eigene Deals einzustellen. Die dazugehörigen Links zum Online-Shop werden dabei automatisch in Affiliate-Tracking-Links umgewandelt (Abb. 7.2).

7.3.3 Preisvergleich

Preisvergleichs-Websites zeigen ihren Nutzern, wo sie ein bestimmtes Produkt zum günstigsten Preis kaufen können und bieten dazu auch gleich den passenden Link zum Online-Shop an. Obwohl die meisten Preisvergleiche hauptsächlich auf Klickbasis (CPC) abrechnen, kommen teilweise auch Affiliate-Links zum Einsatz (Abrechnung per CPO) (Abb. 7.3).

7.3.4 Vergleichsportale

Vergleichsportale existieren für alle Branchen, in denen es direkt vergleichbare Produkte gibt, z. B. Telekommunikation, Versicherungen, Banken, Strom, Kredite etc. Der Affiliate stellt die entsprechenden Konditionen der Anbieter gegenüber und erhält im Falle eines Abschlusses über seine Seite eine Provision des Advertisers (Abb. 7.4).

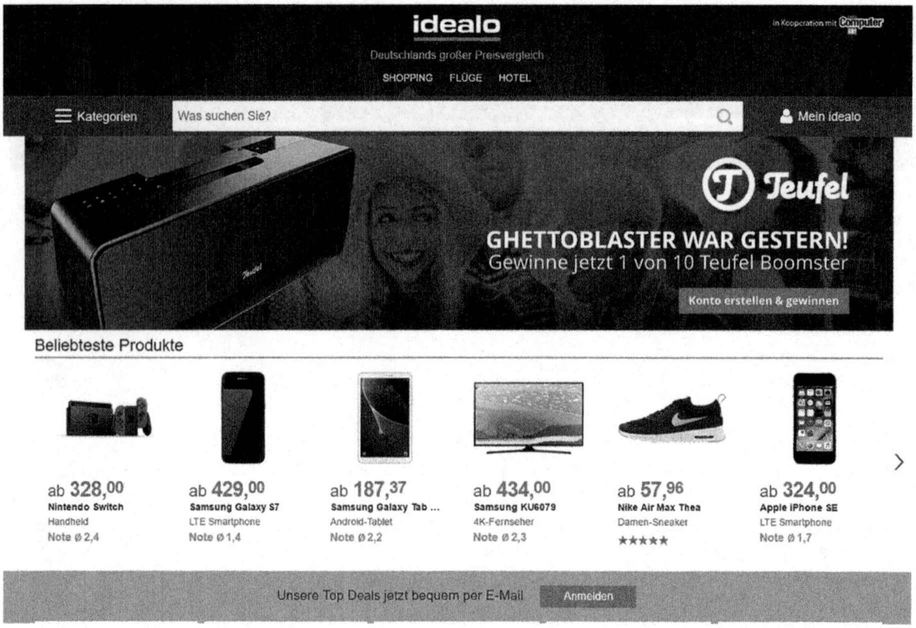

Abb. 7.3 Einer der bekanntesten Preisvergleiche ist idealo.de

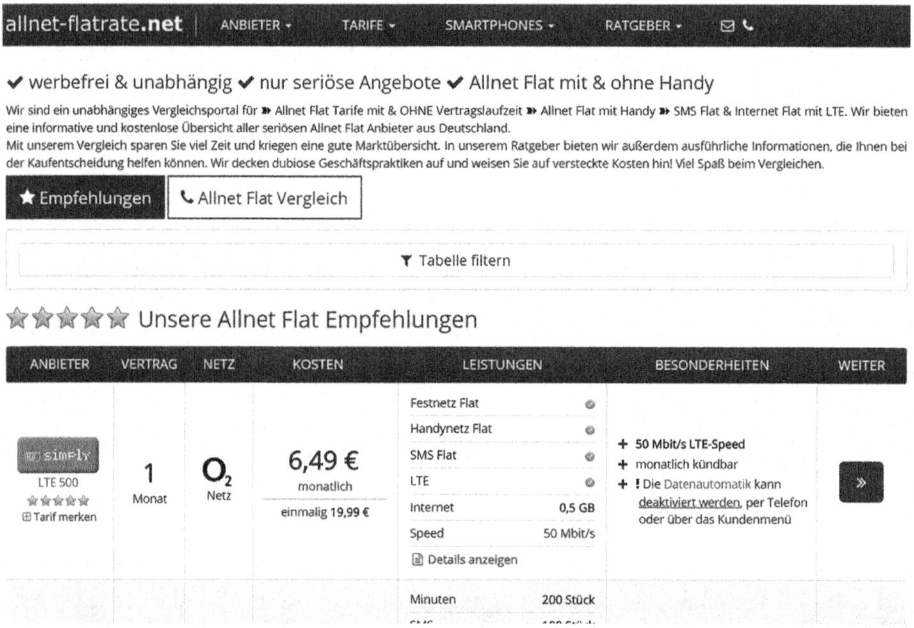

Abb. 7.4 Klassischer Vergleich für Mobilfunktarife

Abb. 7.5 Weitergabe von Provisionsteilen an Käufer

7.3.5 Cashback-Anbieter

Cashback-Seiten motivieren die Besucher ihrer Website, Käufe in Online-Shops über ihre Website vorzunehmen. Dafür erhalten sie einen Teil der Affiliate-Provision als Cashback zurück. Der Cashback-Anbieter teilt seine Provision mit dem Kunden (Abb. 7.5).

7.3.6 Bonussysteme

Im Gegensatz zu Cashback-Systemen erhält der Kunde für den Kauf über den Link auf der Seite des Bonussystems kein bares Geld zurück, sondern eine virtuelle Währung, die ab einer bestimmten Höhe gegen Prämien eingetauscht werden kann. Bei manchen Anbietern lassen sich die Bonuspunkte auf verschiedene Arten sammeln (Abb. 7.6).

7.3.7 Empfehlungsmarketing

Empfehlungsmarketingplattformen stellen ihren Nutzern Links mit Produktempfehlungen zur Verfügung, die sie ihren Freunden per WhatsApp, E-Mail oder Facebook zusenden können. Kauft einer der Freunde das empfohlene Produkt, teilt die Empfehlungsplattform ihre Affiliate-Provision mit dem Empfehlenden (Abb. 7.7).

Abb. 7.6 Für Käufe Bonuspunkte sammeln vergeben

7.3.8 E-Mail-Marketing

E-Mail-Affiliates senden Werbemails für Advertiser an ihren eigenen Verteiler und platzieren einen oder mehrere Affiliate-Links in der Mail. Kauft einer der Empfänger etwas über den Link, erhält der Affiliate eine Provision (Abb. 7.8).

7.3.9 Social-Media

Social-Media-Affiliates gibt es in verschiedenen Ausprägungen. So gibt es beispielsweise die Möglichkeit, themenrelevante Facebook-Seiten zu erstellen und dort per Affiliate-Marketing Produkte zu bewerben. Auch in anderen sozialen Netzwerken wie Instagram oder Pinterest sind Affiliates zu finden (Abb. 7.9).

7.3.10 Exit Intent Layer

Ist der Besucher im Begriff, einen Online-Shop zu verlassen, ohne etwas gekauft zu haben, kann ihm ein Exit Intent Layer eines Affiliates angezeigt werden, der ihn doch noch zum Kauf animieren soll. Der Exit Intent Layer kann einen Call-to-Action, beispielsweise einen Rabatt oder ein kostenloses Geschenk im Falle einer Bestellung zeigen (Abb. 7.10).

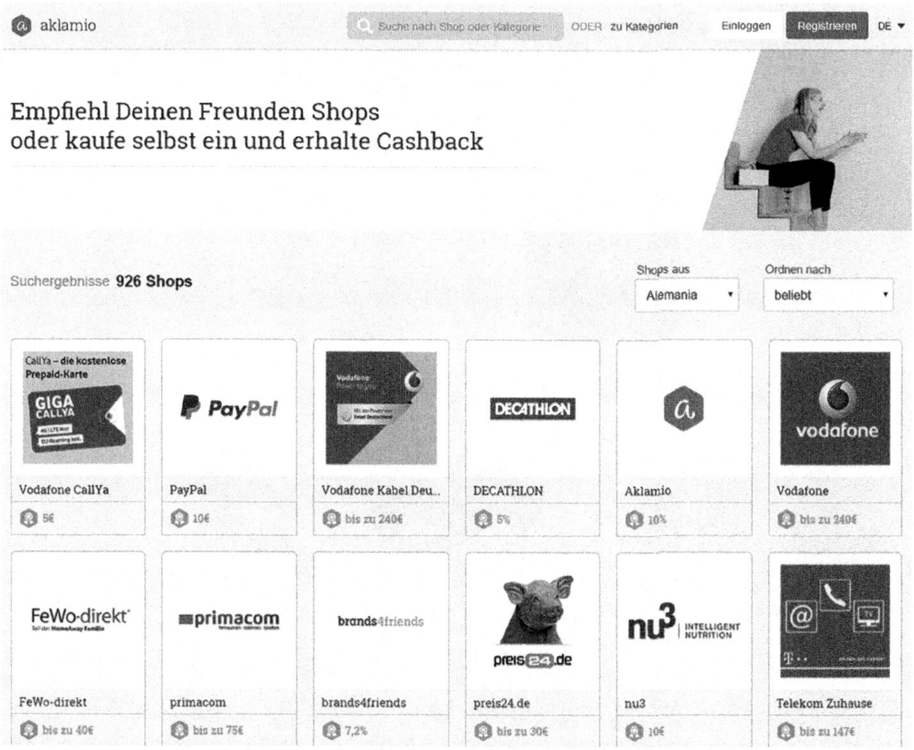

Abb. 7.7 Provisionen für Produktempfehlungen

7.3.11 Virtual Currency

Virtual Currency spielt im Bereich von Smartphone-Spielen eine besondere Rolle. Hierbei werden Nutzer animiert, in einem bestimmten Online-Shop etwas zu kaufen und dafür eine In-Game-Währung (z. B. Münzen) zu erhalten, mit denen sie im Gegenzug Gegenstände im Spiel erwerben können (Abb. 7.11).

7.3.12 Display/Retargeting

In diesem Fall schalten Affiliates auf eigene Kosten Werbebanner des Advertisers auf externen Content-Seiten. Klickt ein Nutzer auf das Banner und kauft etwas, erhält der Display-Affiliate eine Provision. Wird der Affiliate gar per PostView (Abschn. 7.4.7) vergütet, muss der Käufer das Banner nur gesehen haben. Es muss kein Klick erfolgt sein (Abb. 7.12).

Abb. 7.8 Werbung von Produkten per E-Mail

7.4 KPIs im Affiliate-Marketing

7.4.1 Cost-per-Order (CPO)

Die am weitesten verbreitete Abrechnungsform im Affiliate-Marketing ist der Cost-per-Order (CPO). Der Publisher erhält eine Provision für vermittelte Verkäufe, deren Höhe sich häufig aus dem Wert des Warenkorbs berechnet (prozentuale Vergütung). Es gibt aber auch zahlreiche Advertiser, die eine feste Provision zahlen (z. B. 10 EUR). Ein Verkauf muss aber zwingend stattgefunden haben: Liefert der Publisher nur einen Besucher zum Shop des Advertisers, der dann aber nichts kauft, entsteht kein Provisionsanspruch.

$$\text{CPO} = \frac{\text{Gesamtkosten der Sales}}{\text{Anzahl der Sales}}$$

Abb. 7.9 Affiliate Marketing über eine Facebook-Seite

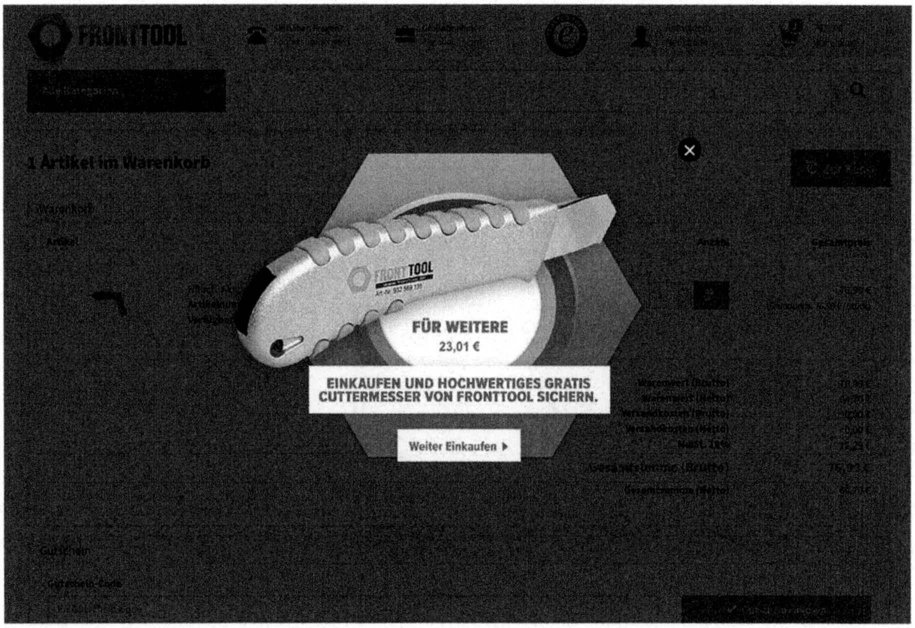

Abb. 7.10 Besonders für Wiedergewinnung von Warenkorbabbrechern geeignet

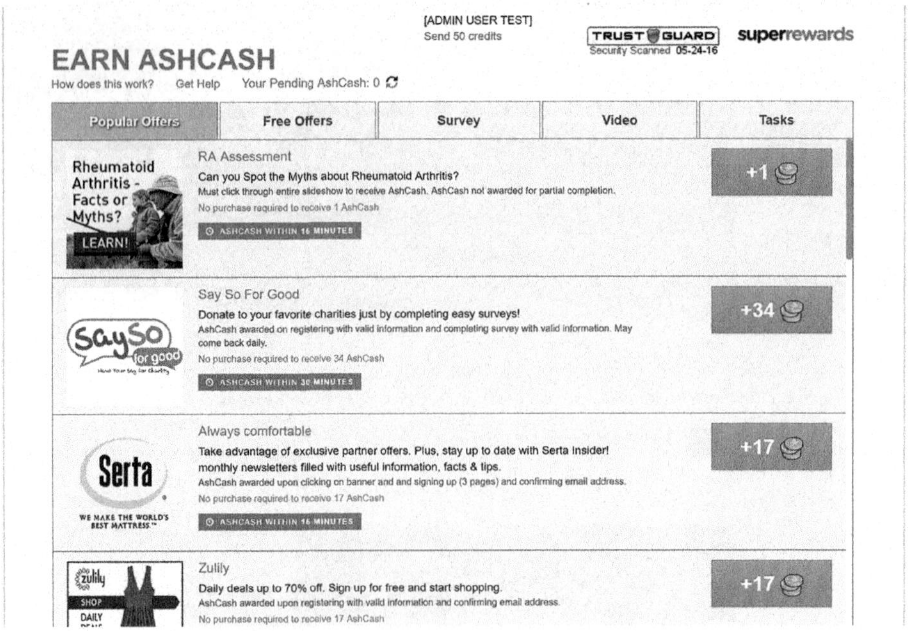

Abb. 7.11 Kauf von Produkten für den erhalten virtueller Währungen

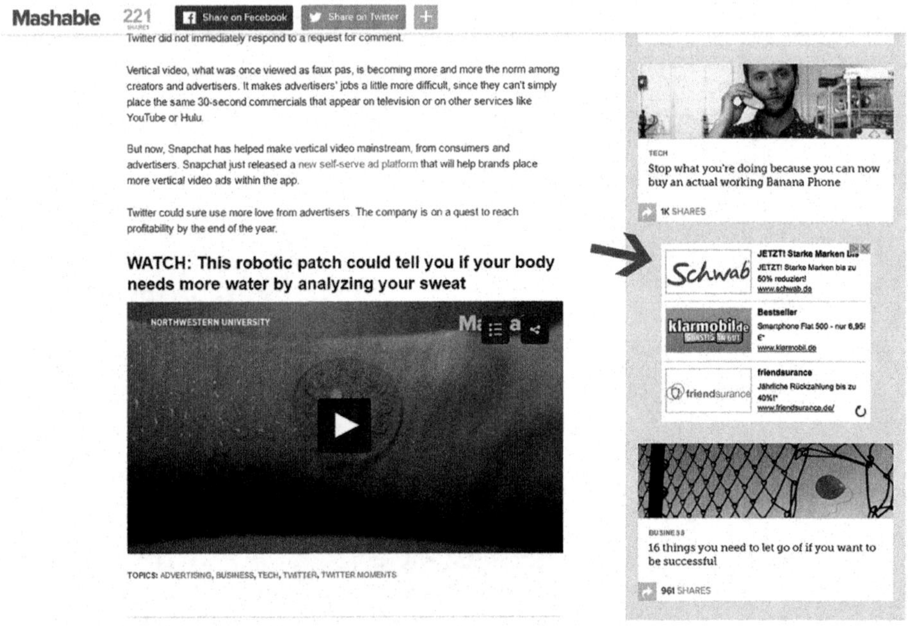

Abb. 7.12 Affiliate-Marketing mit Display-Werbemitteln

7.4.2 Cost-per-Lead (CPL)

Nutzer, die Interesse an einem Produkt oder einer Dienstleistung bekunden, werden als Lead bezeichnet. Ein bestehendes Interesse wird angenommen, wenn sie beispielsweise ihre Kontaktdaten hinterlassen, einen Katalog herunterladen oder sich für den Newsletter registrieren. Advertiser können Publisher vergüten, die ihnen solche Leads liefern. Das geschieht häufig über einen fixen Betrag, z. B. 1,50 EUR pro Lead.

$$\mathrm{CPL} = \frac{\text{Gesamtkosten der Leads}}{\text{Anzahl der Leads}}$$

7.4.3 Cost-per-Click (CPC)

Der Cost-per-Click (CPC) spielt im Affiliate-Marketing keine besonders große Rolle mehr und kommt nur noch bei wenigen Programmen zum Einsatz. Hier erhält der Publisher eine Provision, sobald ein Nutzer auf dessen Website auf das Werbemittel des Advertisers klickt (z. B. 0,10 EUR).

$$\mathrm{CPC} = \frac{\text{Gesamtkosten der Klicks}}{\text{Anzahl der Klicks}}$$

7.4.4 Cost-per-Install (CPI)

Der Cost-per-Install ist ein KPI, der fast ausschließlich bei der Bewertung von Kampagnen für App-Installationen Anwendung findet. Publisher führen Nutzer über einen Affiliate-Link zur jeweiligen App des Advertisers in den App Store. Lädt dieser Nutzer die App dann auf sein Smartphone oder Tablet herunter, erhält der Publisher eine zumeist feste Provision (z. B. 2,50 EUR).

$$\mathrm{CPI} = \frac{\text{Gesamtkosten der Installs}}{\text{Anzahl der Installs}}$$

7.4.5 Conversion-Rate

Das Verhältnis zwischen den von einem Affiliate gelieferten Besuchern und Verkäufen wird als Conversion-Rate bezeichnet. Schickt der Affiliate beispielsweise 100 Besucher in den Online-Shop des Advertisers, von denen fünf etwas kaufen, liegt die Conversion-Rate bei fünf Prozent.

$$\mathrm{CR} = \frac{\text{Anzahl der Conversions}}{\text{Anzahl der Visits}} * 100$$

7.4.6 Kosten-Umsatz-Relation (KUR)

Um die Wirkung von Performance-Marketing-Maßnahmen zu messen, ist die Kosten-Umsatz-Relation (KUR) eine aussagekräftige Kennzahl. Mit der KUR wird bestimmt, welchen Prozentsatz die Werbekosten am Umsatz ausmachen. Dadurch wird erkennbar, welche Online-Marketing-Maßnahmen sich für den Advertiser lohnen. Da die Kosten-Umsatz-Relation immer dann am besten ist, wenn keine – oder nur geringe – Kosten entstehen, stößt die Aussagekraft aber auch an Grenzen.

$$\text{KUR} = \frac{\text{Kostem}}{\text{Umsatz}} * 100$$

7.4.7 PostClick-/PostView-Conversions

Eine Conversion liegt immer dann vor, wenn der Nutzer eine bestimmte Aktion auf der Website durchführt (z. B. Kauf eines Produkts). Beim Post-Click hat der Nutzer das Werbemittel vor dem Kauf angeklickt, während es ihm bei einer PostView-Conversion lediglich angezeigt wurde. Grundsätzlich wird im Affiliate-Marketing nur ein Cookie gesetzt, wenn ein Nutzer auf ein Werbemittel geklickt hat.

Es gibt aber auch einige Programme, die für spezielle Publisher-Modelle aus dem Bereich Display Advertising (z. B. Prospecting/Neukunden und Retargeting) eine PostView-Freigabe erteilen. Sie erlauben den Publishern also, schon im Moment der Werbemittel-Einblendung ein Cookie zu setzen. Dieses Cookie hat in der Regel eine deutlich verkürzte Laufzeit (z. B. 48 h) und liegt in der Priorität unterhalb eines Klick-Cookies (View-Cookies können bestehende Klick-Cookies nicht überschreiben).

Da beim PostView ein hohes Missbrauchsrisiko vorliegt, empfiehlt es sich für Advertiser, PostView maximal in kleinen geschlossenen Gruppen mit Publishern zu testen, zu denen ein Vertrauensverhältnis besteht. Außerdem sollte genau im Auge behalten werden, welches Verhältnis von PostClick- und PostView-Conversions der Affiliate liefert.

7.5 Tools fürs Affiliate-Marketing (Advertiser)

7.5.1 Ghostery

Mit Ghostery lassen sich geladene Tracking-Pixel einer Website anzeigen. Daraus kann u. a. abgeleitet werden, welche weiteren Traffic-Quellen eine Affiliate-Seite nutzt und eventuell Cookies gedroppt werden. Zusätzlich lässt sich überprüfen, ob Tracking-Skripte auf der Advertiser-Seite richtig eingebunden sind oder ob der Retargeting-Pixel auf jeder Shop-Seite geladen wird. Ghostery gibt es als Plug-in für alle gängigen Browser (ghostery.com) (Abb. 7.13).

7.5.2 AdPolice/Xamine

In den meisten Affiliate-Programmen ist das Brand Bidding – also das Buchen von SEA-Anzeigen mit dem Markennamen des Advertisers – verboten. Dennoch gibt es immer

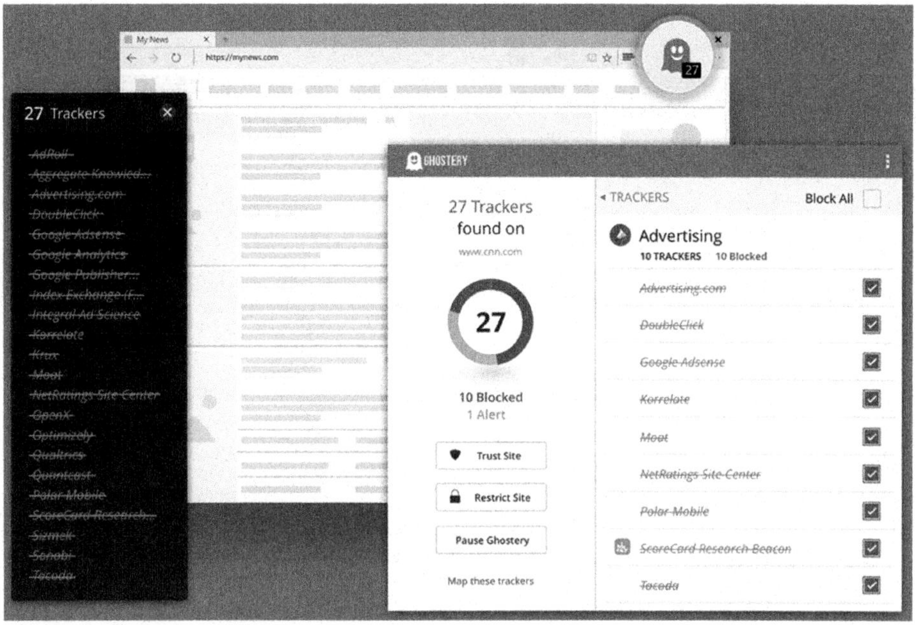

Abb. 7.13 Welche Cookies werden beim Seitenaufruf gesetzt?

wieder Affiliates, die trotzdem ihr „Glück" versuchen. Mit AdPolice werden alle Suchmaschinen 24 h auf Verstöße überwacht. Selbst durch Tricks (siehe Kap. 19 Betrug im Performance-Marketing) lässt sich die Software nicht überlisten (adpolice.de). Eine Alternative mit gleichen Funktionen bietet die Firma Xamine GmbH (xamine.com) (Abb. 7.14).

7.5.3 Live http Headers

Hierbei handelt es sich um ein Plug-in für den Firefox Browser. Das Tool protokolliert den HTTP-Verkehr zwischen PC und dem Internet, sodass der Datenstrom überwacht werden kann. Dadurch können Weiterleitungen (z. B. über den Server des Netzwerkes) und der Datenverkehr nachvollzogen werden, um etwaige betrügerische Tätigkeiten wie Cookie-Dropping oder Ad Hijacking (siehe Kap. 19 Betrug im Performance-Marketing) aufzudecken (addons.mozilla.org/de/firefox/addon/live-http-headers/). Eine Alternative zu Live http Headers ist Fiddler, das auch alle anderen Browser unterstützt (telerik.com/fiddler) (Abb. 7.15).

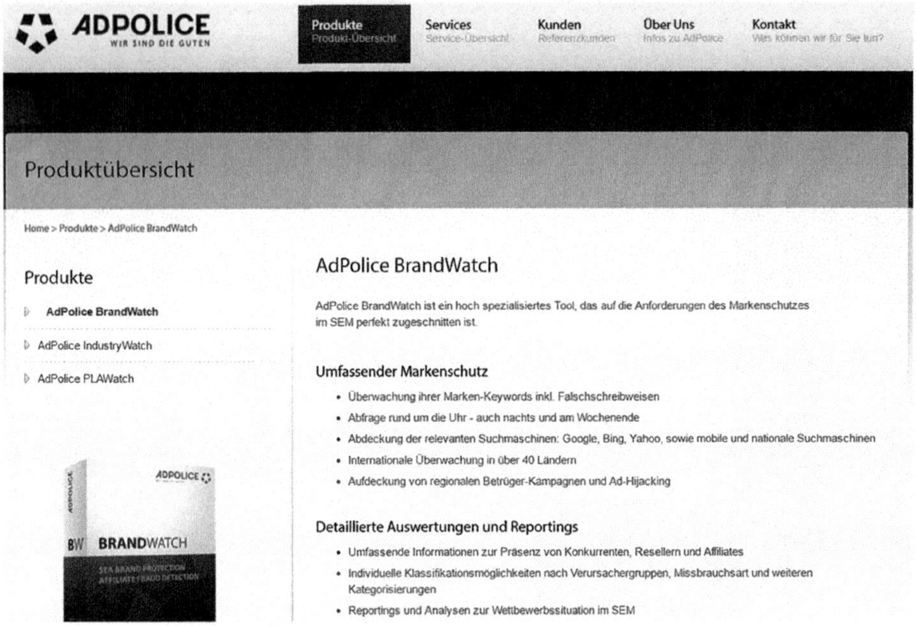

Abb. 7.14 Bietet ein Affiliate verbotenerweise bei Google auf meine Marke

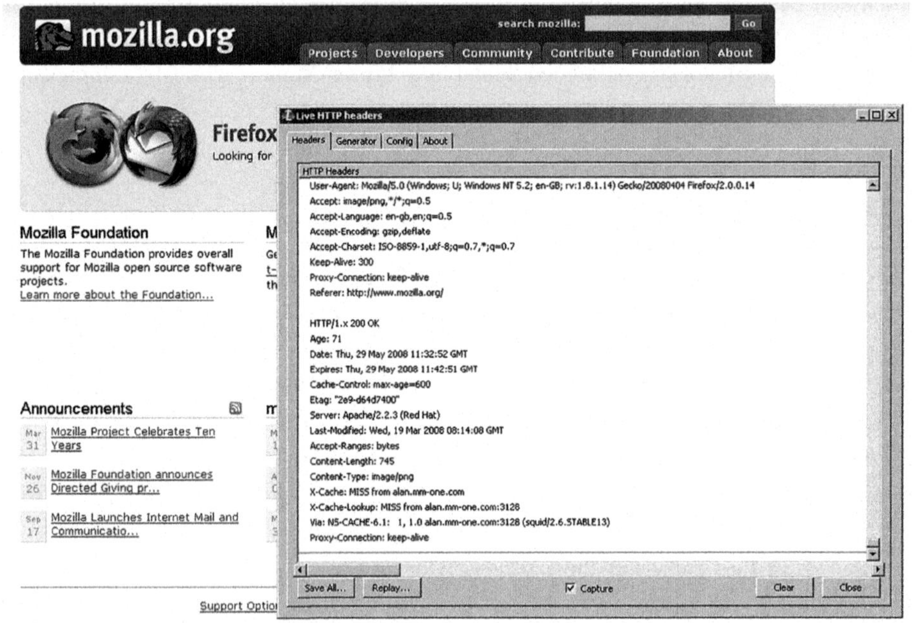

Abb. 7.15 Betrugsmechanismen aufdecken

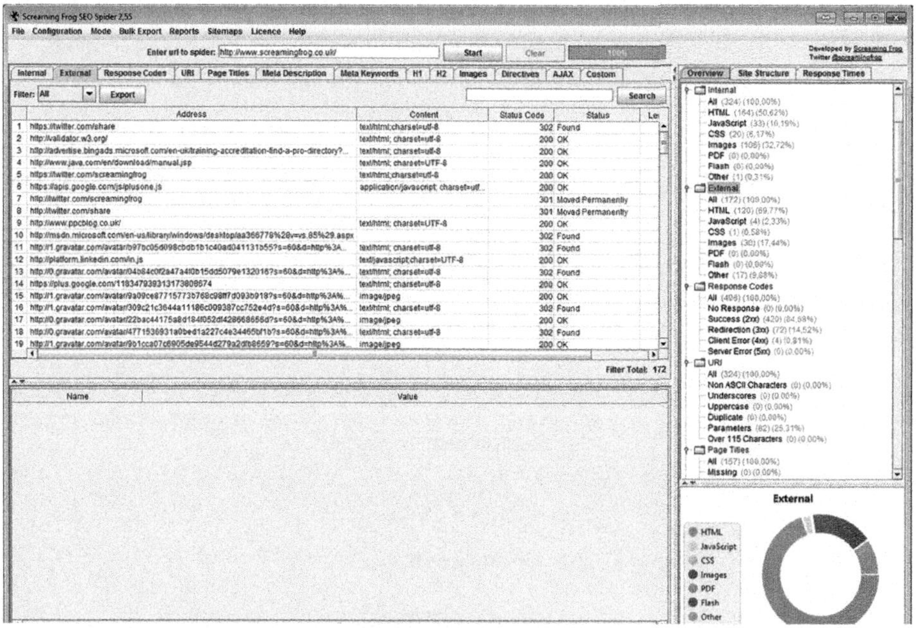

Abb. 7.16 Werbemittel auf Funktionalität testen

7.5.4 Screaming Frog SEO Spider

Vor allem bei etwas größeren Affiliate-Programmen muss regelmäßig überprüft werden, ob die angebotenen Werbemittel noch funktionieren (Banner- und Ziel-URLs). Sehr einfach geht das mit dem Screaming Frog SEO Spider. Man muss lediglich eine Liste aller URLs (egal ob Banner oder Deep-Links) in das Tool laden und den Crawler starten. Nach kurzer Zeit wird der Status-Code angezeigt und defekte URLs können direkt entlarvt werden. Die kostenlose Version von Screaming Frog SEO Spider ist allerdings auf 500 URLs beschränkt (screamingfrog.co.uk/seo-spider) (Abb. 7.16).

7.5.5 Sistrix Sichtbarkeitsindex

Wenn sich ein neuer Publisher bei einem Affiliate-Programm bewirbt, möchte man als Advertiser eventuell abschätzen können, ob sich die Aufnahme lohnt (sprich: ob der Affiliate Verkäufe bringen wird). Einen ersten und kostenlosen Eindruck liefert der Sistrix Sichtbarkeitsindex. Damit lässt sich überprüfen, wie sichtbar die Website des Publishers bei Google ist. Je höher der Wert, desto mehr Besucher wird die Website haben (sistrix.de/visibility-index). Mit der kostenpflichtigen Version von Sistrix lassen sich noch deutlich genauere Überprüfungen vornehmen, z. B. auf welchen Keywords der Affiliate gut

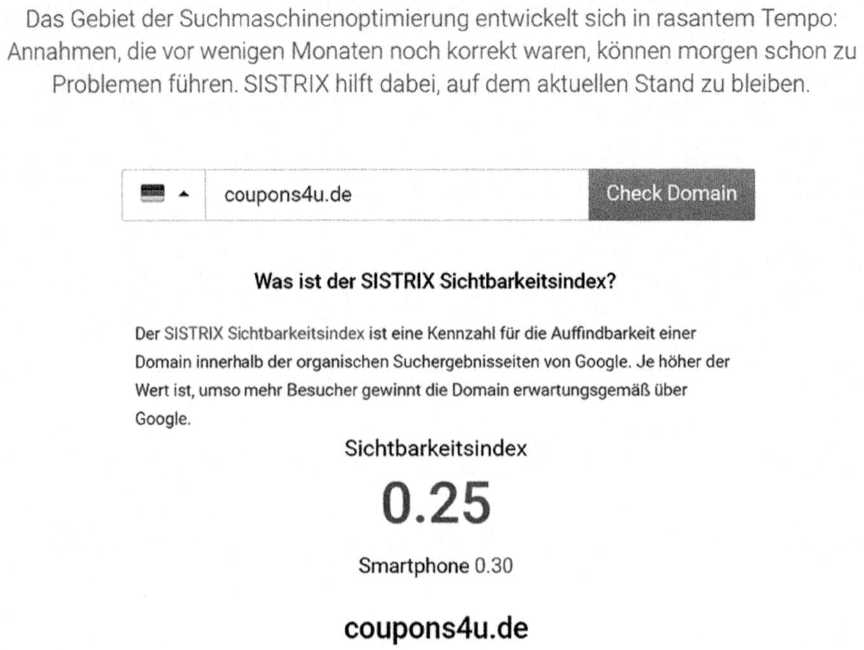

Das Gebiet der Suchmaschinenoptimierung entwickelt sich in rasantem Tempo: Annahmen, die vor wenigen Monaten noch korrekt waren, können morgen schon zu Problemen führen. SISTRIX hilft dabei, auf dem aktuellen Stand zu bleiben.
coupons4u.de
Check Domain
Was ist der SISTRIX Sichtbarkeitsindex?
Der SISTRIX Sichtbarkeitsindex ist eine Kennzahl für die Auffindbarkeit einer Domain innerhalb der organischen Suchergebnisseiten von Google. Je höher der Wert ist, umso mehr Besucher gewinnt die Domain erwartungsgemäß über Google.
Sichtbarkeitsindex
0.25
Smartphone 0.30
coupons4u.de

Abb. 7.17 Potenzial von Affiliates abschätzen

platziert ist. Es existieren zusätzlich zahlreiche Alternativen wie Searchmetrics (searchmetrics.com/de), XOVI (xovi.de), Metrics Tools (metrics-tools.de) oder SEOlytics (seolytics.de) (Abb. 7.17).

7.6 Checkliste (Advertiser)

1. Das passende Netzwerk aussuchen und Anfrage stellen
2. Potenzialanalyse durchführen (Fragebogen vom Netzwerk)
3. Passende Affiliate-Geschäftsmodelle festlegen
4. Tracking in die eigene Website implementieren
5. Programmbeschreibung erstellen
6. Werbemittel erstellen und im Netzwerk hochladen
7. Konto für Provisionszahlungen aufladen
8. Vergütungsstruktur festlegen (Höhe CPO, CPL etc.)
9. Tracking-Test durchführen
10. Programm veröffentlichen und Publisher freischalten

7.7 Interessante Links

- affiliateblog.de – Affiliate-Marketing Portal mit Tipps & Tricks, Branchen-News und Studien
- 100partnerprogramme.de – Datenbank mit Infos zu allen deutschen Affiliate-Programmen
- affilinet-inside.de – Der Blog des großen deutschen Affiliate-Netzwerks Affilinet (Fusioniert mit Awin 09/2017)
- affiliate-marketing-tipps.de – Tipps & Anleitungen zum Geldverdienen mit Affiliate-Marketing
- affiliate-marketing.de – Affiliate-Programmsuche, Affiliate-Forum und Veranstaltungskalender
- awin.com/de/news-und-events – News und Events rund um das Affiliate-Netzwerk Awin.

7.8 Interview mit Markus Kellermann (xpose360)

Warum ist Affiliate-Marketing sinnvoll?
Viele Unternehmen klagen über die Abhängigkeit von Google und Facebook. Umso wichtiger ist es, zusätzliche Traffic-Quellen zu generieren. Das Affiliate-Marketing bietet hierzu eine attraktive Alternative, da performanceorientiert zahlreiche Online-Vertriebsmodelle zur Umsatzgenerierung angebunden werden können.

Zudem haben Werbeunternehmen über Affiliate-Marketing die Möglichkeit, immer wieder neue technische Innovationen anzubinden. So sind in den letzten Jahren zahlreiche neue Publishing-Modelle aus dem Bereich Kaufabbrecher-Rückgewinnung, Conversionbooster, Mobile Marketing und Influencer Marketing entstanden, welche über die Affiliate-Netzwerke jederzeit risikolos genutzt werden können.

Kein Marketing-Kanal ist so flexibel und performanceorientiert wie Affiliate-Marketing und stellt somit für jedes Unternehmen eine wichtige Säule im Online-Marketing-Mix da.

Was sind die größten Fehler im Affiliate-Marketing?
Affiliate-Marketing ist People's Business. Umso wichtiger ist es daher für den Merchant, dass er eine Wertschätzung und persönliche Bindung zu seinen Affiliates und somit seinen Online-Vertriebspartnern aufbaut. Die Partner liefern eine effektive Werbeleistung und benötigen hierzu eine entsprechende Monetarisierung in Form eines fairen Vergütungsmodells.

Auch auf Basis der in den letzten Jahren oftmals diskutierten Last-Cookie-Wins-Diskussion ist es wichtig zu verstehen, dass gerade Content-Affiliates am Anfang der Entscheidungskette stehen und anschließend von anderen Online-Marketing-Kanäle überschrieben werden und dadurch keine Provision erhalten. Um die Werthaltigkeit daher besser bewerten zu können, benötigen die Merchants ein Customer-Journey-Tracking.

Ein weiteres Problem sind oftmals schlechte Conversion-Rates der Merchants. Die Affiliates liefern qualitativen Traffic und sind anschließend davon abhängig, wie gut der Shop konvertiert. Daher sollte zum einen aufgrund des steigenden Mobile-Anteils eine mobil-optimierte Landingpage gegeben sein, sowie auch eine regelmäßige Überprüfung des Shoppingprozesses auf Basis von möglichen Kaufabbrüchen.

Ein weiteres Problem der gesamten Online-Werbebranche ist natürlich nach wie vor die generelle Entwicklung der Adblocker-Verbreitung von derzeit 17 %. Daher sollten vor allem die Affiliate-Netzwerke als Technologie-Unternehmen gut beraten sein, ihre Tracking-Pixel-URL-Strategie zu überdenken. Dass viele Adblocker die altbewährten URL-Requests der großen Affiliate-Netzwerke blocken, sollte wohl kein offenes Geheimnis mehr sein.

Daher gilt es, zum einen technische Alternativen und Lösungen zu finden, den geblockten Cookie-Anteil zu minimieren, aber auch ein besseres Verständnis der Merchants aufzubauen, hinsichtlich einer nutzerfreundlichen Werbung, welche von den Usern nicht als störend empfunden wird. So sollten von den Merchants regelmäßig die Größe der gelieferten Werbemittel und damit verbunden die Ladezeiten der Werbemittel und damit auch die Viewability überprüft werden.

Zudem zählt auch hier der enge Austausch mit den Affiliate-Partnern. Denn um die Akzeptanz bei den Usern hinsichtlich Werbung zu erhöhen, zählt oftmals „weniger ist mehr". So könnten Merchants durch individuelle Sonder-Provisionen und Werbemittel die Affiliates von exklusiven Werbekampagnen überzeugen.

Generell gibt es sowohl seitens der Merchants, aber auch auf der Affiliate-Seite ein großes Interesse an aufmerksamkeitsstarken und an den Bedürfnissen der User orientierten Kommunikationslösungen.

Nach diesem Motto verfährt u. a. auch der Affiliate Burda Forward. Auf den Seiten werden mittlerweile keine Layer Ads mehr präsentiert und keine Anzeigen, die sich im Hintergrund öffnen. Durch das Ausspielen von Werbung, die für den User sinnvoll und relevant ist, soll das Vertrauen der User in Werbung wiederhergestellt werden. Auch bei chip.de gibt es beispielsweise nur noch maximal 1,5 Anzeigen im sichtbaren Bereich, früher waren es mindestens noch vier.

Wie sieht die Zukunft des Affiliate-Marketings aus?

Laut eigenen Angaben konnte das Affiliate-Netzwerk affilinet in 2016 ein Wachstum im zweistelligen Bereich im Vergleich zum Vorjahr hinlegen. Zudem sind 285 neue Partnerprogramme im DACH-Bereich bei affilinet gestartet. Auch bei Awin sind in 2016 164 neue Advertiser gestartet, was auf jeden Fall die Attraktivität des Affiliate-Marketings belegt. Auch die Zukunftsforscher wie Sven Gabor Janszky[1] rechnen damit, dass 2017 wieder ein gutes Jahr werden wird. In Deutschland gibt es weniger Arbeitslose, der DAX

[1] pt-magazin.de/de/gesellschaft/politik/%E2%80%9E2017-wird-ein-gutes-jahr-aber-ich-habe-angst-vor-_iwrobjsu.html. Zuletzt aufgerufen am 12.06.2017.

geht von einem Höchststand zum nächsten und die meisten Unternehmen machen große Gewinne. Das führt dazu, dass wir Menschen noch mehr verdienen und mehr konsumieren werden – auch online.

Auch die Advertiser rechnen für 2017 mit einem Wachstum der Affiliate-Branche. So gaben 72 % aller CJ Affiliate by Conversant-Unternehmen an, zukünftig ihr Affiliate-Budget zu erhöhen. Auch in einer Umfrage des Branchen-Portals AffiliateBLOG.de rechnen 88 % der Advertiser mit steigenden Umsätzen in 2017. Und auch die Partnerprogramme von affilinet haben in einer Umfrage angegeben, weiterhin stark in den Affiliate-Kanal investieren zu wollen. Zudem haben 84 % der Onlinehändler in einer iBusiness-Umfrage geplant, künftig mehr oder gleich viel in den Affiliate-Kanal investieren zu wollen.

Ein großes Umsatzpotenzial, welches die Affiliate-Netzwerke bisher so gut wie noch gar nicht nutzen, ist zudem die Nutzerzentrierung und die Personalisierung.

So haben die Affiliates mittlerweile einen großen Datenschatz an Informationen über ihre User. Um ein Beispiel zu nennen, wissen Reise-Affiliates theoretisch, welche Nutzer nach bestimmten Hotels oder Urlaubsorten suchen und mit welchem Reisebudget die Kunden buchen wollen. Allerdings fehlt den Affiliates die technische Lösung, diese Informationen zu monetarisieren. Die Affiliate-Netzwerke könnten mit ihren Technologien z. B. eine AdExchange zur Verfügung stellen, um damit den Affiliates neue Möglichkeiten zu bieten.

Und auch der Trend zur Individualisierung und Personalisierung muss in die Affiliate-Branche integriert werden. Die Nachfrage nach Produkten, die speziell auf die Bedürfnisse des Konsumenten zugeschnitten sind, wird immer größer. Nachdem Kaufprozesse mittlerweile bis ins letzte Detail optimiert wurden, wird das Thema „Mass Personalization" massiv an Bedeutung gewinnen.

Als einer der Vorreiter gilt hier das amerikanische Netzwerk CJ Affiliate by Conversant, die bereits personalisiertes Affiliate-Marketing als Lösung anbieten. Dabei werden Daten aus mehreren Quellen gematcht und daraus individuelle Userprofile generiert. Diese können mit dem Kaufverhalten verglichen und in Echtzeit zielführend eingesetzt werden. Dadurch können die Konsumenten mit der passenden Werbebotschaft und dem passenden Werbemittel zusammengeführt werden, welches dann zur richtigen Zeit und am richtigen Ort angezeigt wird. Erste Erkenntnisse belegen, dass durch die userspezifische Ansprache die Conversion-Rate um 12–15 % gesteigert werden konnte.

Social-Media-Advertising – Zielgruppen-Targeting auf Basis von Interessen

8

Inhaltsverzeichnis

8.1 Was ist Social-Media-Advertising? . . . 128
8.2 Marktteilnehmer im Social-Media-Advertising . . . 129
8.2.1 Advertiser . . . 129
8.2.2 Social Networks . . . 129
8.3 Targeting im Social-Media-Advertising . . . 129
8.3.1 Location & Demografie . . . 129
8.3.2 Interessens-Targeting . . . 130
8.3.3 Behavioral-Targeting . . . 130
8.3.4 Custom-Targeting . . . 130
8.3.5 Lookalike-Targeting . . . 130
8.3.6 Connection-Targeting . . . 131
8.4 Werbeformen im Social-Media-Advertising . . . 131
8.4.1 Facebook-Advertising . . . 131
8.4.2 Instagram-Advertising . . . 131
8.4.3 Twitter-Advertising . . . 132
8.4.4 Pinterest-Advertising . . . 132
8.4.5 Snapchat-Advertising . . . 132
8.5 KPIs im Social-Media-Advertising . . . 133
8.5.1 Impressions . . . 133
8.5.2 Engagement . . . 133
8.5.3 Engagement-Rate . . . 134
8.5.4 Conversions . . . 134
8.5.5 Conversion-Rate . . . 134
8.5.6 Cost-per-Click (CPC) . . . 134
8.5.7 Cost-per-Order (CPO) . . . 134
8.6 Tipps fürs Social-Media-Advertising . . . 135
8.6.1 Think Mobile . . . 135
8.6.2 Kostenlose Posts zum Testen verwenden . . . 135

I. Kamps und D. Schetter, *Performance Marketing*,
https://doi.org/10.1007/978-3-658-18453-7_8

8.6.3 Targeting-Optionen ausreizen 135
8.6.4 Anzeigenmotive regelmäßig tauschen 135
8.7 Tools fürs Social-Media-Advertising 136
8.7.1 Facebook Zielgruppenstatistiken (Abb. 8.4) 136
8.7.2 AdEspresso by Hootsuite 137
8.7.3 Fanpage Karma 137
8.7.4 Perfect Audience 138
8.8 Checkliste 139
8.9 Interessante Links 139
8.10 Interview mir Christian Erxleben (BASIC thinking) 140
Literatur 140

Zusammenfassung

Durch den großen Bestand an Nutzerdaten – den die Nutzer durch ihre Interaktionen sogar freiwillig hinterlegt haben – kann Social-Media-Advertising so zielgerichtet ausgesteuert werden, wie es in keinem anderen Performance-Marketing-Kanal der Fall ist. In diesem Kapitel wird beschrieben, was Social-Media-Advertising ist, welche Plattformen es gibt, wie sich der Erfolg messen lässt und was beim Aufsetzen von Kampagnen zu beachten ist.

8.1 Was ist Social-Media-Advertising?

Social-Media-Advertising umfasst alle kostenpflichtigen Werbemaßnahmen in sozialen Netzwerken. Das kann entweder ein gesponserter Tweet auf Twitter sein oder eine vollumfängliche Kampagne auf Facebook. Jedes soziale Netzwerk bietet seine persönlichen Optionen und Möglichkeiten.

Knapp 74 % aller Internetnutzer[1] nutzen mindestens ein soziales Netzwerk. Dadurch baut Social- Media-Advertising auf einer gigantischen Reichweite auf. Und nicht nur das: Da sich Social-Media inzwischen fast ausschließlich auf Smartphones und Tablets abspielt, gibt es kaum einen Performance-Marketing-Kanal, mit dem sich mobile Nutzer besser adressieren lassen. Die ausgefeilten Targeting-Optionen tun ihr Übriges, dass sich Social Media einen festen Platz im Marketing-Mix erkämpft hat (Abb. 8.1).

Die Zielsetzungen im Social-Media-Advertising können sich aufgrund der vielfältigen Anzeigenformate und umfangreichen Targeting-Optionen unterscheiden. So gibt es beispielsweise neben Awareness- auch abverkaufsorientierte Kampagnen.

[1]Chaffey D (2017) global social media research summary 2017. Smart Insights. www.smartinsights.com/social-media-marketing/social-media-strategy/new-global-social-media-research/ Zuletzt zugegriffen am 07.06.2017.

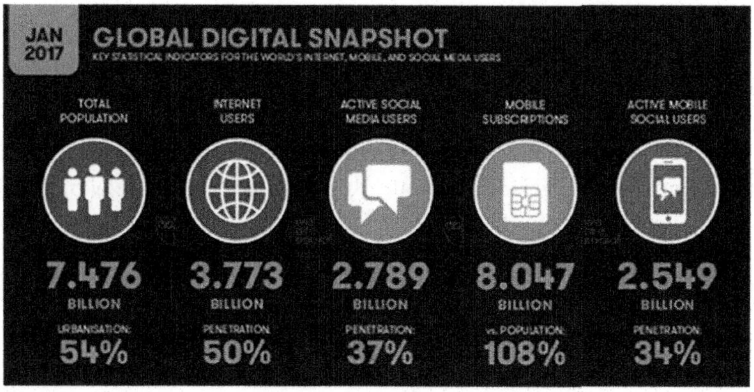

Abb. 8.1 Social-Media ist eine Macht

8.2 Marktteilnehmer im Social-Media-Advertising

8.2.1 Advertiser

Wie auch bei den anderen Performance-Marketing-Kanälen braucht es Werbetreibende, die ein Produkt oder eine Dienstleistung an den Mann oder die Frau bringen wollen. Diese werden als Advertiser bezeichnet.

8.2.2 Social Networks

Die sozialen Netzwerke wie Facebook, Twitter, Instagram, YouTube, LinkedIn oder Xing übernehmen beim Social-Media-Advertising die Rolle des Publishers. Sie fungieren also als Werbeträger.

8.3 Targeting im Social-Media-Advertising

8.3.1 Location & Demografie

Die Auslieferung der Anzeigen kann nach Ländern, Bundesländern bzw. Provinzen, Städten und Postleitzahlen gefiltert werden. Als demografische Targeting-Daten stehen u. a. das Alter, Geschlecht, Beziehungsstatus, Ausbildung und der Arbeitsplatz zur Verfügung.

8.3.2 Interessens-Targeting

Soziale Netzwerke bieten die Möglichkeit, Nutzer anhand von Interessen, Aktivitäten und Fähigkeiten anzusprechen, die sie selbst angegeben haben. Einige Plattformen erlauben es, die Targeting-Optionen mit beschreibenden Keywords zu kombinieren. Interessen können beispielsweise bestimmte Branchen sein (z. B. Telekommunikation), aber auch spezielle Produkte (z. B. Samsung Galaxy S8). Interessens-Targeting kann auf Facebook, Twitter, LinkedIn und Pinterest verwendet werden.

8.3.3 Behavioral-Targeting

Mittels Behavioral-Targeting lassen sich Personen auf Basis ihres Verhaltens innerhalb des sozialen Netzwerks gezielt ansprechen.Targeting Optionen für diesen Fall sind zum Beispiel das genutzte Endgerät, das verwendete Betriebssystem oder der jeweilige Standort des Nutzers. Diese Targeting-Option wird von Facebook, Twitter und LinkedIn angeboten.

8.3.4 Custom-Targeting

Auf Facebook (Custom Audiences) und Twitter (Tailored Audiences) lassen sich nicht nur bestimmte Merkmalsgruppen erreichen, sondern auch ganz bestimmte Nutzer, die einen Bezug zur jeweiligen Marke haben. Dafür müssen Werbetreibende Informationen wie E-Mail-Adressen, Telefonnummern, Benutzernamen hochladen oder Custom Audiences innerhalb des sozialen Netzwerks aufbauen. Auf dieser Basis können gezielt Remarkteing Kampagnen erstellt werden.

8.3.5 Lookalike-Targeting

Mit Custom Audiences lassen sich die Personen erreichen, die definitiv in die eigene Zielgruppe fallen. Mit Lookalike-Targeting können soziale Netzwerke wie Facebook und LinkedIn zusätzliche und neue Nutzer ansprechen, die über vergleichbare Merkmale und Interessen verfügen (Datenzwillinge). Dadurch lässt sich die qualitative Reichweite signifikant erhöhen.

8.3.6 Connection-Targeting

Diese Targeting-Option lässt sich ebenfalls bei Facebook, Twitter und LinkedIn verwenden. Sie erlaubt die Ansprache von Nutzern, zu denen bereits eine Verbindung besteht: Personen, denen bereits die eigene Seite gefällt, die auf einer Veranstaltung waren oder die eigene App verwenden. Auch Freunde von Nutzern mit einer Verbindung können adressiert werden. Und umgekehrt funktioniert das Ganze auch (Targeting auf Nutzer, die noch keine Verbindung haben).

8.4 Werbeformen im Social-Media-Advertising

8.4.1 Facebook-Advertising

- Photo Ads
- Video-Ads
- Carousel-Ads
- Slideshow-Ads
- Canvas-Ads
- Collection Ads

Der Facebook-Pixel
Eine besondere Bedeutung beim Facebook-Advertising kommt dem Facebook-Pixel zu, denn er deckt gleich zwei wichtige Bereiche ab – Retargeting und Conversion-Tracking. Mit dem Pixel können Lookalikes-Audiences der eigenen Website erstellt, Retargeting über Website-Custom-Audiences, alle Conversions gemessen (auch Instagram), Kampagnen nach Conversions optimiert, Dynamic Ads (für Online-Shops) geschaltet und noch manches mehr.

Für den Einsatz des Pixels wird ein Werbeanzeigenmanager von Facebook (facebook.com/business/help/150467178355530) benötigt. Hilfe beim Einbau des Pixels in die eigene Website gibt es hier: facebook.com/business/help/952192354843755.

8.4.2 Instagram-Advertising

- Photo-Ads
- Video-Ads
- Carousel-Ads

8.4.3 Twitter-Advertising

- Promoted Tweets
- Promoted Accounts
- Promoted Trends

8.4.4 Pinterest-Advertising

- Promoted Pins (Abb. 8.2)

8.4.5 Snapchat-Advertising

Da es sich bei Snapchat um eine ausschließlich mobile Anwendung (App) handelt, wird der Kanal im Kap. 12 Spezialfall: Mobile Marketing behandelt (Abb. 8.3).

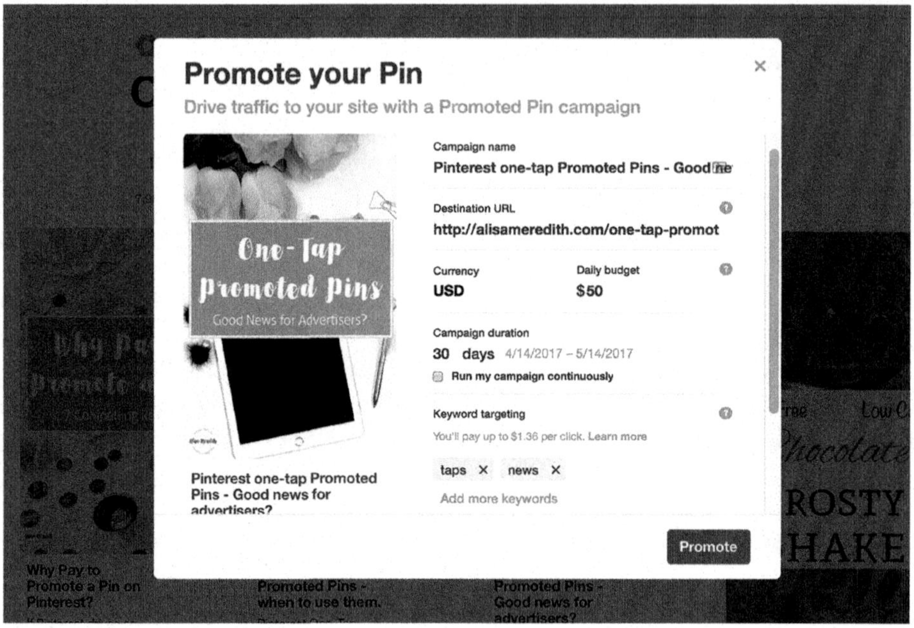

Abb. 8.2 Promoted Pin bei Pinterest

Abb. 8.3 Advertising-Cockpit von Snapchat

8.5 KPIs im Social-Media-Advertising

8.5.1 Impressions

Die Impressions zeigen an, wie häufig Nutzern die eigene Werbeanzeige angezeigt wurde. Der Wert wird u. a. dafür benötigt, um die Conversion-Rate auszurechnen.

8.5.2 Engagement

Während Likes und Kommentare anzeigen, wie die Werbung von den Nutzern angenommen wird, sorgen Shares für zusätzliche Reichweite. Alle zusammen ergeben das Engagement, das die Social-Media-Nutzer der eigenen Kampagne zuteilwerden lassen.

8.5.3 Engagement-Rate

Aus der Summe aller Likes, Shares und Kommentaren lässt sich die Engagement-Rate berechnen, die anschließend in Relation zu anderen Kampagnen gesetzt werden kann.

$$\text{ER} = \frac{\text{Anzahl der Engagements}}{\text{Anzahl der Werbeeinblendungen}} * 100$$

8.5.4 Conversions

Egal um was für eine Art von Kampagne es sich handelt, geht es im Performance-Marketing immer um Transaktionen. Die Zahl der Conversions gibt an, wie viele Transaktionen durch die Kampagne zustande gekommen sind.

8.5.5 Conversion-Rate

Das Verhältnis zwischen den Werbeeinblendungen und Conversions wird als Conversion-Rate bezeichnet.

$$\text{CR} = \frac{\text{Anzahl der Conversions}}{\text{Anzahl der Werbeeinblendungen}} * 100$$

8.5.6 Cost-per-Click (CPC)

Wie bei anderen Kanälen auch handelt es sich beim CPC um den Preis, der für einen Klick auf das Werbemittel gezahlt werden muss – also für jeden Besucher der eigenen Website.

$$\text{CPC} = \frac{\text{Gesamtkosten der Klicks}}{\text{Anzahl der Klicks}}$$

8.5.7 Cost-per-Order (CPO)

Der CPO gibt an welche Kosten für eine Bestellung angefallen sind. Berechnet wird der CPO auf Basis sämtlicher Kosten der entsprechenden Kampagne, da so die Aussagefähigkeit deutlich belastbarer ist.

$$\text{CPO} = \frac{\text{Gesamtkosten der Werbung}}{\text{Anzahl der Conversions}}$$

8.6 Tipps fürs Social-Media-Advertising

8.6.1 Think Mobile

In diesem Buch wird häufig darauf hingewiesen, wie wichtig mobile Online-Nutzung inzwischen ist – auch hier. Soziale Netzwerke werden zum größten Teil mobil genutzt und bieten Advertisern daher die große Chance, ihre Nutzer auch unterwegs zu erreichen. Die Anzeigen sollten das widerspiegeln: So müssen mobile Werbemittel auch gut auf kleinen Displays erkennbar sein. Außerdem bieten einige Netzwerke mobile Targeting-Optionen (z. B. Geo-Targeting, Targeting von mobilen Betriebssystemen), deren Einsatz durchaus Sinn machen kann.

8.6.2 Kostenlose Posts zum Testen verwenden

Die meisten Unternehmen betreiben Social-Media-Kanäle (z. B. Facebook-Seite, Twitter-Account), auf denen sie kostenlose Postings absetzen. Einige dieser Postings resonieren gut mit dem Publikum, andere Beiträge hingegen weniger. Die Postings, die eine hohe Interaktionsrate haben (Likes, Shares, Kommentare) sind grundsätzlich besser für bezahlte Anzeigen geeignet.

8.6.3 Targeting-Optionen ausreizen

Anzeigen haben normalerweise sehr hohe Streuverluste. Durch die sehr feinen Targeting-Optionen (Demografie, Interessen, Verhalten etc.) lässt sich Social-Media-Werbung so punktgenau aussteuern, dass diese Streuverluste minimiert werden.

8.6.4 Anzeigenmotive regelmäßig tauschen

Einer der Gründe, warum Nutzer soziale Netzwerke regelmäßig aufsuchen, ist die Tatsache, dass sie dort immer frische Inhalte vorfinden. Das gilt auch für die Anzeigen: Sieht ein Nutzer zum zehnten Mal das gleiche Motiv, wird ihn das tendenziell eher stören. Daher sollten Advertiser, abhänig von der Zielgruppengröße, spätestens nach wenigen Wochen optisch etwas Neues in petto haben.

8.7 Tools fürs Social-Media-Advertising

Verschiedene Tools erleichtern die tägliche Arbeit mit der Social-Media-Werbung: Sie machen flexibler bei der Anzeigengestaltung oder helfen bei der Steuerung und Auswertung der Social-Advertsing-Kampagnen.

8.7.1 Facebook Zielgruppenstatistiken (Abb. 8.4)

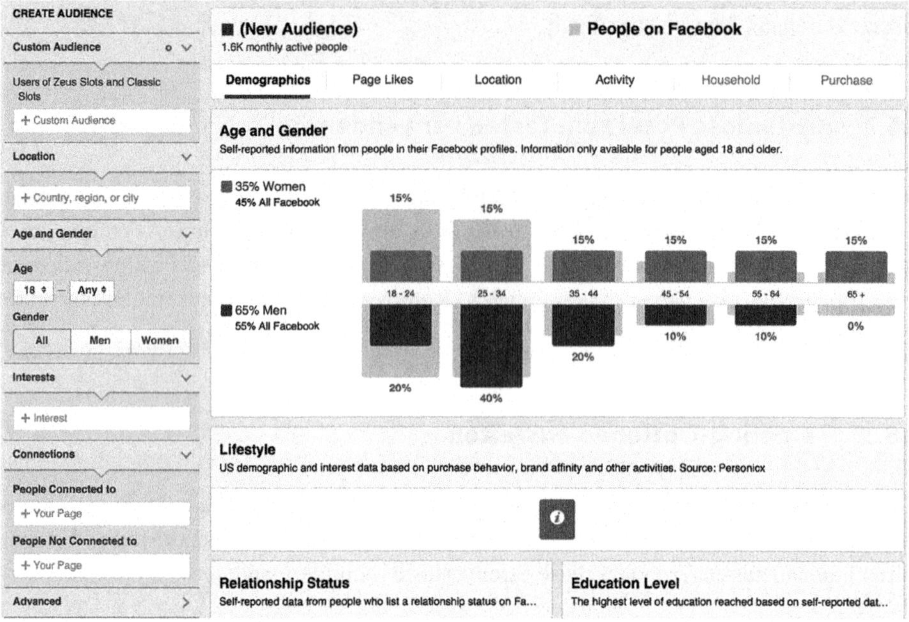

Abb. 8.4 Zielgruppen in Facebook

8.7.2 AdEspresso by Hootsuite

Eines der Erfolgsgeheimnisse des Social-Media-Advertisings ist das Finden passender und konversionsstarker Bildmotive und Texte. Mit AdEspresso können auf einfache Weise unzählige Anzeigen-Varianten für Facebook und Instagram erstellt, getestet und durch ein umfangreiches Analyse-Werkzeug überprüft werden. Die Kosten sind entsprechend des Werbebudgets gestaffelt. Es gibt aber auch einen 14-tägigen Testzeitraum (adespresso.com) (Abb. 8.5).

8.7.3 Fanpage Karma

Mit Fanpage Karma lassen sich die eigenen und Mitbewerbe-Präsenzen in fast allen gängigen Netzwerken (Facebook, Twitter, YouTube, Google+, Instagram und Pinterest) analysieren. Dadurch können u. a. Posting-Zeiten optimiert, Engagement geprüft, Reichweiten verglichen und Insights über die eigene Community (für das Social-Media-Advertising besonders interessant) gewonnen werden. Das Tool ist intuitiv bedienbar und bietet eine kostenfreie Version zur Überprüfung einer Fan-Seite (fanpagekarma.com) (Abb. 8.6).

Abb. 8.5 Social-Media-Advertising Tool AdEspresso

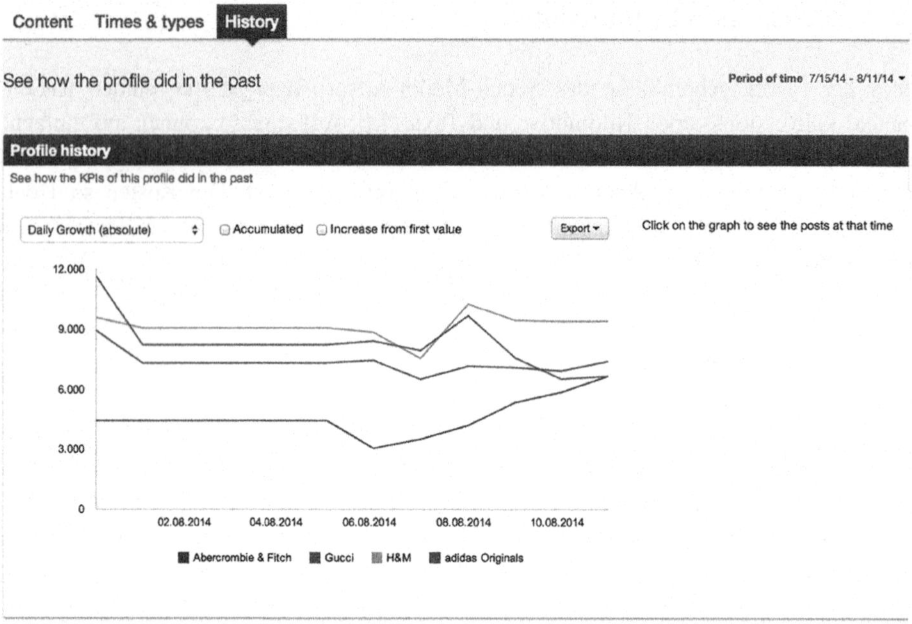

Abb. 8.6 Analytics für Facebook-Seiten

8.7.4 Perfect Audience

Retargeting gehört zu den performance-stärksten Performance-Marketing-Maßnahmen. Und Perfect Audience ist eine All-in-One-Lösung, um Facebook und Twitter fürs Retargeting zu nutzen (zusätzlich ist auch Web-Retargeting möglich). Mit Perfect Audience werden die Conversions und der generierte Umsatz gemessen und weitreichende Analysen durchgeführt. Der Service kann 14 Tage kostenlos mit 100 EUR. Guthaben getestet werden (perfectaudience.com) (Abb. 8.7).

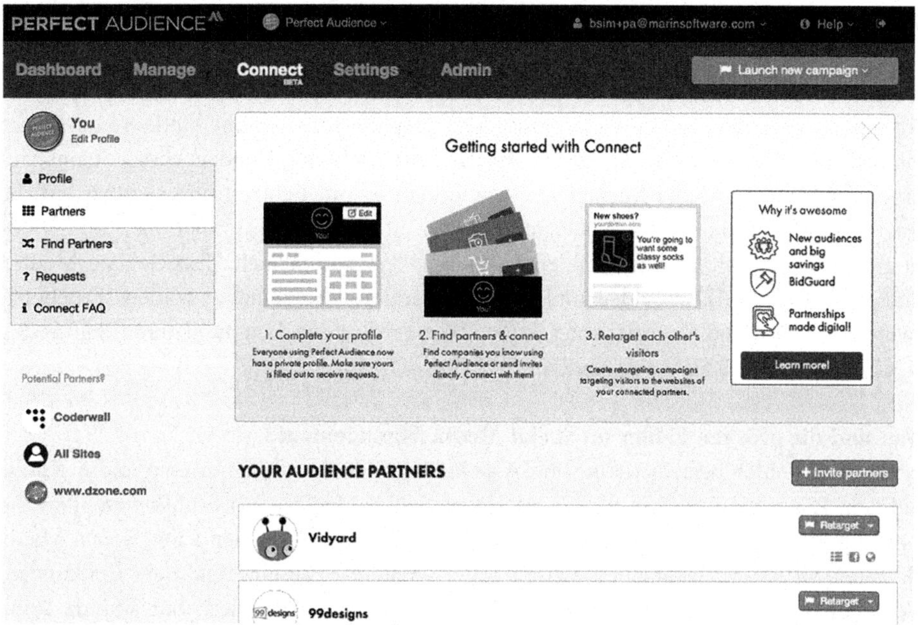

Abb. 8.7 Retargeting auf Facebook und Twitter

8.8 Checkliste

1. Ziele festlegen
2. Geeignete soziale Netzwerke identifizieren
3. Zielgruppen genau definieren (für Targeting-Optionen)
4. Werbeanzeigenmanager verwenden
5. Facebook-Pixel in eigene Website integrieren
6. Targeting-Optionen ausreizen
7. Posting-Tests durchführen
8. Anzeigenmotive regelmäßig erneuern

8.9 Interessante Links

- adsventure.de – Blog zum Thema Social Media Advertising
- business.facebook.com/ads/creativehub – Mockups für Facebook Ads erstellen
- basicthinking.de – News-Portal für Social Media und mehr
- canva.com – Designerstellung für Social Media Ads

8.10 Interview mir Christian Erxleben (BASIC thinking)

Warum ist Social Media Management sinnvoll?
Ein gutes Social Media und Community Management hilft sowohl Marken und Unternehmen als auch Redaktionen dabei, die Bedürfnisse Ihrer Kunden besser kennenzulernen. Das Social Media Management ermöglicht es, in Echtzeit und sichtbar auf die Fragen und Anregungen der Nutzer einzugehen und auf Fehlinformationen und Missinterpretationen frühzeitig zu reagieren. Wichtig dabei ist jedoch, dass Soziale Medien nicht nur als reine Linkhalden und Klick-Generatoren verstanden werden. Facebook, Twitter und Co. sind Orte der Interaktion. Wer vergisst, zu kommunizieren, hat Social Media Management nicht verstanden.

Was sind die größten Fehler im Social Media Management?
Der größte Fehler besteht darin, den Aspekt des Sozialen zu ignorieren. Kein Kunde und kein Leser hat Interesse daran, auf einem Social-Media-Auftritt unkommentiert die Inhalte präsentiert zu bekommen, die er auch auf der Website finden kann. Social Media Management ist das Bindeglied zwischen der Content-Erstellung und dem Endkunden. Wer keine Meinung äußert, nicht mit den Interessierten diskutiert und stupide seine Inhalte verbreitet, wird von den Nutzern bald keine Aufmerksamkeit mehr bekommen. Ein guter Social Media Manager analysiert zudem seine Branche und teilt spannende oder lustige Inhalte, die nicht immer vom eigenen Medium kommen müssen.

Was wird in Zukunft wichtig für Social Media Manager?
Durch die zunehmende Automatisierung im Social Web werden dem Social Media Manager immer mehr Aufgaben erleichtert. Wenn Maschinen lernen, auf Fragen zu antworten, zeichnet sich der Social Media Manager durch seine Menschlichkeit aus. Er muss wie ein Mensch handeln, präsent sein – in Schrift und Bild – und verstehen, in welchen Fällen ein Algorithmus Unterstützung braucht. Die Maschine wird zum vollwertigen Assistenten des Social Media Managers, ohne dessen Engagement und Emotionen auch in Zukunft keine Community wachsen kann.

Literatur

Chaffey, D. 2017. Global social media research summary 2017. Smart Insights. http://www.smartinsights.com/social-media-marketing/social-media-strategy/new-global-social-media-research/. Zugegriffen: 7. Juni 2017.

Influencer Marketing – mit Multiplikatoren zum Erfolg

9

Inhaltsverzeichnis

9.1 Was ist Influencer Marketing? ... 142
9.2 Marktteilnehmer im Influencer Marketing ... 143
9.2.1 Advertiser ... 143
9.2.2 Influencer ... 143
9.2.3 Marktplätze ... 143
9.2.4 Agenturen ... 143
9.2.5 Agenten & Manager ... 144
9.3 Auswahl geeigneter Influencer ... 144
9.4 KPIs im Influencer Marketing ... 144
9.4.1 Interaktionsrate (Instagram) ... 144
9.4.2 Interaktionsrate (Facebook) ... 145
9.4.3 Interaktionsrate (YouTube) ... 145
9.4.4 Follower, Fans & Abonnenten (Instagram, Twitter, Facebook, YouTube, Snapchat) ... 145
9.4.5 Hashtag-Verbreitung (Instagram, Twitter) ... 145
9.4.6 Shares & Retweets (Facebook, Twitter) ... 145
9.4.7 Video-Views (YouTube) ... 146
9.4.8 Total Story Views/Total Story Completions (Snapchat) ... 146
9.4.9 Social Growth ... 146
9.4.10 Website-Traffic ... 146
9.4.11 Conversions ... 146
9.5 Tools für das Influencer Marketing ... 147
9.5.1 BuzzSumo ... 147
9.5.2 Influencer.db ... 147
9.5.3 HitchOn ... 147
9.5.4 Influma ... 147
9.5.5 addfame ... 150

I. Kamps und D. Schetter, *Performance Marketing*,
https://doi.org/10.1007/978-3-658-18453-7_9

9.6 Checkliste 150
9.7 Interessante Links 151
9.8 Interview mit Melina Konzek (Kalilopii.de) 151
Literatur 153

Zusammenfassung

Eine der aktuell heißesten Online-Marketing-Varianten ist das Influencer Marketing, das sich vor allem durch das Aufkommen von sozialen Netzwerken wie Instagram oder YouTube etabliert hat. Unternehmen nutzen dabei die Reputation und Reichweite von Influencern, um ihre Produkte in der Zielgruppe zu bewerben und die größer werdende Ablehnung klassischer Werbeformate zu umgehen. Was bei der Zusammenarbeit mit Influencern zu beachten ist, und welche Potentiale in diesem Kanal stecken, beschreibt das folgende Kapitel.

9.1 Was ist Influencer Marketing?

2010 lagen die weltweiten Nutzerzahlen sozialer Netzwerke wie Facebook, Twitter oder Instagram dem Online-Portal Statista.com zufolge noch bei knapp 97 Mio. Für das Jahr 2015 wies die gleiche Studie bereits mehr als zwei Milliarden Nutzer aus. Im Windschatten dieses Wachstums hat sich eine neue Form von Multiplikatoren gebildet, die in Form von YouTube-Videos, Instagram-Fotos oder Blogs eine große Fangemeinde hinter sich versammelt haben und mit ihren Beiträgen deren Meinungen beeinflussen können. Diese Multiplikatoren werden als „Influencer" bezeichnet.

Mit der Ausnahme von Prominenten kommen Influencer häufig aus der Mitte der Gesellschaft und wirken dadurch sehr authentisch und glaubwürdig. Aus diesem Grund interessieren sich auch immer mehr Unternehmen für die neuen Meinungsmacher. Aus den Kooperationen zwischen Unternehmen und Influencern entstand daher der Begriff „Influencer Marketing".

Das Ziel liegt darin, für Unternehmen passende Stimmungsmacher als Markenbotschafter zu gewinnen und dabei sowohl ihre Glaubwürdigkeit, als auch ihre Reichweite zur erfolgreichen Vermarktung von Produkten oder Dienstleistungen zu nutzen.

Laut einer Studie von Schlesinger Associates aus dem Mai 2015 waren 81 % der Unternehmen, die Influencer Marketing eingesetzt haben, mit der Effektivität zufrieden[1]. Daher darf Influencer Marketing hier nicht fehlen, auch wenn es sich wegen den begrenzten Möglichkeiten zur laufenden Optimierung nicht um einen klassischen Performance-Marketing-Kanal handelt.

[1]eMarketer (2015). Marketers Pair Up with Influencers – and It Works. https://www.emarketer.com/Article/Marketers-Pair-Up-with-Influencersand-Works/1012709. Zuletzt zugegriffen am 07.06.2017.

9.2 Marktteilnehmer im Influencer Marketing

9.2.1 Advertiser

Wie auch bei anderen Performance-Marketing-Kanälen handelt es sich bei dem Advertiser um ein Unternehmen, das ein Produkt oder eine Dienstleistung vermarkten möchte. In diesem Fall geht es aber nicht um das Schalten von Werbung, sondern hauptsächlich um Product-Placements.

9.2.2 Influencer

Influencer werden von der Mehrheit wegen ihrer Inhalte, ihrem Wissen und ihrer Reichweite als Multiplikatoren und Meinungsmacher betrachtet. Der Online-Marketing-Kontext versteht Influencer hingegen primär als Personen, die über eine hohe Reichweite in verschiedenen sozialen Netzwerken wie Facebook, YouTube, Instagram, Pinterest oder Snapchat verfügen und diesen Einfluss in ihrer Zielgruppe Unternehmen gegen Bezahlung anbieten.

9.2.3 Marktplätze

Marktplätze haben es sich zum Ziel gesetzt, Influencer und Unternehmen zusammenzubringen. Sie verfügen über eine große Auswahl an Influencern, aus denen die Advertiser auswählen können. Die Multiplikatoren lassen sich in der Regel nach Kanälen (Instagram, Snapchat etc.), Reichweiten, Kategorien (Fashion, Travel etc.) und Preisvorstellungen filtern, während angemeldete Unternehmen sich ihr Influencer-Portfolio zusammenklicken können. Bekannte Marktplätze sind u. a. Buzzbird (buzzbird.de), Brandnew (brandnew.io) und GOsnap (http://gosnap.co).

9.2.4 Agenturen

In den letzten Jahren sind Agenturen entstanden, die sich speziell auf das Thema Influencer Marketing spezialisiert haben und über eigenes Social-Media-Know-how verfügen. Die Agenturen sind meist so aufgebaut, dass die Influencer ihre Daten selbstständig in einem CRM-System hinterlegen können und die Agentur bei Bedarf in ihrer eigenen Datenbank nach passenden Multiplikatoren sucht. Beispiele für spezialisierte Influencer-Marketing-Agenturen sind Inpromo (hastaglove.de), Reachhero (reachhero.de) und addfame (addfame.de). Darüber hinaus entdecken auch immer mehr traditionelle PR-Agenturen das Geschäftsfeld für sich und springen auf den Influencer-Zug auf.

9.2.5 Agenten & Manager

Klassische Influencer wie Sportler und Prominente werden in der Regel von einem eigenen Management vertreten. Werbewillige Advertiser können an das Büro herantreten und einen Vorschlag zur Zusammenarbeit machen. Das Management wird anschließend zusammen mit seinem Klienten entscheiden, ob die angebotene Kampagne und das Unternehmen zu seinem Image passen.

9.3 Auswahl geeigneter Influencer

Die Auswahl relevanter Meinungsmacher ist kritisch für den Erfolg einer Influencer-Kampagne. Daher sollte die Suche mit der notwendigen Ruhe und Sorgfalt angegangen werden. Dabei hilft ein Blick auf die eigene Zielgruppe. Wenn klar ist, welche Personen mit welcher Botschaft angesprochen werden sollen, erleichtert das auch die Recherche nach passenden Influencern.

Wichtige Faktoren bei der Wahl eines Influencers sind die inhaltliche Ausrichtung, die verwendete Bildsprache und -qualität, der Aktivitätsgrad und der Interaktionsgrad innerhalb der eigenen Zielgruppe. Die pure Reichweite sollte kein wirklich entscheidendes Kriterium sein. Auch hier entscheidet die Zielgruppe, welche Reichweite tatsächlich relevant ist.

Außerdem muss erwähnt werden, dass Reichweiten und Interaktionen leider auch gefälscht sein können. Follower und Likes für Instagram lassen sich genauso leicht kaufen wie Facebook-Fans und sogar YouTube-Video-Views und -Kanal-Abonnenten. 10.000 Follower auf Instagram sind für schlappe 60 EUR zu haben. Weitere Informationen zu Betrugsmöglichkeiten im Influencer Marketing und wie man sich dagegen schützt, sind im Kap. 19 Betrug im Performance-Marketing zu finden.

9.4 KPIs im Influencer Marketing

9.4.1 Interaktionsrate (Instagram)

Die Interaktionsrate ist die wichtigste Kennzahl zur Bewertung von Influencer-Kampagnen auf Instagram. Als Faustformel gilt, dass die Interaktionsrate bei knapp fünf Prozent liegen sollte. Verfügt der Influencer über eine sehr große Follower-Anzahl, kann die Interaktionsrate auch etwas niedriger liegen. 2,5 % darf sie aber auf keinen Fall unterschreiten.

$$\text{Interaktionsrate} = \frac{(\text{Likes} + \text{Kommentare})}{\text{Anzahl Follower}} * 100$$

9.4.2 Interaktionsrate (Facebook)

Die Interaktionsrate bei Facebook hat die gleiche Bedeutung wie bei Instagram, setzt sich aber aus Likes, Kommentaren und Shares zusammen, die ins Verhältnis zur Reichweite des Posts gesetzt werden, zusammen. Bei Facebook liegt die Reichweite eines Posts oft deutlich unter der Fan-Anzahl, deshalb wird die Reichweite als maßgebliche Kennzahl verwendet.

$$\text{Interaktionsrate} = \frac{(\text{Likes} + \text{Kommentare} + \text{Shares})}{\text{Reichweite des Posts}} * 100$$

9.4.3 Interaktionsrate (YouTube)

Auch bei YouTube-Videos kann die Interaktionsrate berechnet werden, in dem die Likes und Kommentare mit den Gesamtabrufen des Videos verglichen werden. Die Interaktionsrate sollte immer bei fünf Prozent oder mehr liegen.

$$\text{Interaktionsrate} = \frac{(\text{Likes} + \text{Kommenta})}{\text{Anzahl der Video} - \text{Views}} * 100$$

9.4.4 Follower, Fans & Abonnenten (Instagram, Twitter, Facebook, YouTube, Snapchat)

Die Zahl der Follower, Fans oder Abonnenten entspricht der Gesamtreichweite des Influencers. Ohne einen Blick auf die Interaktionsrate ist die Aussagekraft als Kennzahl begrenzt, da immer die Gefahr besteht, dass die Reichweite nicht organisch zustande gekommen ist.

9.4.5 Hashtag-Verbreitung (Instagram, Twitter)

Wird für die Instagram- oder Twitter-Kampagne ein spezieller Hashtag verwendet (z. B. #welovefirmaxy), lässt sich später überprüfen, wie oft dieser von anderen Nutzern für eigene Fotos genutzt wurde. Das passiert beispielsweise dann, wenn der Influencer seine Followers im Rahmen der Kampagne zu eigener Aktivität aufruft (z. B. durch ein Gewinnspiel). Durch die Hashtag-Verbreitung lässt sich dann die Bonus-Reichweite bestimmen.

9.4.6 Shares & Retweets (Facebook, Twitter)

Wird die Influencer-Kampagne über Facebook und Twitter gespielt, lässt sich direkt sehen, wie oft der Post des Influencers geteilt (Facebook) und geretweetet wird (Twitter). Durch Shares und Retweets erhält die Kampagne zusätzliche Reichweite, deren Höhe sich gegebenenfalls ebenfalls ermitteln lässt.

9.4.7 Video-Views (YouTube)

Die Zahl der Video-Aufrufe zeigt an, welche Reichweite das vom Unternehmen gesponserte Video generiert hat. Normalerweise schauen sich 30 bis 50 % der Abonnenten des Kanals das Video in den ersten paar Tagen an. Liegt die Zahl sehr deutlich darunter, könnte dies dafür sprechen, dass die Abonnenten-Zahl des Kanals nicht organisch zustande gekommen ist.

9.4.8 Total Story Views/Total Story Completions (Snapchat)

Bei Snapchat dreht sich alles um Storys, die der Influencer erzählt. Seine Follower-Anzahl ist dabei nachrangig gegenüber den beiden KPIs Total Story Views und Total Story Completions. Ruft ein Nutzer eine Story für mindestens eine Sekunde auf, wird das als Story View gezählt. Schaut er sich die Story bis zum Ende an, ist das eine Story Completion. Für werbende Unternehmen sind natürlich die Total Story Completions die interessantere Kennzahl.

9.4.9 Social Growth

Nennt der Influencer bei seinen Posts das werbende Unternehmen, kann anschließend untersucht werden, wie sich dies auf die eigenen Social-Media-Kanäle auswirkt. Liegt das Wachstum an Followern oder Fans oberhalb des normalen Zuwachses, kann dies der Influencer-Marketing-Kampagne zugeschrieben werden.

9.4.10 Website-Traffic

Während es bei Kanälen wie Facebook und YouTube (in der Video-Beschreibung) kein Problem ist, direkt beim Post des Influencers einen klickbaren Link zur eigenen Website unterzubringen, ist dies bei Instagram nicht möglich. Hier kann ein URL-Shortener helfen (bitly.com), um den Link wenigstens in Textform zu platzieren. Wird für die Kampagne eine eigene Landingpage eingesetzt, lässt sich sehr schön nachvollziehen, für wie viele Besucher der Influencer verantwortlich ist.

9.4.11 Conversions

Mit Google Analytics ist es möglich, spezielle Ziele für eine Kampagne einzustellen (Anleitung siehe Abschn. 9.7 Interessante Links) und sie mit bestimmten Triggern wie einer bestimmten Aktion, spezielle Landingpage etc. auszustatten. Dadurch lässt sich überprüfen, ob die Kampagne auch zu Transaktionen wie Verkäufen führt. Direkter Absatz sollte beim Influencer Marketing nicht im Mittelpunkt stehen, dennoch ist es natürlich eine sehr spannende Kennzahl.

9.5 Tools für das Influencer Marketing

9.5.1 BuzzSumo

Eines der bekanntesten Tools zur Recherche von Influencern ist BuzzSumo. Es zeigt die reichweitenstärksten Personen auf Basis einer Keyword-Abfrage an und wertet dazu Daten von Facebook, LinkedIn, Twitter, Pinterest und Google Plus aus. Die Ergebnisse können anschließend nach Kategorien (u. a. Influencer, Journalist, Blogger) und nach Standort gefiltert werden. Die kostenlose Version ist auf 10 Influencer pro Anfrage beschränkt, während die Pro-Version noch weitere Features bietet (buzzsumo.com) (Abb. 9.1).

9.5.2 Influencer.db

Mit Influencer.db lassen sich passende Influencer auf komfortable Art und Weise recherchieren. Im Mittelpunkt stehen dabei Instagram-Influencer. Entwicklungen von Follower-Zahlen und Interaktionsraten lassen sich genauso nachvollziehen wie Zielgruppen und Preise. Die Preise korrelieren mit der Reichweite (influencerdb.net) (Abb. 9.2).

9.5.3 HitchOn

Die Plattform HitchOn hat sich auf Influencer Marketing bei YouTube spezialisiert und verfügt sogar über eine Zertifizierung des Video-Portals (Abb. 9.3). Bei HitchOn können nicht nur Unternehmen passende Influencer suchen, sondern auch bei von Influencern ausgeschriebenen Kampagnen als Partner aufspringen (hitchon.de).

9.5.4 Influma

Influma ist eine deutsche Suchmaschine, mit der sich Blogs zu bestimmten Themen recherchieren lassen. Bei jedem Beitrag wird auch der Social-Buzz (Facebook Shares, Tweets, LinkedIn Shares etc.) mit angezeigt, sodass der Werbetreibende auch erkennt, welche Themen im Social Media aktuell gut funktionieren. Die ersten 25 Ergebnisse werden kostenlos angezeigt (influma.de) (Abb. 9.4).

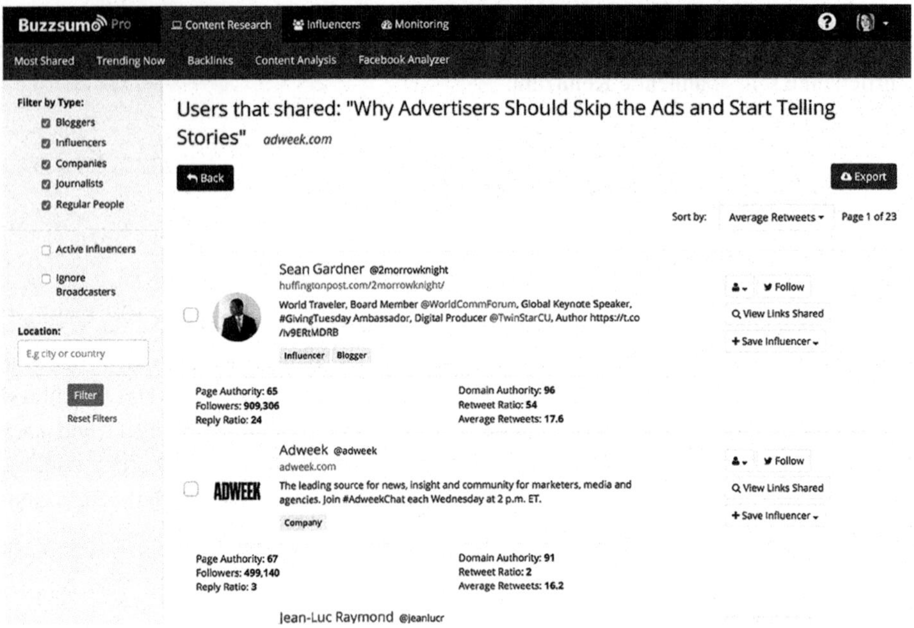

Abb. 9.1 Influencer Recherche mit BuzzSumo

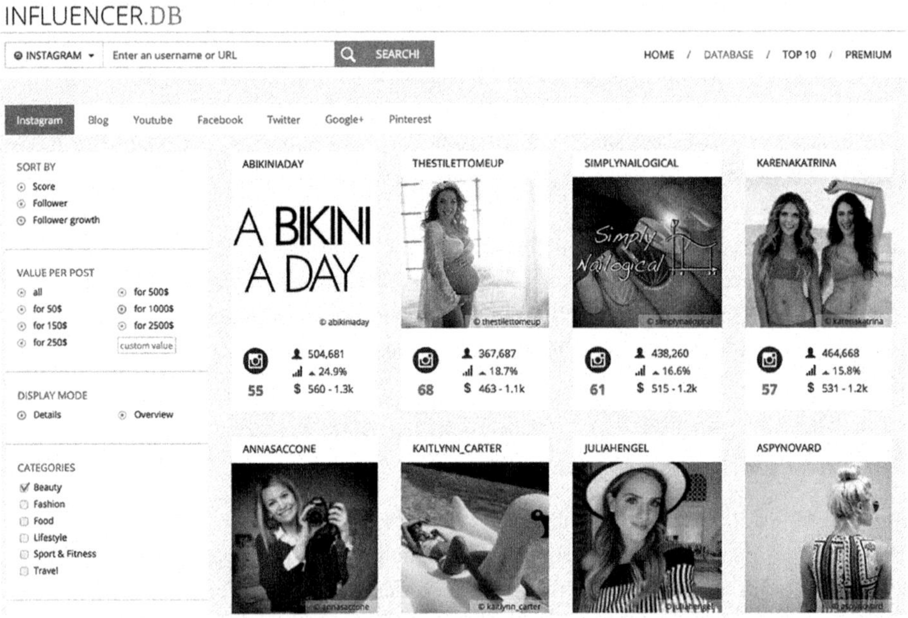

Abb. 9.2 Instagram-Influencer finden und vergleichen

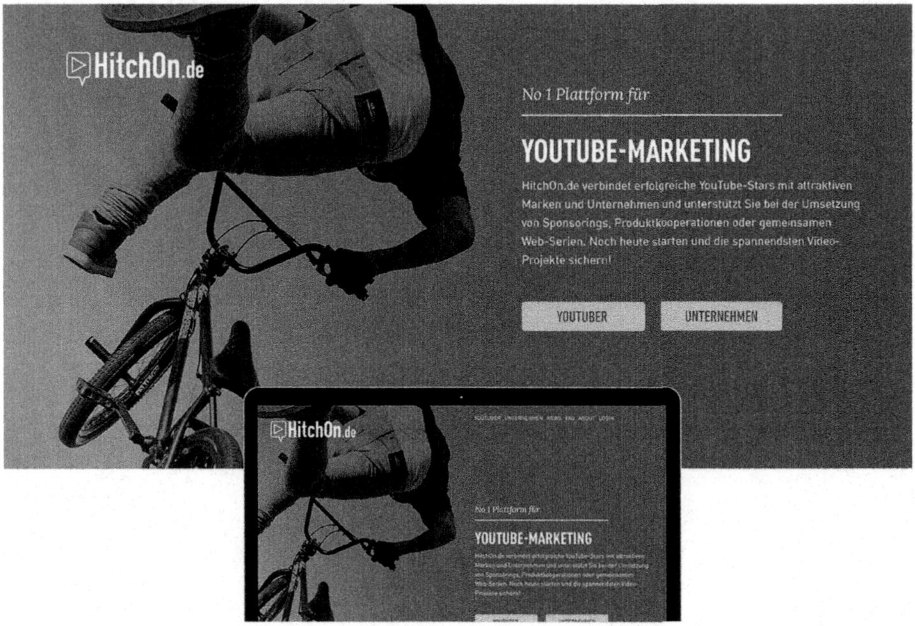

Abb. 9.3 YouTube Influencer Marktplatz

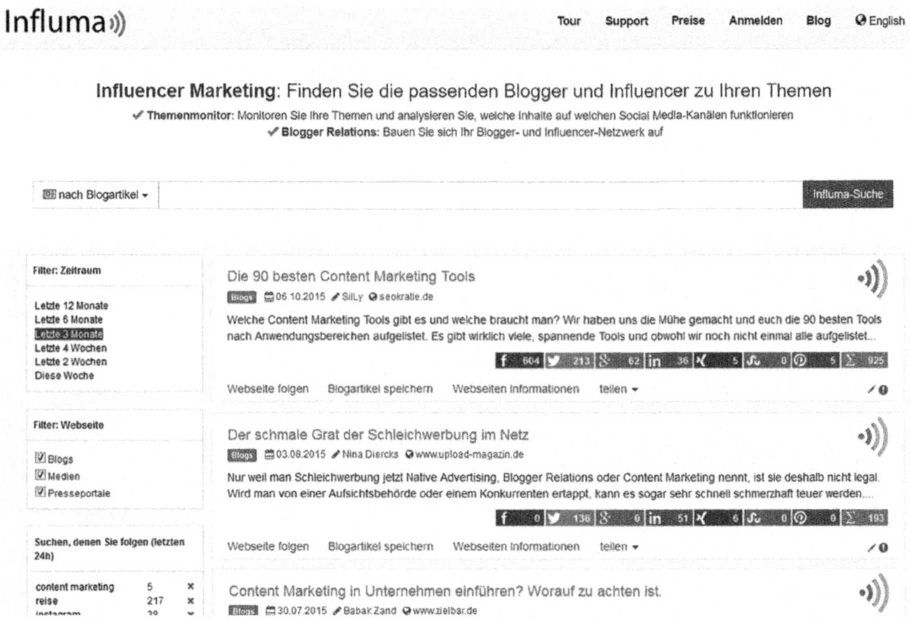

Abb. 9.4 Blogrecherche mit Influma

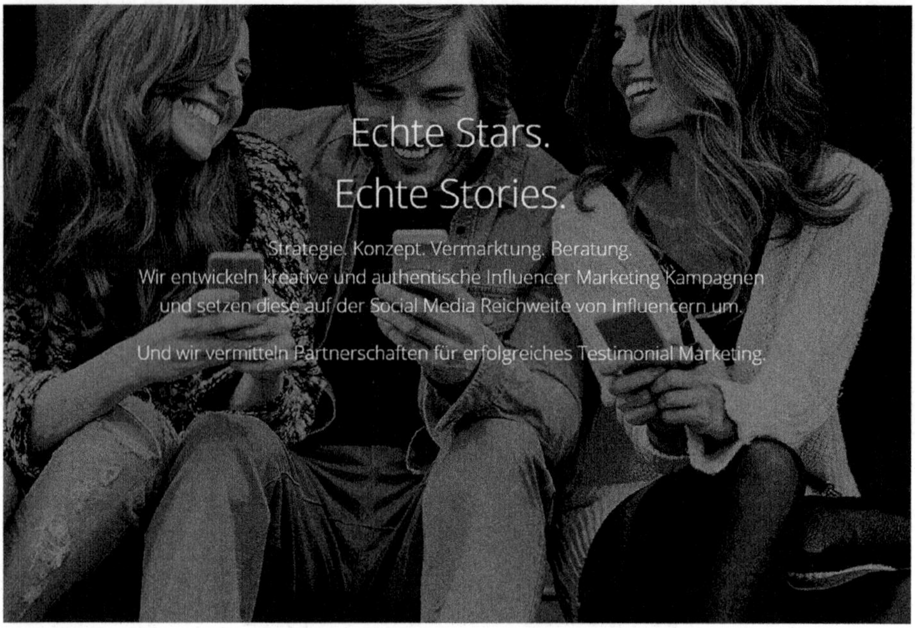

Abb. 9.5 Influencer Marketing-Plattform addfame

9.5.5 addfame

Wenn die geplante Influencer-Kampagne mit einem bekannten Testimonial, z. B. einem Sportler oder anderen Prominenten, durchgeführt werden soll, ist addfame gegebenenfalls die richtige Wahl. Die Münchner Agentur hat sich auf Beziehungen zwischen Unternehmen und Stars spezialisiert (addfame.com) (Abb. 9.5).

9.6 Checkliste

1. Ziele definieren: Reichweite, Conversions, KPIs
2. Definition der Zielgruppe
3. Wahl des Kooperationsmodells
4. Qualitative Influencer-Auswahl
5. Quantitative Influencer-Auswahl
6. Analyse der Fans, Follower & Abonnenten
7. Briefing der Influencer
8. Influencer-Betreuung
9. Erfolgsmessung und Analyse

9.7 Interessante Links

- futurebiz.de/leitfaden-influencer-marketing – Leitfaden zum Thema Influencer Marketing
- clearvoice.com/content-marketing-google-analytics-13-must-haves-bolster-configuration – Spezielle Ziele für Google Analytics einrichten
- facebook.com/influencerperlen – Influencer Marketing Fails
- basicthinking.de/blog/2017/05/16/engagement-rate-instagram – Kritischer Blick auf die Engagement-Rate

9.8 Interview mit Melina Konzek (Kalilopii.de)

Warum ist Influencer Marketing sinnvoll?
Gegenfrage: Hören Sie auf den Rat eines guten Freundes, oder glauben Sie lieber der Werbung im Fernsehen? Kaufen Sie sich eine Jacke, weil sie Ihnen bei einem Bekannten besonders gut gefallen hat, oder weil in der Produktbeschreibung steht, dass sie besonders trendy ist? Ganz genau. Wir glauben unserem guten Freund, wir kaufen die Jacke, weil wir wissen, dass sie gut aussieht und wir lassen uns unterbewusst von Imagetransfers beeinflussen. Dem kann sich kaum jemand entziehen. Und da haben wir dann auch schon die Antwort auf die Frage. Influencer Marketing gibt dem Unternehmen die Chance, das Vertrauen von Konsumenten zu nutzen und sie zu Entscheidungen basierend auf (vermeintlich) eigenen Erfahrungswerten zu verführen. Wer es versteht, sich das zunutze zu machen, der darf unter anderem mit großen Werbeerfolg, erhöhter Markenbekanntheit und tollem Brand Building rechnen.

Was sind die größten Fehler im Influencer Marketing?
Das Influencer Marketing hat drei grundlegende Komponenten: das Unternehmen, den Influencer und den Konsumenten. Die größten Fehler des Influencer Marketings lassen sich meiner Meinung nach in den Beziehungsverhältnissen dieser Komponenten finden. Bestimmte Konstellationen bergen dabei ein besonders hohes Konfliktpotenzial.

Unternehmen/Influencer Wie es oftmals im Marketing üblich ist, haben Unternehmen bestimmte Vorstellungen, welchen Erfolg ihre Werbekampagnen erzielen sollen. Dabei ist es besonders im Influencer Management schwierig einzuschätzen, inwiefern eine Kooperation vielversprechend ist. Denn auch wenn der Influencer seine Zielgruppe sehr gut kennt, kann er keine Versprechen zu Klicks/Impressionen, Absatzeinheiten und Verlauf der Kampagne machen. Einen Influencer von vornherein darauf festnageln zu wollen, dass er bei einer Gage vom Betrag X einen Mindestumsatz von Y garantieren muss, schreckt demnach nicht nur ab, sondern ist auch nahezu unmöglich. Es ist natürlich absolut legitim, Influencer im Vorhinein um Referenzen und Erfahrungswerte mit kooperierenden Unternehmen zu bitten. Garantien sind jedoch eher kontraproduktiv.

Das Unternehmen muss hier auf jeden Fall immer im Hinterkopf behalten, dass Influencer Management zum Großteil eine Brand-Building-Maßnahme ist und nur sekundär wegen Absatzzielen betrieben werden sollte.

Konsumenten/Influencer Auch wenn sich viele Konsumenten inzwischen daran gewöhnt haben: Sobald ein Influencer Product-Placements auf seinen Kanälen einbaut, Dienstleistungen bewirbt oder anderweitige Kooperationen kenntlich macht, gibt es Gegenwind. Negative Kommentare wie „dein Kanal besteht nur noch aus Kooperationen" oder „deine Meinung ist einfach nur noch gekauft" sind keine Seltenheit.

Der Widerstand von Konsumenten ist einerseits verständlich, da Influencer im Kern als Privatpersonen wahrgenommen werden, die über ihre persönlichen Erfahrungen sprechen. Mittlerweile betreiben aber viele Influencer ihren Kanal schon hauptberuflich und sind auf Werbeeinnahmen durch Kooperationen angewiesen.

Um das Konfliktpotenzial zwischen den Konsumenten und dem Influencer so gering wie möglich zu halten, sollten Unternehmen bereits bei der Influencer-Auswahl darauf achten, dass ein ausgewogenes Verhältnis zwischen unabhängigem Content und gesponserten Postings besteht. Aus Erfahrungswerten lässt sich hier z. B. sagen, dass ein YouTuber nach einem durch Produktplatzierung unterstützten Video mindestens drei unabhängige Videos produzieren sollte, bevor er eine neue Kooperation eingeht.

Influencer/Unternehmen Ich kann mich noch sehr gut an die Anfänge von Social Media und das damit einhergehende Aufkommen von Social-Media-Stars erinnern. Der Hauptgrund für Blogger, mit ihren Online-Tätigkeiten zu beginnen, war damals sehr einfach. Man konnte etwas (zumindest subjektiv gesehen) besonders gut, und hat dies im Web veröffentlicht. Dass daraus eines Tages ein eigenes Business wird und das ganz große Geld winkt, war in den meisten Fällen nicht geplant. Dies hat sich maßgeblich verändert.

Der Großteil neu aufkommender Influencer startet nun genau mit diesem Ziel. Die Gagenvorstellungen bei Kooperationen? Unverhältnismäßig. Das Business ist immer noch so neu, dass kaum jemand Anhaltspunkte hat, welche Gage denn nun wirklich gerechtfertigt ist. Und das Business ist nicht nur relativ neu, sondern auch unglaublich vielseitig. Influencer unterscheiden sich in Art, Umfang, Häufigkeit und vor allem in der Qualität des Contents und der Loyalität einer Community. Diese Faktoren werden jedes Mal aufs Neue in Gagenvorstellungen mit einfließen und müssen jedes Mal neu abgewogen werden.

Mein Tipp an Unternehmen: Bevor eine Influencer-Kooperation fest zugesagt wird, holt euch mindestens noch zwei weitere (vergleichbare) Angebote ein. Genau das hat bei mir vor kurzem einen kleinen, aber feinen Unterschied von rund 2000 EUR. ausgemacht

Wie sieht die Zukunft des Influencer Marketings aus?

Derzeit wird Influencer-Management noch von verhältnismäßig wenigen Firmen praktiziert und ist meistens noch in das generelle Social-Media-Management integriert. Doch schon durch den demografischen Wandel und die steigende Affinität zu sozialen Medien wird Influencer Marketing weitere Bedeutung und Akzeptanz gewinnen.

Eigenständige Influencer Manager werden sich in den nächsten Jahren als Berufsbild in vielen Firmen etablieren und für ungeahnte Erfolge sorgen. Für neue Influencer wird es jedoch immer schwieriger, auf dem Markt Fuß zu fassen, eigene Nischen zu finden und eine loyale Community aufzubauen. Die Konkurrenz ist jetzt schon groß und wird immer härter werden. Durchhaltevermögen ist ein Muss und die eigene Authentizität darf niemals verloren gehen. Bei richtiger Anwendung werden Unternehmen und Influencer in den nächsten Jahren aber noch einige erfolgsversprechende Synergien gemeinsam bilden.

Literatur

eMarketer. 2015. Marketers pair up with influencers – and it works. https://www.emarketer.com/Article/Marketers-Pair-Up-with-Influencersand-Works/1012709. Zugegriffen: 7. Juni 2017.

Teil III

Auswertung & Analyse

Web-Analyse (Web-Analytics) – messen, analysieren und entscheiden 10

Inhaltsverzeichnis

10.1 Was ist Web-Analyse? ... 159
10.2 Marktteilnehmer bei der Web-Analyse? ... 160
10.2.1 Advertiser ... 160
10.2.2 Tool-Anbieter ... 160
10.3 KPIs der Web-Analyse ... 160
10.3.1 Publikum ... 160
10.3.1.1 Besuche (Sessions) ... 160
10.3.1.2 Unterschiedliche Besucher (Unique Users) ... 160
10.3.1.3 Neue Besucher (New Users) ... 160
10.3.1.4 Wiederkehrende Besucher (Returning Users) ... 161
10.3.2 Traffic-Quellen ... 161
10.3.2.1 Organische Suche (Organic Search) ... 161
10.3.2.2 Bezahlte Suche (Paid Search) ... 161
10.3.2.3 Links (Referral) ... 161
10.3.2.4 Social-Media ... 161
10.3.2.5 Newsletter ... 161
10.3.2.6 Direkter Traffic (Direct Traffic) ... 161
10.3.3 Website-Tracking ... 161
10.3.3.1 Absprungrate (Bounce Rate) ... 162
10.3.3.2 Durchschnittliche Verweildauer (Average Session Duration) ... 162
10.3.3.3 Nutzerpfade (Users Flow) ... 162
10.3.3.4 Durchschnittliche Seitenladezeit ... 162
10.3.4 Conversions & Kosten ... 162
10.3.4.1 Conversions ... 162
10.3.4.2 Conversion-Rate ... 162
10.3.4.3 Kosten pro Conversion (Cost-per-Conversion) ... 162
10.3.4.4 Return on Investment (ROI) ... 163

I. Kamps und D. Schetter, *Performance Marketing*,
https://doi.org/10.1007/978-3-658-18453-7_10

10.4 Customer Journey & Attribution 163
10.5 Attribution 164
10.5.1 Was bedeutet Attribution? 164
10.5.1.1 Statische Attributionsmodelle 164
10.5.1.1.1 Last-Cookie-Wins-Attribution 164
10.5.1.1.2 First-Cookie-Wins-Attribution 165
10.5.1.1.3 Lineare Attribution 165
10.5.1.1.4 Aufsteigende Attribution 165
10.5.1.1.5 Absteigende Attribution 165
10.5.1.1.6 Badewannen-Attribution 166
10.5.1.2 Dynamische Attributionsmodelle 166
10.5.2 Gewinner & Verlierer von Attributionsmodellen 167
10.5.3 KPIs der Marketing-Attribution 168
10.5.3.1 Cost-per-Order (CPO) 168
10.5.3.2 Conversions 168
10.5.3.3 Total Price per Click 168
10.5.3.4 Frequency 168
10.5.3.5 Customer Journey Contacts 168
10.5.3.6 Intensity-of-Use (IOU) 168
10.5.3.7 Introducer 168
10.5.4 Datenbasierte Budget-Allokation 169
10.6 CRM-Analytics 169
10.7 Tools für die Analyse 170
10.7.1 Google Analytics 170
10.7.2 Webtrekk 170
10.7.3 Exactag 171
10.7.4 Adobe Analytics 172
10.7.5 Intelliad 172
10.8 Checkliste 173
10.9 Interessante Links 173
10.10 Interview mit Martin Sinner (EOG/MediaMarktSaturn Retail Group) 174

Zusammenfassung

Um die Effizienz von Performance-Marketing-Maßnahmen zu messen, werden entsprechende Tools benötigt – sogenannte Web-Analyse-Tools. Die Web-Analyse selbst befasst sich mit der Auswertung des Marketing-Erfolgs. So lässt sich beispielsweise erkennen, wie viele Besucher auf die eigene Seite kommen, was sie dort machen und wo sie die Seite wieder verlassen. Auch Transaktionen und ihre Herkunft werden auf diese Weise gemessen. Für eine noch exaktere Analyse von Performance-Marketing-Maßnahmen werden Attributionsmodelle benötigt, die in diesem Kapitel ebenfalls beschrieben werden.

10.1 Was ist Web-Analyse?

Web-Analyse beschreibt den Prozess, bei dem das Verhalten von Nutzern der eigenen Website ausgewertet wird: Wie viele Unterseiten haben sie aufgerufen, aus welcher Quelle kommen sie, haben sie etwas gekauft und vieles mehr (Abb. 10.1). Die Informationen werden ab dem Moment erfasst, wenn der Nutzer auf die Website kommt. Web-Analyse-Tools werten die Daten anschließend aus und berechnen daraus die Key Performance Indikatoren (KPIs).

Die KPIs können für jeden Performance-Marketing-Kanal variieren. So kann eventuell bei der Suchmaschinen-Optimierung die reine Traffic-Steigerung das entscheidende Ziel sein, während beim E-Mail-Marketing nur die erzielten Conversions von Interesse sind.

Die Daten aus der Web-Analyse erlauben es Advertisern zu überprüfen, ob ihre im Vorfeld gesteckten Ziele erreicht werden. Außerdem dienen sie als Basis, sich neue Ziele zu stecken. Mögliche Ziele können beispielsweise die Steigerung des Besucheraufkommens oder Umsatzes oder die Senkung der Absprungrate und Ladezeit sein.

In seiner grundsätzlichen Form wird in der Web-Analyse das Last-Cookie-Wins-Modell (Abschn. 10.4) angewendet, d. h. dem letzten Werbekontakt wird eine Transaktion (z. B. ein Produktverkauf) zugeordnet. Um genauer feststellen zu können, welche Marketingmaßnahmen am Erfolg beteiligt sind, ist eine tiefer gehende Analyse der Customer Journey und eine Attribution notwendig (Abschn. 10.4 Customer Journey & Attribution).

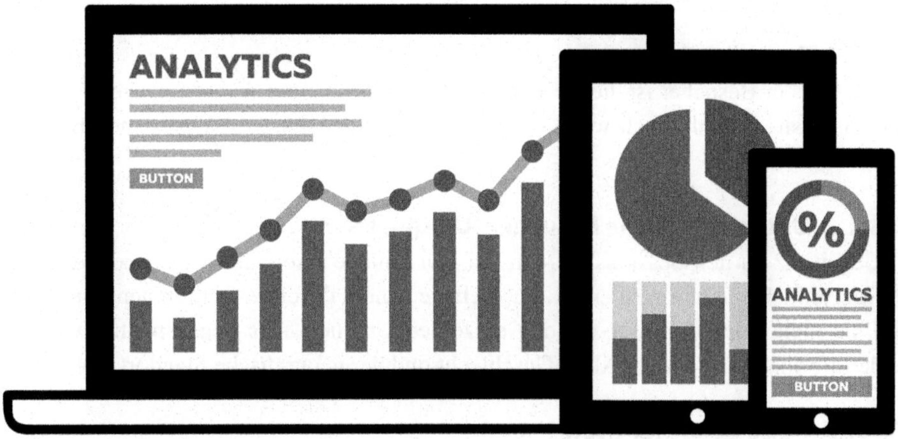

Abb. 10.1 Web-Analyse – Grundpfeiler des Performance-Marketings

10.2 Marktteilnehmer bei der Web-Analyse?

10.2.1 Advertiser

Der Advertiser möchte durch die Web-Analyse herausfinden, über welche Reichweite die eigene Website verfügt, wie sich die Besucherstruktur zusammensetzt und wie sich Marketing-Maßnahmen auf das Besucherverhalten auswirken.

10.2.2 Tool-Anbieter

Es gibt verschiedene Anbieter von Analytics-Software, mit denen Website-Daten gesammelt und übersichtlich aufbereitet werden. Eines der bekanntesten und in der Basis-Version kostenlos einsetzbaren Tools ist Google Analytics.

10.3 KPIs der Web-Analyse

10.3.1 Publikum

In der Vergangenheit wurden Besucher häufig noch als Visitors bezeichnet. Mittlerweile hat sich allerdings der Begriff User durchgesetzt. Das geschah nicht zuletzt deshalb, weil Google diese Änderungen bei seinem beliebten Web-Analytics-Tool Google Analytics eingeführt hat.

10.3.1.1 Besuche (Sessions)

Die Anzahl der Besucher ist die Gesamtzahl der Besuche einer Website. Dabei wird jeder Besuch (Visit) gezählt, auch wenn ein- und dieselbe Person die Website mehrfach aufsucht.

10.3.1.2 Unterschiedliche Besucher (Unique Users)

Im Gegensatz zu den Sessions werden bei den Unique Users alle verschiedenen Besucher gezählt. Besucht eine Person die Website innerhalb eines Zeitrahmens mehrfach, wird sie nicht wieder erfasst. Zu den einzelnen Unique Users liegen häufig weitergehende Informationen wie ihr Alter, Geschlecht und der geografische Standort vor.

10.3.1.3 Neue Besucher (New Users)

New Users sind die Besucher, die im Rahmen einer Performance-Marketing-Kampagne zum ersten Mal auf die Website kommen.

10.3.1.4 Wiederkehrende Besucher (Returning Users)

Wiederkehrende Besucher waren hingegen bereits in der jüngeren Vergangenheit auf der Website und wurden durch die Performance-Marketing-Kampagne zu einem erneuten Besuch animiert.

10.3.2 Traffic-Quellen

Die Herkunft von Website-Besuchern wird durch die verschiedenen Performance-Marketing-Kanäle erfasst. Bei der Durchführung von Werbekampagnen kann dadurch abgelesen werden, welcher Kanal wie viele Besucher auf die Website bringt.

10.3.2.1 Organische Suche (Organic Search)

Besucher, die über reguläre Ergebnisse einer Suchmaschine (z. B. Google) kommen, werden der organischen Suche zugerechnet.

10.3.2.2 Bezahlte Suche (Paid Search)

Die über bezahlte Suchergebnisse (z. B. Google AdWords, Bing Ads) geworbenen Nutzer werden hingegen unter Paid Search zusammengefasst.

10.3.2.3 Links (Referral)

Auch über Links externer Websites kommen Besucher auf die Seite, dies wird häufig als Referral-Traffic bezeichnet.

10.3.2.4 Social-Media

Besucher aus sozialen Netzwerken wie Facebook, Twitter oder LinkedIn.

10.3.2.5 Newsletter

Besucher, die über einen Link in einem versandten Newsletter kommen.

10.3.2.6 Direkter Traffic (Direct Traffic)

Hier geben die Nutzer die Domain (Web-Adresse) direkt in die entsprechende Zeile ihres Browsers ein.

10.3.3 Website-Tracking

Um ein Gefühl für die Attraktivität der eigenen Inhalte zu bekommen, hilft ein Blick auf die folgenden Kennzahlen:

10.3.3.1 Absprungrate (Bounce Rate)

Die Absprungrate beschreibt den Prozentsatz aller Nutzer, die eine Seite direkt wieder verlassen, ohne eine weitere Unterseite des Angebots besucht zu haben. Absprungraten fallen je nach Art der Website sehr unterschiedlich aus und lassen sich durch verschiedene Maßnahmen senken.

10.3.3.2 Durchschnittliche Verweildauer (Average Session Duration)

Wie lange sich die Nutzer durchschnittlich auf der Website aufhalten, ist ebenfalls ein Indikator für die Attraktivität und Relevanz der Inhalte, die sie dort vorfinden.

10.3.3.3 Nutzerpfade (Users Flow)

Mithilfe der Nutzerpfade kann visualisiert werden, wie die Nutzer durch die eigene Website navigieren und an welcher Stelle sie abspringen. Auf Basis dieser Informationen können Veränderungen an der Website vorgenommen werden, um beispielsweise die Nutzer gegebenenfalls schneller zum Ziel (Conversion) zu bringen.

10.3.3.4 Durchschnittliche Seitenladezeit

Wie lange ein Nutzer warten muss, bis die Website vollständig geladen ist, hat nicht nur direkte Auswirkungen auf das Ranking der Website innerhalb der Ergebnisse einer Suchmaschine, sondern auch auf die individuelle Nutzererfahrung. Ist die durchschnittliche Ladezeit zu hoch, sollten Maßnahmen zur Optimierung eingeleitet werden.

10.3.4 Conversions & Kosten

Für E-Commerce-Anbieter von besonderer Wichtigkeit sind Kennzahlen, die Auskunft über den finanziellen Erfolg von Performance-Marketing-Maßnahmen und die dadurch generierten Besucher geben.

10.3.4.1 Conversions

Die Zahl der Conversions ist für jeden einzelnen Performance-Marketing-Kanal eine wichtige Kennzahl, die im Web-Analytics-System abgelesen werden kann.

10.3.4.2 Conversion-Rate

Die Conversion-Rate ist das Verhältnis zwischen Website-Besuchern und von ihnen ausgelösten Transaktionen.

10.3.4.3 Kosten pro Conversion (Cost-per-Conversion)

Ebenfalls ein wichtiger Wert sind die Kosten pro Conversion. Dadurch lässt sich herausfinden, ob die gewählten Performance-Marketing-Maßnahmen eventuell nicht profitabel sind.

10.3.4.4 Return on Investment (ROI)

Der ROI beschreibt die generierten Umsätze im Verhältnis zu den entstandenen Kosten. Dabei werden die Gesamtumsätze der Werbekampagnen durch die dafür aufgewendeten Gesamtkosten dividiert. Bei einem Umsatz von 5000 EUR und Gesamtkosten von 1000 EUR liegt der Return on Investment bei 500 %.

10.4 Customer Journey & Attribution

Welche meiner Marketing-Kanäle liefern mir die besten Ergebnisse? Wie setze ich mein Werbebudget ein, um möglichst viel Umsatz zu generieren? Diese Fragen stellt sich jedes Unternehmen – die Web-Analyse liefert dafür gute Erkenntnisse. Um jedoch exakte Antworten zu finden, müssen die Unternehmen damit beginnen, den Weg ihrer Kunden zu ihnen noch detaillierter zu verstehen: Sie müssen in die Customer Journey blicken.

Was ist die Customer Journey?
Wie in diesem Buch schon mehrfach zu lesen war, wird der Erfolg von Performance-Marketing-Kampagnen häufig nach dem „Last-Cookie-Wins"-Prinzip bewertet. Es wird also dem Kanal mit dem letzten Werbekontakt vor dem Kaufabschluss die komplette Werbeleistung zugeschrieben. Verschiedene Studien haben aber zweifelsfrei bewiesen, dass in der Regel ein Zusammenspiel verschiedener Werbekontakte notwendig ist, um einen Kunden zum Kauf eines Produkts zu animieren. Dadurch ist es eigentlich nicht möglich, das Last-Cookie-Wins-Modell als verursachungsgerecht zu bezeichnen. Es wird also eine Alternative benötigt.

Hier kommt die Customer Journey ins Spiel: Sie bildet den vollständigen Weg eines Kunden vom ersten Werbemittelkontakt (Touchpoint) bis hin zum Kaufabschluss ab. Die Wege verlaufen dabei nicht linear: So unterschiedlich die Kunden sind, so verschieden sind auch ihre Customer Journeys. Mit einer Customer-Journey-Tracking-Software (auch als Multichannel-Tracking bezeichnet) werden die verschiedenen Wege sichtbar gemacht (Abb. 10.2).

Mit der Customer-Journey-Analyse sollen genau die beiden Ausgangsfragen beantwortet werden: Welche Marketing-Kanäle haben welchen Anteil am Gesamterfolg und wie kann das Werbebudget zukünftig effizienter auf die einzelnen Kanäle verteilt werden.

Es muss darauf hingewiesen werden, dass Multichannel-Tracking kein profanes Thema ist. Die Erfassung von Online-Marketing-Kanälen geht noch relativ leicht, da die Customer-Journey-Software alle notwendigen Voraussetzungen mitbringt, diese Kanäle zuverlässig zu messen und ins System einfließen zu lassen. Doch es gibt ja auch Offline-Werbekanäle wie TV- und Radiowerbung, Zeitschriften etc. – jeder Software-Anbieter löst dieses Problem unterschiedlich. Auch das Erfassen von Customer Journeys über verschiedene Endgeräte wie Desktop-PCs, Smartphones und Tablets ist nicht trivial (siehe Kap. 12 Spezialfall: Mobile Marketing).

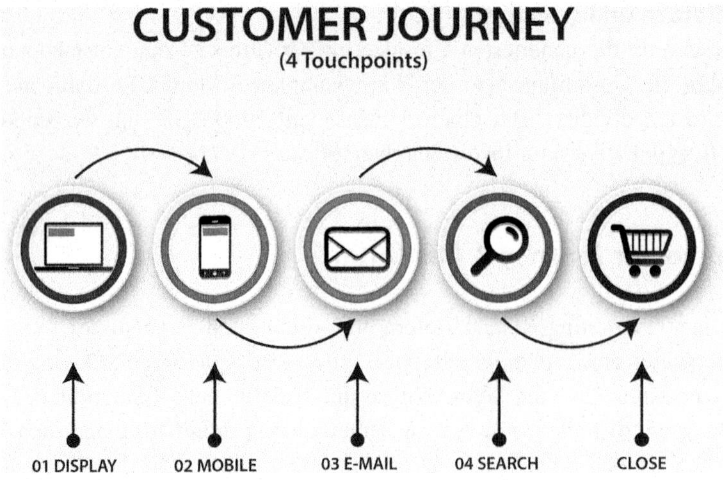

Abb. 10.2 Beispielhafte Customer Journey

Bei der Auswahl einer Customer-Journey-Software sollten sich Unternehmen auf jeden Fall erkundigen, wie der entsprechende Anbieter diese Herausforderung angeht.

10.5 Attribution

10.5.1 Was bedeutet Attribution?

Mit der Customer-Journey-Analyse kann nachvollzogen werden, welche Marketing-Kanäle an welchen Conversions partizipiert haben. Durch Attribution hingegen wird der Wertbeitrag bestimmt, den die Kanäle für die jeweilige Transaktion zugeordnet bekommen. Die genaue Zuordnung richtet sich nach der verwendeten Attributionsvariante. Zu Auswahl stehen dabei dynamische und statische Modelle.

10.5.1.1 Statische Attributionsmodelle

Statische Modelle umfassen gängige Attributionsvarianten, die in der Praxis häufig anzutreffen sind. Sämtliche Software-Anbieter haben die statischen Attributionsmodelle standardmäßig bei sich integriert.

10.5.1.1.1 Last-Cookie-Wins-Attribution

Beim Last-Cookie-Wins-Modell wird die komplette Werbeleistung dem letzten Touchpoint vor dem Kaufabschluss zugeordnet. Dies ist das in der Praxis noch immer am häufigsten verwendete Attributionsmodell für die Bewertung von Online-Werbekanälen. Auch die Provisionsvergabe im Affiliate-Marketing erfolgt nach dem Last-Cookie-Wins-Prinzip (Abb. 10.3).

Abb. 10.3 Last-Cookie-Wins-Attribution

Abb. 10.4 First-Cookie-Wins-Attribution

10.5.1.1.2 First-Cookie-Wins-Attribution

Auch bei der First-Cookie-Wins-Attribution wird die gesamte Werbeleistung einer Transaktion (z. B. Verkauf in einem Online-Shop) nur einem einzigen Touchpoint zugeordnet. Im Gegensatz zum Last-Cookie-Wins-Modell wird hier aber der Kanal mit dem ersten Werbekontakt (z. B. ein Display Ad) als entscheidend angesehen (Abb. 10.4).

10.5.1.1.3 Lineare Attribution

Beim linearen Modell (auch gleichverteilte Attribution genannt) werden alle Touchpoints innerhalb der Customer Journey berücksichtigt. Es wird davon ausgegangen, dass alle Werbekontakte die identische Wirkung erzeugt haben. Daher erhalten alle Touchpoints den gleichen Anteil (Abb. 10.5).

10.5.1.1.4 Aufsteigende Attribution

Auch die aufsteigende Attribution bezieht alle Werbekontakte in die Bewertung mit ein. Das Modell ist so angelegt, dass die Touchpoints vom Anfang bis zum Ende einen immer größeren Werbeeffekt erzielen. Daher wird dem letzten Touchpoint auch der größte Anteil zugeordnet (Abb. 10.6).

10.5.1.1.5 Absteigende Attribution

Genau die umgekehrte Betrachtung wird beim Modell der absteigenden Attribution vorgenommen. Es werden auch hier alle Werbekontakte in die Bewertung mit einbezogen. Allerdings besteht die Annahme, dass der Kanal des ersten Touchpoints entscheidend ist und die Relevanz der nachfolgenden Touchpoints bis zum Ende immer weiter absinkt. (Abb. 10.7).

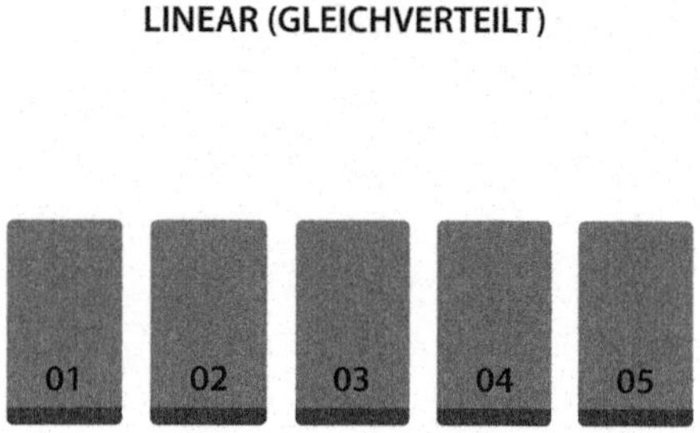

Abb. 10.5 Lineare Attribution

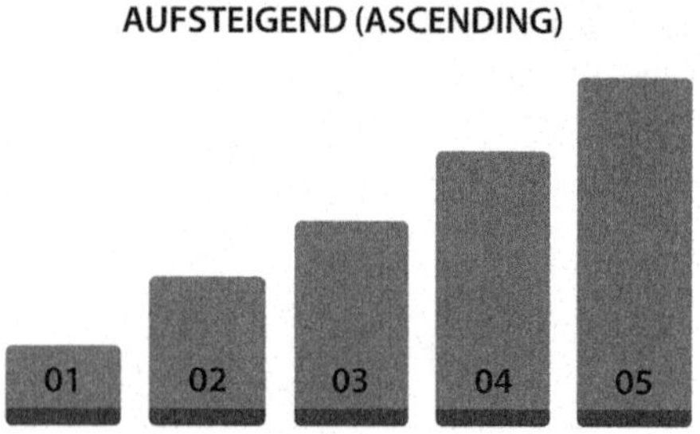

Abb. 10.6 Aufsteigende Attribution

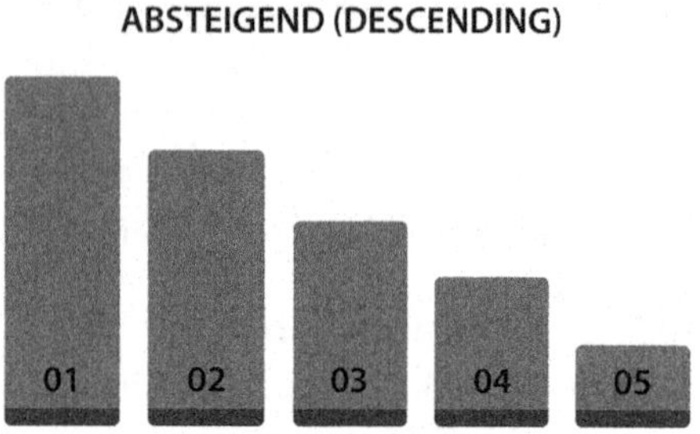

Abb. 10.7 Absteigende Attribution

10.5.1.1.6 Badewannen-Attribution

Das Badewannen-Modell wird in der Praxis relativ häufig angewendet. Es schreibt dem ersten und dem letzten Touchpoint einen identischen Anteil an der Werbeleistung zu. Für die in der Mitte liegenden Werbekontakte gibt es noch verschiedene Varianten: Entweder sie gehen in der Betrachtung vollkommen leer aus oder es wird ihnen ein geringerer Teil der Werbewirkung zugeordnet (Abb. 10.8).

10.5.1.2 Dynamische Attributionsmodelle

Im Gegensatz zu statischen Modellen bietet dynamische Attribution mehr Freiheiten bei der Verteilung des Erfolgs auf die verschiedenen Kanäle. Zählt bei den statischen Einflussfaktoren einzig nur die Position des Kanals innerhalb der Customer Journey, können bei dynamischer Betrachtung weitere Unterscheidungen vorgenommen werden. So kann beispielsweise nach verschiedenen Marketing-Kampagnen oder Nutzergruppen (z. B. Neukunde/Bestandskunde) differenziert werden.

Abb. 10.8 Badewannen-Attribution

Wie der Name schon sagt, ist ein dynamisches Attributionsmodell nicht starr, sondern wird auf Basis von gesammelten Daten und statistischen Verfahren immer wieder überprüft und neu justiert. Ein steigender Return on Investment (ROI) zeigt an, dass sich das Attributionsmodell dem Ideal annähert. Es dauert durchschnittlich ein halbes Jahr, bis ein Unternehmen davon ausgehen kann, eine einigermaßen zuverlässige Attributionslogik entwickelt zu haben. Nach weiteren sechs Monaten sollten auch saisonale Einflüsse so weit eingeflossen sein, dass sich ein vollständiges Bild ergibt. Aber auch danach gibt es immer noch etwas zu verbessern. Grundsätzlich kann jedes Unternehmen für sich genau das Attributionsmodell entwickeln, das zu seinem Geschäftsmodell und seinen individuellen Bedürfnissen passt.

10.5.2 Gewinner & Verlierer von Attributionsmodellen

Im Kapitel zum Affiliate-Marketing ist ja bereits angeklungen, dass es Publisher-Modelle gibt, die vom Last-Cookie-Wins-Modell in besonderer Weise profitieren, während andere Modelle kaum eine Chance haben, als Sieger vom Platz zu gehen. Ähnlich verhält es sich bei den verschiedenen Performance-Marketing-Disziplinen untereinander. Einige Kanäle sind eher dazu geeignet, potenzielle Kunden auf das eigene Produkt aufmerksam zu machen. Andere Kanäle warten hingegen, bis der Kunde überzeugt ist und „stauben“ dann ab (das letzte Cookie).

Wird von Last-Cookie-Wins auf ein alternatives Attributionsmodell umgestellt, verändert sich auch automatisch die Zahl der Conversions, die den verschiedenen Kanälen zugerechnet werden. Die genauen Änderungen fallen für jedes Unternehmen unterschiedlich aus. Grundsätzlich lässt sich aber sagen, dass Kanäle wie SEA, Affiliate-Marketing oder E-Mail-Marketing bei der Abkehr vom Last-Cookie häufig Conversions verlieren. Hinzugewinne gibt es dagegen in der Regel beim Display Advertising und den Direktzugriffen.

10.5.3 KPIs der Marketing-Attribution

10.5.3.1 Cost-per-Order (CPO)

Der Cost-per-Order (CPO), also die Kosten für eine Transaktion (Conversion), spielt in allen Performance-Marketing-Kanälen eine wichtige Rolle. Auch für die Attribution ist der CPO eine wichtige Kennzahl.

10.5.3.2 Conversions

Wie auch bei einzelnen Performance-Marketing-Kanälen handelt es sich bei den Conversions um die Zahl der Transaktionen (z. B. Verkäufe im Online-Shop, Registrierung für den Newsletter etc.). In der Attribution lässt sich damit feststellen, wie viele Conversions einer bestimmten Kampagne, einem Publisher oder einem Kanal zugeordnet werden können.

10.5.3.3 Total Price per Click

Auch dieser Wert ist dazu gedacht, die Performance verschiedener Publisher miteinander zu vergleichen. Der Total Price per Click zeigt den Umsatz an, den ein Publisher durchschnittlich für einen Klick gebracht hat.

10.5.3.4 Frequency

Durch die Frequency erfahren Werbetreibende, wie viele Touchpoints ein Publisher insgesamt gebracht hat. Der Wert hilft bei der Entscheidung, mit welchen Publishern man zukünftig zusammenarbeiten möchte. Liefert ein Publisher nur wenige Touchpoints, könnte die Umschichtung des Budgets auf andere Publisher sinnvoll sein.

10.5.3.5 Customer Journey Contacts

Mit diesem Wert lässt sich feststellen, wie viele der durch den Publisher generierten Touchpoints Teil einer erfolgreichen Customer Journey waren, also ein Verkauf stattgefunden hat.

10.5.3.6 Intensity-of-Use (IOU)

Am IOU-Wert können Advertiser ablesen, wie viele Unterseiten der eigenen Website ein Nutzer nach einem Touchpoint besucht hat. Dadurch lässt sich erkennen, ob der Publisher Nutzer auf die Website bringt, die echtes Interesse haben und ob die verwendeten Werbemittel ihre Versprechen halten.

10.5.3.7 Introducer

Einige Publisher sind nicht sehr gut geeignet, einen Nutzer zum direkten Kaufabschluss zu bringen. Ihre Stärken liegen stattdessen darin, ihn auf ein Produkt aufmerksam zu machen. Mit dem Introducer-Wert kann nachvollzogen werden, wie oft ein Publisher für den ersten Touchpoint in einer erfolgreichen Customer Journey verantwortlich ist.

10.5.4 Datenbasierte Budget-Allokation

Wie zu Beginn des Kapitels beschrieben, wollen Unternehmen mittels Customer-Journey-Analyse und Attribution herausfinden, welchen Budgetanteil sie in die verschiedenen Werbekanäle (z. B. Display, SEA, Social Media) investieren sollen, um das Gesamtwerbebudget mit maximaler Effizienz einzusetzen. Je näher sie dabei dem für sie optimalen Attributionsmodell kommen, desto näher kommen sie auch ihrem Ziel.

Inzwischen gibt es bereits Software-Systeme, die auf Basis von historischen Daten wie Website-Transaktionen, vorheriger Budget-Verteilung und einer Werbekanal-Betrachtung Vorschläge machen, wie das Unternehmen seine Werbebudgets zukünftig aufteilen sollte. Bekannte Anbieter sind u. a. Blackwood Seven (blackwoodseven.com) und adatics (adatics.com).

10.6 CRM-Analytics

Steigende Bedeutung erfährt neben der Web- und App-Analyse (Kap. 12 Spezialfall: Mobile-Marketing) auch die CRM-Analyse (Customer-Relationship-Management), bei der allen Daten bestehender Kunden eines Unternehmens untersucht werden. Der wachsende Stellenwert ergibt sich schon daraus, dass es für viele Unternehmen heutzutage einfacher und günstiger ist, Bestandskunden weitere Produkte zu verkaufen als immer neue Kunden zu werben.

Moderne Websites bieten vielfach direktere Möglichkeiten an, über die Kunden mit ihnen in Verbindung treten können – wie z. B. Chatbots (siehe Abschn. 12.11 Chatbots) oder Chat-Systeme. Die Mitarbeiter, die das Chat-System bedienen, müssen jederzeit schnell und zuverlässig auf alle Daten des Kunden zugreifen können.

Eine Möglichkeit zur Nutzung einer CRM-Analyse-Software besteht beispielsweise darin, die Kunden nach der Wahrscheinlichkeit zu segmentieren, dass sie ein Produkt noch ein zweites Mal kaufen. Es können aber auch Profitabilitätsanalysen für jeden Kunden durchgeführt werden. In immer stärkerem Maße sind die Systeme auch in der Lage, durch Algorithmen Voraussagen über zukünftige Kaufwahrscheinlichkeiten einzelner Kunden zu treffen und dadurch eine besonders zielgerichtete Aussteuerung von Werbemaßnahmen zu ermöglichen. Diese Daten helfen dem Unternehmen auch dabei, den gesamten Warenbedarf besser zu planen und ihre Produktionskapazitäten dementsprechend anzupassen (Supply Chain Management).

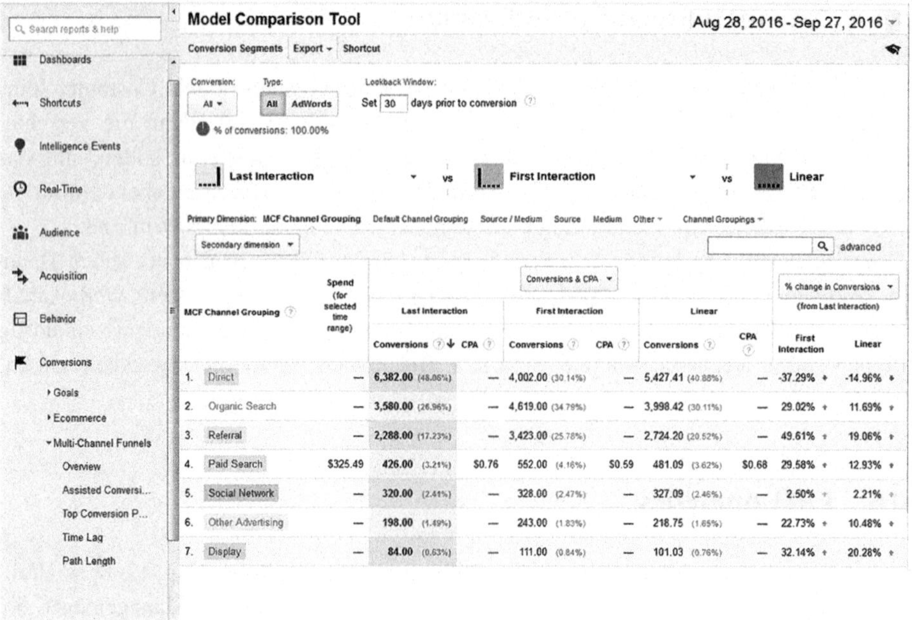

Abb. 10.9 Google Analytics Interface

10.7 Tools für die Analyse

10.7.1 Google Analytics

Der Klassiker unter den Web-Analyse-Tools ist Google Analytics. Die Software ist kostenlos und kann unkompliziert verwendet werden. Es lassen sich im Modellvergleich auch statische Attributionen auswerten. Für dynamische Attributionen ist hingegen die kostenpflichtige Variante notwendig (analytics.google.com) (Abb. 10.9).

10.7.2 Webtrekk

Eine Alternative zu Google Analytics ist Webtrekk. Seinerzeit als Software zur Web-Analyse gestartet, hat sich das Tool inzwischen deutlich weiterentwickelt und beherrscht u. a. auch Customer-Journey-Analysen, TV- und App-Tracking. Eine besondere Stärke von Webtrekk sind die zahlreichen Filter, mit denen sich aus großen Datenmengen auf einfache Weise aussagekräftige Ergebnisse extrahieren lassen (webtrekk.com). (Abb. 10.10).

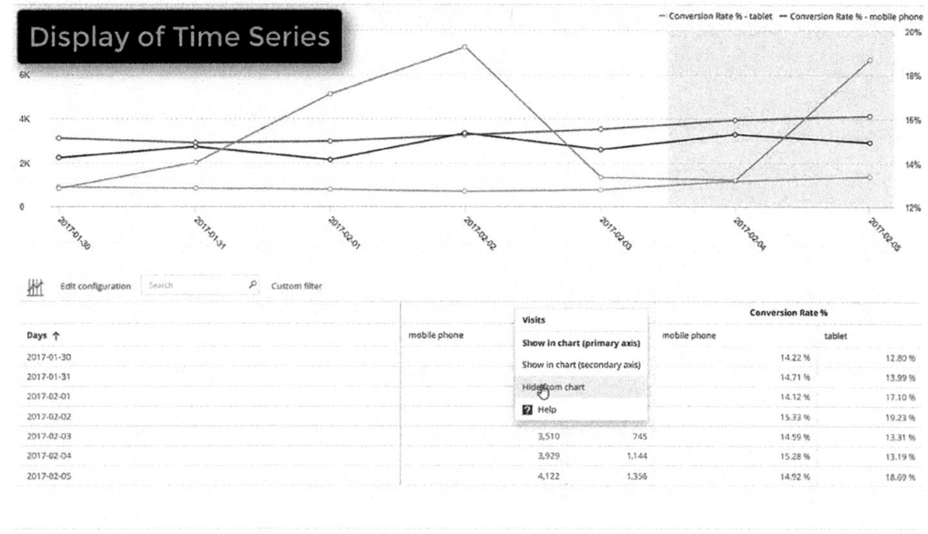

Abb. 10.10 Webtrekk Interface

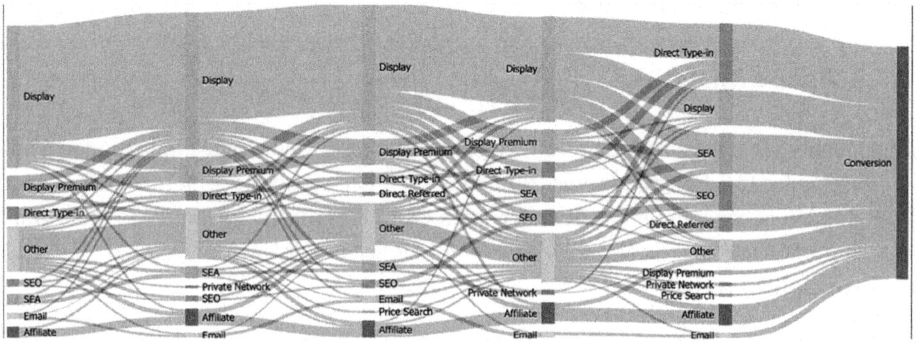

Abb. 10.11 Customer Journey Visualisierung von Exactag

10.7.3 Exactag

Exactag bietet eine Device- und kanalübergreifende Darstellung der einzelnen Kanäle und Touchpoints der Customer Journey jedes Kunden. Der lernende Algorithmus nutzt spieltheoretische Modelle, um die Wirkungszusammenhänge zwischen den einzelnen Kanälen sichtbar zu machen. Darüber hinaus gibt das Tool Handlungsempfehlungen für die optimale Budget-Allokation und kann auch die Effizienz von TV-Spots messen (exactag.com) (Abb. 10.11). Im Gegensatz zum spieltheoretischen Ansatz von Exactag verlässt sich der Anbieter Adclear auf die Regressionsanalyse, die auf Daten der Vergangenheit schaut und daraus mithilfe eines Algorithmus Prognosen für die Zukunft erstellt (adclear.de).

Abb. 10.12 Adobe Analytics Dashboard

10.7.4 Adobe Analytics

Adobe Analytics ist ein Baustein der Adobe Marketing Cloud, einer umfassenden Suite mit verschiedenen Marketing-Tools, die sich vor allem an große Unternehmen richtet. Dabei können neben den Online-Kanälen auch Offline-Maßnahmen wie TV, Direct-Mailings, Out-of-Home und Radio erfasst werden (adobe.com/de/solutions/digital-analytics/marketing-attribution.html) (Abb. 10.12).

10.7.5 Intelliad

Mit der Performance-Marketing-Plattform ermöglicht das Münchner Unternehmen Intelliad nicht nur eine Software zur Web- und Customer-Journey-Analyse mit Attribution, sondern bietet auch die Möglichkeit, gewonnene Daten direkt in die Optimierung eigener Suchmaschinen- und Display Advertising-Kampagnen einfließen zu lassen (intelliad.de) (Abb. 10.13).

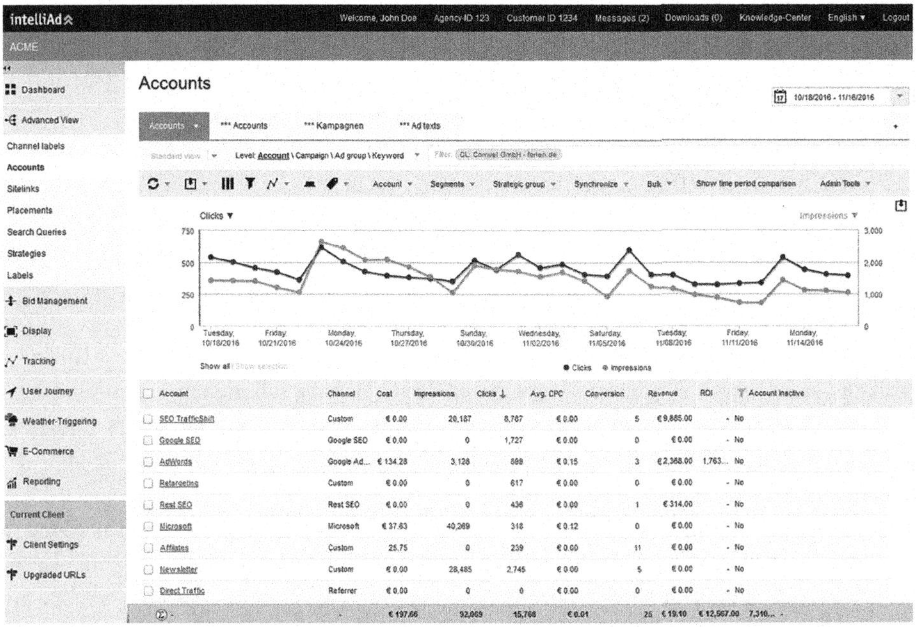

Abb. 10.13 Intelliad Cockpit

10.8 Checkliste

1. Datenquellen und Granularität der Traffic-Quellen festlegen
2. KPIs bestimmen
3. Analyse-Software evaluieren
4. Gegebenenfalls Attributionsmodell festlegen
5. Zuverlässige und kohärente Daten einsetzen
6. Attributionsmodell optimieren.

10.9 Interessante Links

- analytics.googleblog.com – Offizieller Blog von Google zum Thema Analytics (englischsprachig)
- webanalyticsworld.net – Englischsprachiges Online-Magazin rund um alle Themen der Web-Analyse
- support.google.com/analytics/answer/1662518 – Informationen zur Attribution mit Google Analytics
- onlinemarketingrockstars.de/exactag-attribution – Der unterschiedliche Ansatz von Exactag und Adclear

- sas.com/de_de/whitepapers/multichannel-marketing-attribution-106973.html – Whitepaper zur Marketing-Attribution
- searchcrm.techtarget.com/feature/Considerations-for-buying-the-right-CRM-tool – Entscheidungshilfe für die Beschaffung eines CRM-Analyse-Tools

10.10 Interview mit Martin Sinner (EOG/MediaMarktSaturn Retail Group)

Wie viel Web-Analyse ist sinnvoll?
Zuerst sollte man sich Gedanken machen wie groß kann das geplante Internet-Business überhaupt werden. Abhängig vom erzielbaren Ergebnis und möglichen Ergebnisverbesserungen sollte man sein Budget für die Web-Analyse dann unter bestimmten Gesichtspunkten einplanen. Diese sind wiederum abhängig vom Geschäftsmodell und der Komplexität der Marketingkanäle.

Ein kleiner Online-Shop, der fast ausschließlich Besucher über Empfehlungen bekommt, braucht eigentlich gar keine Web-Analyse. Für einen Anbieter, der seine Besucher über viele unterschiedliche bezahlte Kanäle auf die Website lotst, ist jedoch ein fundiertes Setup im Bereich Web-Analyse essenziell. Typischerweise brauchen solche Player Systeme, die ihnen helfen, den gekauften Traffic auf Wirtschaftlichkeit zu bewerten. Hierzu müssen die Transaktionen sinnvoll attribuiert werden, denn oft sind Einflussfaktoren mehrdimensional. Eine TV-Kampagne verändert z. B. die Klickraten sowohl auf gekaufte als auch kostenlose Suchergebnisse in Suchmaschinen. Den Wert von TV nur auf direkt zuordenbare Transaktionen zu berechnen würde zu einer falschen Bewertung von TV führen.

Umgekehrt können Gutscheinkampagnen ziemlich eindrucksvolle Ergebnisse im Bereich des Online-Marketings erzeugen, bei genauer Betrachtung sind jedoch viele Transaktionen, die Gutscheinmarketing zugerechnet werden, nicht durch Gutscheine initiiert worden.

Was sind die größten Fehler der Web-Analyse?
Durch fehlendes technisches Verständnis werden viele Web-Analyse-Tools nur zu einem geringen Grad ausgenutzt. Falsch gesetzte Tags führen dazu, dass nicht alles gemessen wird, und fehlerhafte Attribution führt zu oftmals grotesken Fehleinschätzungen.

Wie sieht die Zukunft der Web-Analyse aus?
In den nächsten Jahren werden wir eine stärkere Vernetzung von CRM, Werbetools und Web-Analyse sehen, die unter anderem dazu führt, dass für einen „faulen Kunden“ keine Werbegelder mehr eingesetzt werden.

TV-Tracking – TV-Werbung messbar machen

11

Inhaltsverzeichnis

11.1 Messbare KPIs für die TV-Werbung 175
11.2 TV-Triggering – mit vereinter Kraft 176
11.3 Programmatic TV-Werbung 177

Zusammenfassung

In der Vergangenheit waren die Möglichkeiten zur Effizienzmessung von TV-Werbespots begrenzt. Es konnte zwar nachvollzogen werden, wie sich Verkäufe im Zeitraum der Spotschaltung verändert haben, aber viel mehr auch nicht. Eine TV-Tracking-Software gibt Unternehmen die Möglichkeit zu überprüfen, welche Auswirkungen ein einzelner TV-Spot auf die eigene Website hat. So kann beispielsweise ermittelt werden, wie sich die Besucherzahlen in den Minuten nach der Ausstrahlung entwickeln und wie viele Besucher sich das beworbene Produkt angesehen haben.

11.1 Messbare KPIs für die TV-Werbung

Gegenüber klassischer Fernsehwerbung konnte Online-Marketing in der Vergangenheit vor allem durch seine Messbarkeit punkten. Doch inzwischen stehen ähnliche Möglichkeiten für TV-Spots zur Verfügung.

Mit einer TV-Tracking-Software wird gemessen, welche direkten Auswirkungen ein Spot in den Minuten nach der Ausstrahlung auf die Website des Werbetreibenden hat. Betrachtet werden dabei ausschließlich die Zuwächse (Uplifts). Das reguläre Grundrauschen wird auf Basis historischer Daten vorab herausgerechnet. Gängige KPIs sind u. a. zusätzliche Besucher (Additional Visits), Produktaufrufe (Product Uplifts) und Verkäufe

I. Kamps und D. Schetter, *Performance Marketing*,
https://doi.org/10.1007/978-3-658-18453-7_11

(Sales Uplifts). Diese können anschließend mit hoher Wahrscheinlichkeit dem TV-Spot zugeordnet werden.

Technisch läuft der Vorgang so ab, dass die Software 24 h am Tag das komplette TV-Programm scannt. Wird der TV-Spot anhand seines Bild- und Audiosignals erkannt, beginnt der Tracking-Vorgang. Diese Vorgehensweise ist deutlich genauer als die Verwendung der von den TV-Sendern zur Verfügung gestellten Schaltplänen, deren Unschärfe zumeist bei mehreren Minuten liegt. Der Impact-Zeitraum des TV-Spots kann bis zu acht Minuten betragen und liegt in der Praxis häufig bei der Hälfte.

Werden die Additional Visits oder Sales Uplifts dann mit den Nettomediakosten des Spots verglichen, kann analog zur Online-Werbung ein CPC (Cost per Click/Kosten je Websitebesucher) oder CPO (Cost per Order) errechnet werden. Dadurch erhalten die Werbetreibenden ein klares Bild, welche Sender, Zeitschienen und Umfelder ihnen die besten Ergebnisse liefern. Zukünftige Schaltpläne lassen sich dementsprechend optimieren.

11.2 TV-Triggering – mit vereinter Kraft

Eine weitere Stufe ist das sogenannte TV-Triggering (Abb. 11.1). Hierbei werden Online-Werbemaßnahmen direkt an die vom TV-Tracking erkannten Spots gekoppelt und synchronisiert zu diesen ausgespielt. Dabei können verschiedene Trigger zum Einsatz kommen, die gängigsten sind Website-Trigger, SEM-Trigger und Display-Trigger.

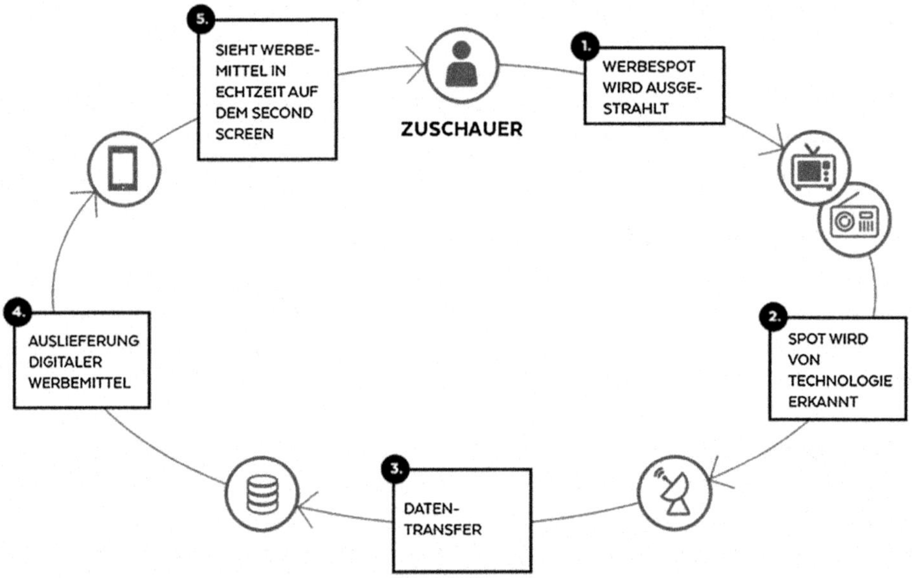

Abb. 11.1 Mit dem TV-Spot synchronisierte Auslieferung von Online-Werbung

Bei Website-Triggern handelt es sich um automatisierte und temporäre Änderungen an der Website des Werbetreibenden. So wird beispielsweise das im TV beworbene Produkt für einige Minuten ins Zentrum der Website gerückt, um Besuchern direkt ins Auge zu fallen.

Mit SEM-Triggern werden Suchmaschinen-Kampagnen (z. B. Google AdWords) gesteuert. Über eine API und eine Bid-Management-Software lassen sich Kampagnen automatisiert starten, wieder abschalten und Gebote bestehender Kampagnen anpassen.

Beim Display-Triggering hingegen wird im Moment der TV-Spotausstrahlung eine DSP (Demand Side Platform) angestoßen und dadurch eine (bevorzugt mobile) Bannerkampagne gestartet. Da viele TV-Zuschauer während der Werbepause ihr Smartphone in die Hand nehmen, können die Unternehmen auf diese Weise direkt einen zweiten Werbe-Touchpoint erzeugen, die Wirkung des TV-Spots verlängern und den bestehenden Medienbruch eliminieren. Zum Messen dieser Werbekontakte kann dann wieder auf die für Online-Werbung zur Verfügung stehenden Tracking-Mechanismen zurückgegriffen werden.

11.3 Programmatic TV-Werbung

Schon in diesem Jahr wird fast jede zweite digitale Werbefläche programmatisch gehandelt. Damit lässt sich konstatieren, dass Programmatic Advertising endgültig etabliert ist. Der Vorteil von Programmatic Advertising liegt dabei klar auf der Hand: Wurden früher lediglich Umfelder gebucht, in denen man seine Zielgruppe vermutete, steht beim Programmatic Advertising der angesprochene Nutzer im Mittelpunkt, der je nach Datenqualität genau adressiert werden kann. Das bedeutet, dass zwei simultane Besucher der gleichen Site vollkommen unterschiedliche Werbung zu sehen bekommen (können).

Seit 2015 hat Online-Werbung den größten Anteil am Gesamt-Werbebudget in Europa (36,3 Mrd. in 2015) übernommen und damit TV (33,3 Mrd.), Print (25,5 Mrd.), Out-of-Home (7,5 Mrd.) und Radio (5,2 Mrd.) endgültig hinter sich gelassen. Da der überwiegende Teil des Online-Budgets bereits programmatisch (also gebotsfähig) ist, kann man beim aktuellen Wachstum von Online davon ausgehen, dass über 40 % der gesamten Media bereits gebotsfähig ist. Wer per Google, Facebook oder Displaynetzwerk Online-Werbung bucht, wird mit seiner Werbung nur dann erscheinen, wenn das eigene Gebot ausreichend hoch ist, um konkurrierende Gebote auszustechen. Mit guten Tools, Messmethoden und Daten können Qualität der Werbung und Gebotspreise so optimiert werden, dass auch ein höheres Gebot wirtschaftlich sein kann, da es eine genau definierte Zielgruppe erreicht.

Noch vor wenigen Jahrzehnten hat Werbung ganz anders funktioniert. Der große Vorteil von Unternehmen im Bereich der FMCG (Fast Moving Consumer Goods) bestand darin, im Vergleich zu anderen Produkten über relativ geringe Streuverluste zur verfügen. Die Werbung für einen Schokoriegel im TV war für fast jeden Zuschauer relevant. Dadurch konnten die Hersteller solcher Produkte einen TKP (Tausender-Kontakt-Preis) zahlen, der für andere Werbekunden aufgrund ihrer höheren Streuverluste unerschwinglich war. Durch das Werben zu bestimmten Uhrzeiten oder innerhalb bestimmter TV-Formate konnten diese Streuverluste zwar teilweise eingeschränkt werden. Am Ende blieb aber die Produktmarge, bzw. der für Marketing allokierbare Teil des Deckungsbeitrags, der entscheidende Faktor.

Mit programmatischer Media lassen sich Kunden mittlerweile sehr viel exakter ansprechen: So können sehr spezielle Kundengruppen erreicht und trotz geringer Produktmarge gute Werbeeffekte erzeugt werden.

Was passiert mit den über 50 % Werbebudget, die noch nicht programmatisch sind?

Online wird auch zukünftig stärker wachsen als die anderen Werbesegmente, deshalb wird die verbliebene Hälfte des Kuchens langsam weiter schrumpfen. Und für einen signifikanten Teil der Online-Werbung steht die Digitalisierung sogar erst noch bevor: Auch Out-of-Home-, TV- und Radiowerbung werden sukzessive gebotsfähig werden.

Stellen wir uns die Frage: Lässt sich das programmatische Konzept tatsächlich auf klassische TV-Werbung übertragen? Aktuell ist es noch so, dass fast alle Zuschauer einer Fernsehsendung die exakt gleiche Werbung zu sehen bekommen. Zwar strahlt beispielsweise RTL seinen deutschen Zuschauern andere Werbung aus, als beispielsweise dem österreichischen Publikum. Aber abseits dieses „Geo-Targetings" erschöpft sich die Zuschauerzentrierung bereits.

Es gibt bereits erste Versuche, programmatische TV-Kampagnen zu fahren. Dieses sind aber eher frühe Tests mit einer bestimmten Targeting-Option. Für die auch als „Addressable TV" bezeichnete Technologie bestehen verschiedene Optionen. Die Abwicklung kann über HbbTV (Hybrid Broadcast Broadband), IP-Boxen, Set-Top-Boxen oder die OTT-Plattform (Over-the-top-Content) erfolgen. Momentan lassen sich auf diese Weise rund zwölf Mio. TV-Geräte in Deutschland erreichen. HbbTV scheint dabei aktuell die vielversprechendste Technologie zu sein, denn die beiden großen Senderfamilien RTL und ProSiebenSat1 haben sie in den Fokus ihrer Tests gerückt.

Es ist also auf jeden Fall absehbar, dass der Anteil an gebotsfähiger Media in Richtung 90 % wachsen kann. Schätzungsweise wird es in spätestens zehn Jahren so weit sein. Doch welche Auswirkungen sind damit verbunden? Prominente Marketer mussten schon seinerzeit erschüttert feststellen, dass es bei Google keine Kickbacks gibt, unabhängig von der Größe des gebuchten Volumens. Und diese Volumina waren bei den betreffenenden Firmen sicherlich nicht klein. In der heutigen Medialandschaft basiert aber die komplette Existenz so mancher Agentur von genau solchen Kickback-Zahlungen und Rabatten.

Neben den Media-Agenturen dürften mit der Zeit auch noch diejenigen Arbitrageure aus dem System ausscheiden, die keinen tatsächlichen Mehrwert bringen. Es muss aber nicht unbedingt für jeden so kommen: Ein Blick auf die aktuelle Situation im Online-Marketing zeigt, dass sich Arbitrageure hier erstaunlich gut halten. Das liegt einerseits an der technischen Komplexität, andererseits kann auch Aggregation eine wertschöpfende Leistung sein. Das gilt insbesondere in Kombination mit Technologie, wie sie von Unternehmen wie Criteo, Hooklogic oder Check24 mit ihren unterschiedlichen Positionierungen angeboten wird.

Geht TV- den gleichen Weg wie Online-Werbung?
Wird letztendlich im TV genau das passieren, was wir im Online-Bereich schon seit Längerem beobachten – die Konzentration von immer mehr Budget auf immer weniger Anbieter? Avancieren Facebook, Google oder vielleicht sogar Snapchat zu den größten TV-Vermarktern? Oder greift gar ein Unternehmen wie Amazon in den Kampf um Marktanteile in dem Segment ein? Und was können etablierte TV-Sender diesen Giganten entgegensetzen? Haben sie überhaupt eine Chance? Es gibt noch eine Menge Fragen, deren Beantwortung aber definitiv nicht jedem gefallen wird.

Trotzdem hat uns die Vergangenheit auch immer wieder gelehrt, dass durch große Veränderungen auch neue Chancen entstehen. Findige Start-ups werden versuchen, in die möglicherweise neu entstehenden Nischen hineinzustoßen.

Herausforderung für Biddable TV-Werbung
Zuerst steht die programmatische TV-Werbung aber noch vor einer Herausforderung, die der konventionelle Online-Kanal so nicht hatte. Während Geräte wie Laptops, Smartphones und Tablets fast ausschließlich von einer Person zur selben Zeit genutzt werden, lässt sich das beim Fernsehen nicht so exakt bestimmen. Verschiedene Studien zeigen, dass rund zwei Drittel des Fernsehkonsums auf alleinige Zuschauer zurückgeht, während beim verbleibenden Drittel mehr als eine Person vor dem Gerät verweilt.

Die genaue Adressierbarkeit von Kunden wird das Werben für Produkte mit gestreuten Werbebotschaften daher in Zukunft schwerer machen (Programmatic Advertising für Nutzergruppen), da FMCGs deutlich seltener zum Zuge kommen werden, wenn nur eine Person vor dem Fernseher sitzt. Insgesamt könnte dieses dafür sorgen, dass Anbieter von Nahrungsmitteln und Schönheitsprodukten stärker auf Online-Werbung ausweichen müssen, um noch genügend Reichweite erzeugen zu können, denn aktuell wird nur ein niedriger einstelliger Prozentsatz aller Werbeaufwendungen aus diesem Bereich in Online-Kanäle allokiert.

Teil IV

Spezialfälle

Spezialfall: Mobile Marketing – Mobile verändert das Performance-Marketing

12

Inhaltsverzeichnis

12.1 Besonderheiten des Mobile Marketings . . . 186
12.1.1 Fragmentierung . . . 186
12.1.2 Apps vs. Mobile Web . . . 186
12.1.3 Mobile Tracking . . . 186
12.1.3.1 Mobile-Cookie-Alternativen . . . 186
12.1.3.1.1 Geräteidentifikation (Device Generated Identifier) . . . 186
12.1.3.1.2 Statistische ID . . . 186
12.1.3.1.3 HTML5 Cookie Tracking . . . 187
12.1.3.1.4 Universal Log-in Tracking . . . 187
12.1.4 Werbeformate . . . 187
12.1.5 Cross-Device-Targeting/Cross-Device-Tracking . . . 187
12.1.5.1 Wie werden Nutzer Cross-Device identifiziert? . . . 188
12.1.5.1.1 Deterministisches Verfahren . . . 188
12.1.5.1.2 Probabilistisches Verfahren . . . 188
12.1.5.2 Tipps fürs Cross-Device-Targeting . . . 189
12.2 App-Marketing . . . 189
12.2.1 Wie werden Apps gefunden? . . . 189
12.3 App-Store-Optimierung (ASO) . . . 189
12.3.1 Wie unterscheidet sich App-Store-Optimierung (ASO) von klassischer Suchmaschinen-Optimierung (SEO)? . . . 190
12.3.1.1 Google Play Store . . . 191
12.3.1.1.1 On-Page Optimierung . . . 191
12.3.1.1.2 Off-Page Optimierung . . . 192
12.3.1.2 Apple App Store . . . 192
12.3.1.2.1 On-Page-Optimierung . . . 193
12.3.1.2.2 Off-Page Optimierung . . . 194

I. Kamps und D. Schetter, *Performance Marketing*,
https://doi.org/10.1007/978-3-658-18453-7_12

12.3.2 KPIs in der App-Store-Optimierung (ASO) 194
12.3.2.1 Top-Charts 194
12.3.2.2 Suchergebnisse 194
12.3.2.3 Ratings & Nutzerkommentare 194
12.3.2.4 Downloads 195
12.3.2.5 Conversion & Umsatz 195
12.4 App Install-Campaigns 195
12.4.1 Google Universal App Campaigns 195
12.4.2 Apple Search Ads 195
12.4.3 Facebook Mobile App Install Ads 197
12.5 App Analytics 198
12.5.1 Die Notwendigkeit mobiler KPIs 198
12.5.2 App-Analytics vs. Web-Analytics 199
12.5.3 Die richtige Analyse-Strategie 200
12.5.4 KPIs im App-Marketing 200
12.5.4.1 Nutzer 200
12.5.4.2 Session-Dauer 201
12.5.4.3 Session-Intervall 201
12.5.4.4 In-App-Zeit 201
12.5.4.5 Nutzererfahrung & Ladezeiten 201
12.5.4.6 Nutzerakquise 202
12.5.4.7 User Journey 202
12.5.4.8 Nutzertreue (Retention Rate) 202
12.5.4.9 Durchschnittlicher Umsatz pro Nutzer (ARPU) 203
12.5.4.10 Lifetime Value 203
12.6 Mobile E-Mail-Marketing 204
12.6.1 Betreffzeile 204
12.6.2 Pre-Header 205
12.6.3 Textlänge & Schriftgröße 205
12.6.4 Touchscreen-Navigation 205
12.6.5 Alternativ-Text 205
12.6.6 Abmelde-Taste 205
12.6.7 Landingpage 206
12.7 Push-Nachrichten 206
12.7.1 Push-Nachrichten vs. E-Mails 206
12.7.2 Tipps für Push-Nachrichten 209
12.7.2.1 Einfache An- und Abmeldung ermöglichen 209
12.7.2.2 Nutzer in Segmente einteilen 209
12.7.2.3 Personalisierte und transaktionsorientierte Sprache verwenden 210
12.7.2.4 Versandzeiten sorgfältig planen 210
12.7.2.5 Die passende Versandfrequenz bestimmen 210
12.7.2.6 A/B-Tests durchführen 210
12.7.2.7 Vorgänge automatisieren 210
12.7.2.8 Die richtigen KPIs messen 210
12.8 Tools fürs Mobile Marketing 211
12.8.1 adjust 211
12.8.2 Adsquare 211

12.8.3 Apptweak ... 212
12.8.4 appsee ... 212
12.8.5 apptamin ... 214
12.9 Interessante Links ... 214
12.10 Snapchat Advertising ... 215
12.10.1 Snapchat Ad Manger ... 215
12.10.2 Mögliche Kampagnenziele ... 215
12.10.3 Targeting-Optionen ... 216
12.10.4 KPIs im Snapchat Advertising ... 216
12.10.4.1 Cost-per-Mille (CPM) ... 216
12.10.4.2 Cost-per-Swipe-Up (CPSU) ... 216
12.10.5 Interessante Links ... 217
12.11 Chatbots ... 217
12.11.1 Was ist ein Chatbot? ... 217
12.11.1.1 Arten von Chatbots ... 218
12.11.1.2 Apps vs. Chatbots ... 218
12.11.2 Marktteilnehmer im Chatbot-Marketing ... 219
12.11.2.1 Soziale Netzwerke ... 219
12.11.2.2 Messenger ... 219
12.11.2.3 Plattform-Anbieter ... 220
12.11.3 Chatbots im Performance-Marketing ... 220
12.11.4 KPIs im Chatbot-Marketing ... 220
12.11.5 Tools für das Chatbot-Marketing ... 221
12.11.5.1 Facebook Analytics for Apps ... 221
12.11.5.2 Dashbot ... 221
12.11.5.3 Botanalytics ... 222
12.11.5.4 Chatfuel ... 222
12.11.6 Interessante Links ... 222
12.11.7 Interview mit Pascal Fantou (cogito ergo GmbH & Co. KG) ... 224
Literatur ... 225

Zusammenfassung

Die größten Änderungen fürs Performance-Marketing hat das Aufkommen von Smartphones und Tablets als primäre Online-Zugangsgeräte gebracht. Plötzlich funktionierte das konventionelle Tracking nicht mehr und die Art der Nutzung hat sich fundamental verändert. Um auch zukünftig noch erfolgreiches Performance-Marketing betreiben zu können, müssen Marketer verstehen, welche Besonderheiten und Möglichkeiten Apps, Push-Nachrichten, Snapchat, Chatbots usw. mit sich bringen.

Wer als Advertiser seine Zielgruppe heutzutage zuverlässig erreichen möchte, kommt um Werbung auf mobilen Endgeräten wie Smartphones und Tablets nicht herum. Mobiles Performance-Marketing bietet allerdings im Gegensatz zur Desktop-Umgebung einige zusätzliche Herausforderungen.

12.1 Besonderheiten des Mobile Marketings

12.1.1 Fragmentierung

Mobile-Fragmentierung existiert in verschiedenen Bereichen: Es gibt verschiedene Betriebssysteme, verschiedene Smartphone-Hersteller und unterschiedliche Display-Größen. Darüber hinaus findet die Online-Nutzung primär nicht im Web statt, sondern in mobilen Apps.

12.1.2 Apps vs. Mobile Web

Während die Online-Nutzung auf stationären PCs fast ausschließlich im Browser stattfindet, spielt dieser im mobilen Internet nur eine untergeordnete Rolle. Knapp 80 % der mobilen Online-Sessions werden über Apps vorgenommen.[1]

12.1.3 Mobile Tracking

Es gibt die weitverbreitete Meinung, dass Cookies auf mobilen Endgeräten gar nicht funktionieren. Das ist so allerdings nicht korrekt. Im mobilen Web sind zumindest First-Party-Cookies durchaus fürs Performance-Marketing verwendbar. In Apps verhält es sich so, dass viele eine sogenannte WebView-Technologie verwenden, die auch Cookies verarbeiten kann. Allerdings können Apps keine Cookie-Informationen miteinander austauschen. Dadurch sind sie für den Performance-Marketing-Ansatz nicht gut geeignet.

12.1.3.1 Mobile-Cookie-Alternativen

Die Cookie-Limitierungen auf mobilen Geräten haben zu einer Reihe von alternativen Tracking-Methoden geführt. Diese unterscheiden sich in ihrer Methode, Implementierung und Skalierbarkeit.

12.1.3.1.1 Geräteidentifikation (Device Generated Identifier)

Die Geräteidentifikations-ID wird vom jeweiligen Betriebssystem zur Verfügung gestellt. Apple nennt sein System „Identifier for Advertisers (IDFA)“, während das Android-Pendant auf den simplen Namen „Advertising ID“ hört. Daneben gibt es u. a. noch die Universal Device ID (UDID),die MAC-Adresse oder die IMEI Nummer.

12.1.3.1.2 Statistische ID

In diesem Fall wird mit einem serverseitig ausgeführten Algorithmus auf Basis von verschiedenen Attributen darauf geschlossen, dass es sich um einen bestimmten Nutzer handelt. Typische Attribute sind der Gerätetyp, das Betriebssystem, der User-Agent,

[1]http://mobilbranche.de/2017/05/mobile-apps-web. Zuletzt aufgerufen am 28.06.2017.

Schriftarten oder die IP-Adresse. Ungenauigkeiten treten u. a. dadurch auf, dass die Nutzer ihr Gerät von Zeit zu Zeit durch ein neues ersetzen.

12.1.3.1.3 HTML5 Cookie Tracking

In diesem Fall wird eine cookie-artige Datei in den lokalen Speicher des Geräts geschrieben. Die Funktionsweise ist ähnlich wie bei klassischen Cookies, allerdings ist das Setzen und Abrufen der Cookies nur bei geöffnetem Browser möglich.

12.1.3.1.4 Universal Log-in Tracking

Um Universal Log-in Tracking verwenden zu können, muss sich der Nutzer auf verschiedenen Geräten mit denselben Zugangsdaten (E-Mail-Adresse) bei einem Dienst anmelden (z. B. Facebook). Log-in Tracking hilft auch bei der Identifikation von Nutzern für das Cross-Device-Tracking.

12.1.4 Werbeformate

Durch den relativ kleinen Screen eignen sich viele der Desktop-Werbeformate nicht für Smartphones. So lassen sich auf mobilen Bannern kaum aussagekräftige Botschaften transportieren. Auf Tablets sieht das ganze etwas anders aus, da hier häufig die klassischen Formate Anwendung finden. Es haben sich inzwischen aber einige neue eigenständige Formate wie z. B. das Parallax-Ad[2] für Smartphones etabliert.

12.1.5 Cross-Device-Targeting/Cross-Device-Tracking

Smartphones und Tablets haben nicht nur die Online-Nutzung verändert, sondern auch die Art und Weise, wie Kaufprozesse zustande kommen. Früher konnte man davon ausgehen, dass die Recherche und der abschließende Kauf an einem und demselben Gerät stattfinden. Heute hingegen wird ein Nutzer auf dem Smartphone auf ein Produkt aufmerksam, liest sich abends auf dem Tablet Produktbewertungen durch,macht einen Preisvergleich und gibt dann am nächsten Tag seine Bestellung am Notebook auf. Für Performance-Marketer ist es dadurch deutlich schwieriger geworden, den Nutzer eindeutig wiederzuerkennen, um ihn auf seiner Customer Journey mit passender Werbung anzusprechen. Dafür wird ein Instrument benötigt, dass ihn auf verschiedenen Geräten identifiziert – das sogenannte Cross-Device-Targeting.

Auch Affiliate-Netzwerke müssen, um zukunftsfähig zu sein, Nutzer auf unterschiedlichen Geräten wiederfinden. Sonst wird es schwierig, die Werbeleistung ihrer Publisher zu vergüten, wenn der Kaufabschluss auf einem anderen Gerät stattfindet. In diesem Fall

[2]Wilson, R (2016). Parallax Scrolling Ad – Scrolling Rich Media. https://www.youtube.com/watch?v=bmBN-96DUno. Zuletzt zugegriffen 07.06.2017.

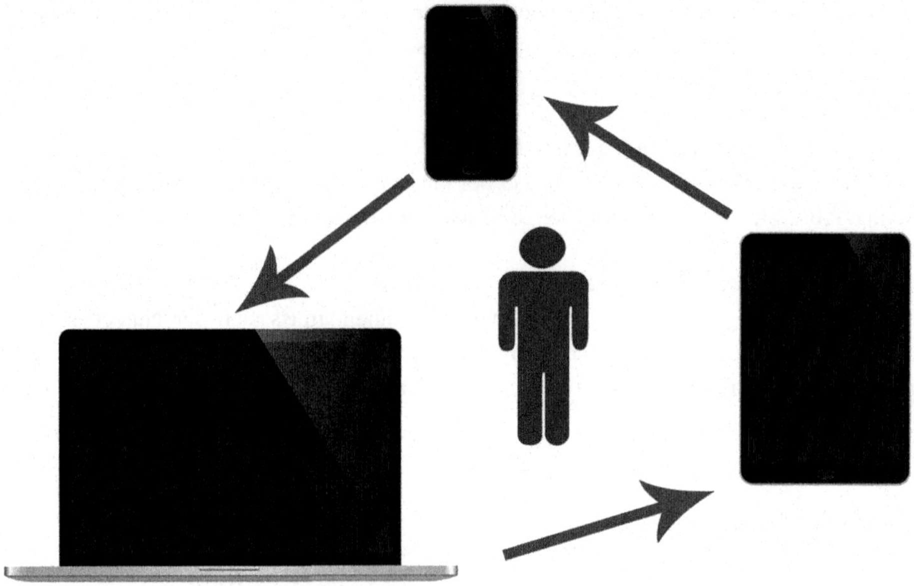

Abb. 12.1 Cross-Device-Tracking mit drei Endgeräten

spricht man von Cross-Device-Tracking. Momentan existieren zwei verschiedene Verfahren, um eine solche Identifizierung durchzuführen (Abb. 12.1).

12.1.5.1 Wie werden Nutzer Cross-Device identifiziert?

12.1.5.1.1 Deterministisches Verfahren

Beim deterministischen Verfahren werden First-Party-Daten (im Regelfall Log-in-Daten) herangezogen, um einen Nutzer über verschiedene Geräte hinweg als ein und dieselbe Person zu identifizieren. Meldet sich der Nutzer beispielsweise auf dem PC und dem Smartphone bei einem Dienst an (z. B. Facebook, Online-Shop, E-Mail-Service), handelt es sich fast zwangsläufig um ein und dieselbe Person (Universal Log-in Tracking).

12.1.5.1.2 Probabilistisches Verfahren

Da nur wenige Unternehmen eine solche Anziehungskraft haben, dass Nutzer sich bei ihnen auf verschiedenen Geräten anmelden, haben sich inzwischen auch spezialisierte Technologieunternehmen gegründet, die Nutzer über das probabilistische Verfahren identifizieren können. Diese sammeln auf verschiedenen Endgeräten Datenpunkte und versuchen mithilfe von Algorithmen Gemeinsamkeiten festzustellen (z. B. IP-Adressen, verwendete Geräte, Browser oder Apps). Das Verfahren kann es in puncto Genauigkeit nicht mit dem deterministischen Verfahren aufnehmen, da viele Faktoren auf Wahrscheinlichkeiten basieren.

12.1.5.2 Tipps fürs Cross-Device-Targeting

- Cross-Device-Targeting eignet sich besonders für Unternehmen, deren Produkten ein längerer Entscheidungsprozess vorausgeht, bevor sie gekauft werden (z. B. Reisen oder Versicherungen).
- Bevor alle Kanäle Cross-Device ausgesteuert werden, macht es Sinn, zunächst in einem Kanal (z. B. Social-Media-Advertising oder Display) zu testen. Weist der Test nur einen niedrigen Cross-Device-Anteil aus, kann auf weitergehende Implementierung verzichtet werden.
- Um aussagekräftige Ergebnisse und eine Vergleichbarkeit zu erhalten, muss die Messmethodik in allen Kanälen identisch sein.
- Cross-Device-Targeting benötigt einige Zeit, um aussagekräftige Ergebnisse zu produzieren. Ein Monat sollte mindestens eingeplant werden.
- Wenn es möglich ist, sollte das Cross-Device-Targeting eine Mischform aus deterministischen und probabilistischen Elementen beinhalten, um möglichst optimale Ergebnisse zu erhalten.

12.2 App-Marketing

12.2.1 Wie werden Apps gefunden?

Bisher gibt es noch nicht den einen Weg herauszufinden, woher die Downloads der eigenen App genau kommen. Es gibt Studien und Daten der App Stores, um eine gewisse Vorstellung zu entwickeln, welche Kanäle sich gut eignen und welche nicht. Umfangreiche Studien zum Thema wurden bisher von den Marktforschungsunternehmen Forrester[3] und Nielsen vorgelegt. Auch wenn sich die Prozentwerte beider Studien in einigen Punkten unterscheiden, lassen sie grundsätzliche Aussagen darüber, wie Apps gefunden werden, zu (Abb. 12.2).

12.3 App-Store-Optimierung (ASO)

Wie dem Schaubild zu entnehmen ist, werden Apps primär über die Suchfunktion der jeweiligen App Stores entdeckt. Daher ist es notwendig, dafür zu sorgen, dass die eigene App schnell gefunden wird. Dies macht sich die sogenannte App-Store-Optimierung (ASO) zur Aufgabe.

[3]Husson et al. (2013). Mobile App Discovery: Best Practices To Promote Your App. Forrester. https://www.forrester.com/report/Mobile+App+Discovery+Best+Practices+To+Promote+Your+App/-/E-RES89541. Zuletzt zugegriffen am 07.06.2017.

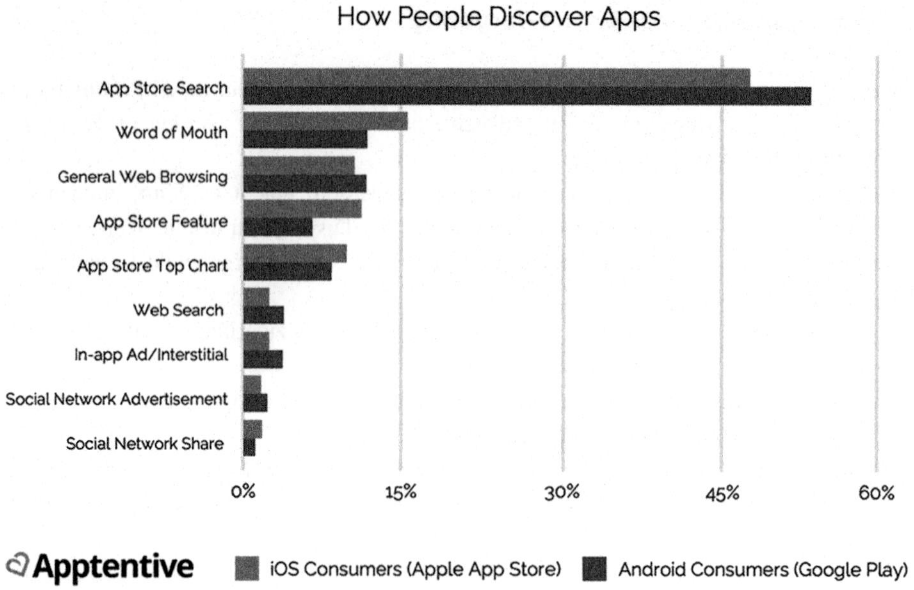

Abb. 12.2 Wie werden Apps gefunden?

12.3.1 Wie unterscheidet sich App-Store-Optimierung (ASO) von klassischer Suchmaschinen-Optimierung (SEO)?

Die Optimierung für die App Stores unterscheidet sich zum Teil signifikant von der Suchmaschinen-Optimierung. Ein großer Unterschied liegt darin begründet, dass man sich bei SEO eigentlich auf einen einzigen Player beschränken kann: Google. Das sieht bei der App-Store-Optimierung etwas anders aus. Je nachdem, auf welcher Plattform (Android, iOS, Windows Phone etc.) eine App veröffentlicht werden soll, müssen Besonderheiten beachtet werden.

Weiterhin unterscheiden sich ASO und SEO darin, dass App-Anbieter in der Regel nicht erfahren, durch welche Kanäle die App-Installationen generiert werden. Einzige Datenquelle sind die App Stores selbst. Im Web erfahren Sie als Marketer recht einfach, von welcher Website beispielsweise ein Besucher stammt (auch wenn Google solche Informationen inzwischen restriktiver handhabt).

Darüber hinaus ist festzuhalten, dass die App Stores im Vergleich zur Web-Suche noch immer in den Kinderschuhen stecken. Die Algorithmen sind weniger ausgereift und die Umsätze konzentrieren sich noch sehr stark auf große Marken. Der Long Tail (Nischen-Angebote) ist noch nicht so ausgeprägt wie im Web.

Genau wie bei der Suchmaschinen-Optimierung (SEO) für Websites wird die App-Store-Optimierung (ASO) in die Bereiche On-Page- und Off-Page-Optimierung unterteilt. Dabei haben App-Anbieter über die On-Page-Elemente selbst die Kontrolle, während sie die Off-Page-Optimierung lediglich indirekt beeinflussen können.

Abb. 12.3 Google Play Store Logo

12.3.1.1 Google Play Store

Die App-Store-Optimierung (ASO) für den Google Play Store ist grundsätzlich umfangreicher als für das Apple-Pendant. Das liegt zum guten Teil daran, dass der Suchindex der Google-Suchmaschine aktuell ausschließlich bei Android Apps eine Rolle spielt. Dadurch kommen Instrumente zum Einsatz, die aus der klassischen Suchmaschinen-Optimierung stammen (Abb. 12.3).

12.3.1.1.1 On-Page Optimierung

12.3.1.1.1.1 Name (Title)

Die Basis aller Optimierungsbemühungen ist die Wahl eines geeigneten App-Namens. Seine Bedeutung entspricht dem Title-Tag von Websites. Der Name muss klar und deutlich zu erkennen geben, wie die App heißt und bietet im Idealfall zugleich eine kurze Beschreibung. Trotzdem sollte der Name so kurz wie möglich gehalten werden, damit er in Übersichten nicht abgeschnitten dargestellt wird.

12.3.1.1.1.2 Beschreibung (Description)

Auch für die App-Beschreibung gibt es ein Pendant in der konventionellen Suchmaschinen-Optimierung für Websites: die Meta-Description. Der Beschreibungstext ist einer der wichtigsten Hebel, um Nutzer auf die eigene App aufmerksam zu machen. Aus dem Text muss klar hervorgehen, um was für eine App es sich handelt, was die App leistet und welche Vorteile ein Download bietet. Der Beschreibungstext darf eine Länge von insgesamt 4000 Zeichen haben. Die wichtigsten Informationen stehen im Idealfall direkt am Anfang des Textes.

12.3.1.1.1.3 Typ

Im Google Play Store gibt es zwei verschiedene Typen von Apps – Anwendungen (Applications) und Spiele (Games). Natürlich muss hier die korrekte Auswahl vorgenommen werden.

12.3.1.1.1.4 Kategorie

Ein weiterer wichtiger Optimierungsschritt ist die Wahl der passenden App-Kategorie. Gibt es mehrere Kategorien, die grundsätzlich passend wären, sollte die treffendste Einordnung gewählt werden.

12.3.1.1.1.5 Icon

Die Bereitstellung eines aussagekräftigen und attraktiven Icons ist wichtig. Insbesondere, wenn Nutzer ohne direktes Ziel im App Store stöbern, kann ein schickes App-Icon den Ausschlag geben. Außerdem hilft das Icon beim Markenaufbau, wie man bei den Apps bekannter Brands (z. B. Facebook oder WhatsApp) exemplarisch sehen kann. Die Grafik muss auf jeden Fall in hoher Auflösung vorliegen.

12.3.1.1.1.6 Screenshots
Jeder Nutzer möchte vor dem Download einer Anwendung oder eines Spiels einen Eindruck davon bekommen, wie die App aussieht. Menschen sind visuelle Wesen und diesen Umstand sollten App-Anbieter mit ansprechenden Screenshots der App-Oberfläche nutzen.

YouTube-Video: Der Google Play Store bietet die Möglichkeit, neben Screenshots auch ein YouTube-Video hochzuladen. Das Video bietet gegenüber Screenshots den Vorteil, dass die App in bewegten Bildern demonstriert werden kann.

12.3.1.1.2 Off-Page Optimierung

12.3.1.1.2.1 Bewertungen (Ratings)

Hiermit sind die Bewertungen der App anhand eines 5-Sterne-Systems gemeint. Ratings sind einer der wichtigsten Faktoren der App-Store-Optimierung, doch ihr Nutzen ist nicht nur hierauf beschränkt. Auch die Conversion-Rate (Verhältnis von App-Betrachtern zu tatsächlichen Downloads) steigt durch eine gute Durchschnittsbewertung. Denn 5-Sterne-Bewertungen lassen Nutzer annehmen, dass es sich um eine gute App handeln muss. Außerdem entscheiden die Bewertungen mit darüber, welche Apps auf der Startseite des Google Play Stores präsentiert werden.

12.3.1.1.2.2 Erfahrungsberichte (Reviews)
Genau wie die Bewertungen helfen auch von Nutzern geschriebene positive Erfahrungsberichte, die Conversion-Rate einer App zu steigern. Außerdem erhalten App-Anbieter so direktes Feedback der Nutzer, um dies zur Verbesserung der App zu verwenden. Auch das Antworten auf Nutzer-Reviews ist bei Google Play möglich.

12.3.1.1.2.3 Downloadzahl
Der psychologische Effekt der Downloadzahl von Apps ist nicht zu unterschätzen. Weist eine App bereits viele Downloads aus, steigt die Wahrscheinlichkeit, dass sie auch von anderen Nutzern heruntergeladen wird. Darüber hinaus ist die Anzahl der Downloads ein Ranking-Faktor, auch wenn in jüngster Zeit das tatsächliche App-Engagement (Nutzung der App) wichtiger wird.

12.3.1.1.2.4 Link Building
Da es sich beim Play Store um ein Google-Produkt handelt, werden Apps auch über den Index der Suchmaschine gefunden. Da auch heutzutage noch eingehende Links genutzt werden, um die Relevanz einer Website oder App zu beurteilen, sind Links aus beliebten und seriösen Quellen hilfreich.

12.3.1.2 Apple App Store

Die Optimierung für den Apple App Store ist grundsätzlich leichter als für den Google Play Store. Dies liegt u. a. daran, dass Apple keinen Zugang zum Suchindex von Google hat. Daher konzentrieren sich die Bemühungen vor allem auf Nutzerbewertungen, Erfahrungsberichte, Downloadzahlen und die allgemeine On-Page-Optimierung (Abb. 12.4).

Abb. 12.4 Apple App Store Logo

12.3.1.2.1 On-Page-Optimierung

12.3.1.2.1.1 Name (Title)

Auch bei Apple stellt der Name der App das wichtigste Element der App-Store-Optimierung (ASO) dar. Apple selbst empfiehlt, den Titel kürzer als 25 Zeichen zu halten. Die treffende Bezeichnung der App und ihre Funktion sind ein optimaler Ausgangspunkt zur Namensfindung. Ist der Name zu lang, wird er bei der Darstellung einfach abgeschnitten. Und das wirkt sich negativ auf die Conversion-Rate aus.

12.3.1.2.1.2 Beschreibung (Description)

Zweitwichtigster Punkt bei der ASO für den Apple App Store ist die Beschreibung. Mit der Beschreibung wird Nutzern die App schmackhaft gemacht, indem ihre Funktionen und Vorzüge zusammengefasst werden. Doch auch hier liegt die Würze in der Kürze. Jedes Wort sollte mit Bedacht gewählt werden. Die mögliche Gesamtlänge des Beschreibungstextes im Apple App Store liegt ebenfalls bei 4000 Zeichen. Die wichtigsten Informationen sollten direkt am Anfang des Textes platziert werden.

12.3.1.2.1.3 Icon

Auch im Apple App Store ist das App-Icon von großer Bedeutung. Es muss eine Größe von 1024 × 1024 Pixeln haben und sollte in guter Auflösung vorliegen. Ein prägnantes Icon unterstützt den Markenaufbau der App und hilft, sich vom Wettbewerb zu unterscheiden.

12.3.1.2.1.4 Screenshots

Verschiedene Screenshots zeigen die App von ihrer besten Seite und unterstützen die textlichen Informationen. Die wichtigsten Funktionen sollten auf den Screenshots abgebildet sein. Im Idealfall bilden die Screenshots sogar die komplette Funktionskette der App ab.

12.3.1.2.1.5 Kategorie

Apple erlaubt es App-Anbietern, neben der Hauptkategorie optional noch eine zweite Kategorie anzugeben. Die Hauptkategorie muss aber immer als die wichtigere Eingruppierung betrachtet werden.

12.3.1.2.1.6 Keywords

Insgesamt stehen 100 Zeichen zur Verfügung, um Schlüsselwörter anzugeben, mit denen die eigene App gut beschrieben wird. Das ist nicht viel, die Keywords müssen klug gewählt werden. Einzigartige Keywords funktionieren in der Regel besser als generische Wörter, bei denen es häufig auch starke Konkurrenz gibt. Weitere Faktoren zur

Bestimmung passender Keywords können beispielsweise das Suchvolumen bei Google und die Relevanz für die App sein. Auf fragwürdige Techniken wie die Nutzung von Markennamen der Konkurrenz sollte unbedingt verzichtet werden. Auch die Bildung von Suchphrasen (mehrere Keywords) ist unnötig, da Apple einzelne Schlüsselwörter selbst kombinieren kann. Keywords, die bereits im Titel vorkommen, müssen nicht erneut verwendet werden.

12.3.1.2.2 Off-Page Optimierung

12.3.1.2.2.1 Kundenbewertungen (Customer Ratings)

Das entscheidende Instrument zur Steigerung der Conversion-Rate im Apple App Store sind Kundenbewertungen. Zur Bewertung einer App steht den Nutzern ein 5-Sterne-Bewertungssystem zur Verfügung. Apps, die eine hohe Durchschnittsbewertung und viele 5-Sterne-Bewertungen haben, werden signifikant öfter heruntergeladen als Apps mit geringer Durchschnittsbewertung.

12.3.1.2.2.2 Kundenrezensionen (Customer Reviews)

Gute Kundenrezensionen tragen ebenfalls zur Verbesserung der Conversion-Rate bei. Sie sind auch eine gute Möglichkeit, Feedback der Nutzer einzuholen. Manche Nutzer schreiben konkrete Funktionswünsche oder Probleme in ihre Rezension. Diese können als Basis zur Verbesserung der App herangezogen werden.

12.3.2 KPIs in der App-Store-Optimierung (ASO)

12.3.2.1 Top-Charts

Die App Store Charts bieten eine gute Übersicht, wie die eigene App im Vergleich zu anderen Apps „performt". Besonders die Charts der einzelnen Kategorien sind dazu geeignet, den eigenen Erfolg in Relation zum Wettbewerb zu setzen.

12.3.2.2 Suchergebnisse

Analog zur Websuche für Websites können Anbieter die AppStore-Suche verwenden, um die Position der eigenen App für bestimmte Keywords in den Suchergebnislisten zu bestimmen. Durch Wiederholungen lassen sich Rückschlüsse auf die Entwicklung des Rankings über einen bestimmten Zeitraum ziehen. Auch die Beobachtung der Konkurrenz ist auf diese Weise möglich.

12.3.2.3 Ratings & Nutzerkommentare

Nutzerbewertungen und -kommentare sind nicht nur geeignete Instrumente für die App-Store-Optimierung (ASO), sondern liefern auch viele interessante Informationen darüber, wie die eigene App von den Nutzern wahrgenommen wird. Gegebenenfalls können auch passende Keywords für die App-Store-Optimierung aus den Kommentaren extrahiert werden.

12.3.2.4 Downloads

Die Korrelation aus Downloads und Ergebnispositionen erlaubt es, den Erfolg eigener App-Store-Optimierungsbemühungen zu bestimmen. Wie haben sich beispielsweise die Downloads entwickelt, nachdem die App für das Keyword „xy“ von Platz 5 auf Platz 2 in den Suchergebnissen gerückt ist? Die Methode ist zwar sehr ungenau, aber sie ist dennoch ein Indikator.

12.3.2.5 Conversion & Umsatz

Unter dem Strich ist der Umsatz natürlich die entscheidende Größe, wenn es um die Bewertung von Marketing-Maßnahmen geht. Der Ansatz zur Erfolgsmessung ist dabei der Gleiche wie bei der Korrelation von Downloads und dem Ranking der App. Darüber hinaus sollte die Conversion-Rate im Blick behalten werden. Es kommt nämlich häufig vor, dass die Conversion-Rate durch verstärkte App-Store-Optimierungsmaßnahmen zunimmt. Steigt also die Conversion-Rate an, ist dies auch ein Indikator für erfolgreiche ASO.

12.4 App Install-Campaigns

Neben der App-Store-Optimierung helfen bezahlte Kampagnen dabei, die Reichweite der eigenen App zu steigern. Beide großen App-Store-Anbieter haben eigene Programme und zusätzlich lassen sich auf einfache Weise über Facebook Downloads generieren.

12.4.1 Google Universal App Campaigns

Mit Google Universal Campaigns können App-Anbieter ihre eigene App innerhalb des Google-Netzwerks bewerben. Dazu gehören neben dem Google Play Store (siehe Abb. 12.5) auch YouTube, andere mobile Apps und knapp zwei Mio. Websites innerhalb des Google-Displaynetzwerks. Angelegt werden die Kampagnen über das AdWords-Konto (adwords.google.de). Das Kampagnen-Toolzieht automatisch die Metadaten der App (Icon, Kategorie, Beschreibung), während der Werbetreibende das Gesamtbudget und einen akzeptablen Cost-per-Install (CPI) festlegt. Mit Firebase stellt Google zusätzlich eine kostenlose App-Analyse-Software zur Verfügung, mit der sich nicht nur die Herkunft der App-Nutzer nachvollziehen lässt, sondern auch die Aktivität innerhalb der App – das Engagement (firebase.google.com/docs/analytics).

12.4.2 Apple Search Ads

Auch das Anlegen von Apple Search Ads für iOS-Apps geht leicht von der Hand (Abb. 12.6). Nach Eingabe des App-Store-Links zieht sich das System alle Metadaten (Icon, Kategorie, Beschreibung) und blendet die Anzeige anschließend bei passenden

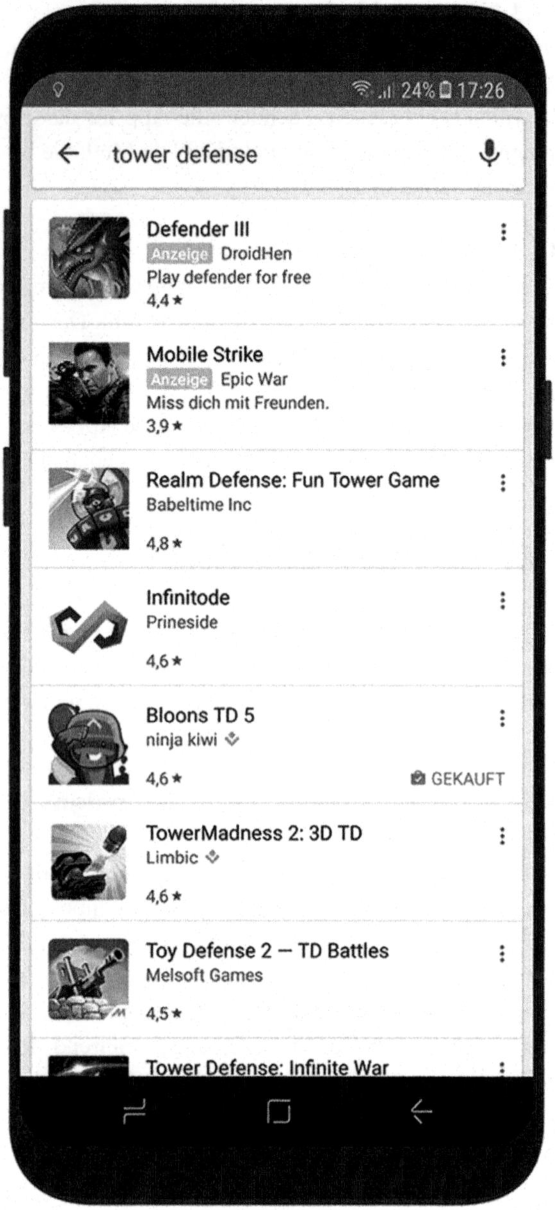

Abb. 12.5 App-Install-Kampagnen mit Google

Suchanfragen innerhalb des Apple App Stores ein. Der App-Anbieter muss lediglich das vorhandene Budget und den möglichen Cost-per-Click (Preis für einen Klick auf die Anzeige) definieren (searchads.apple.com).

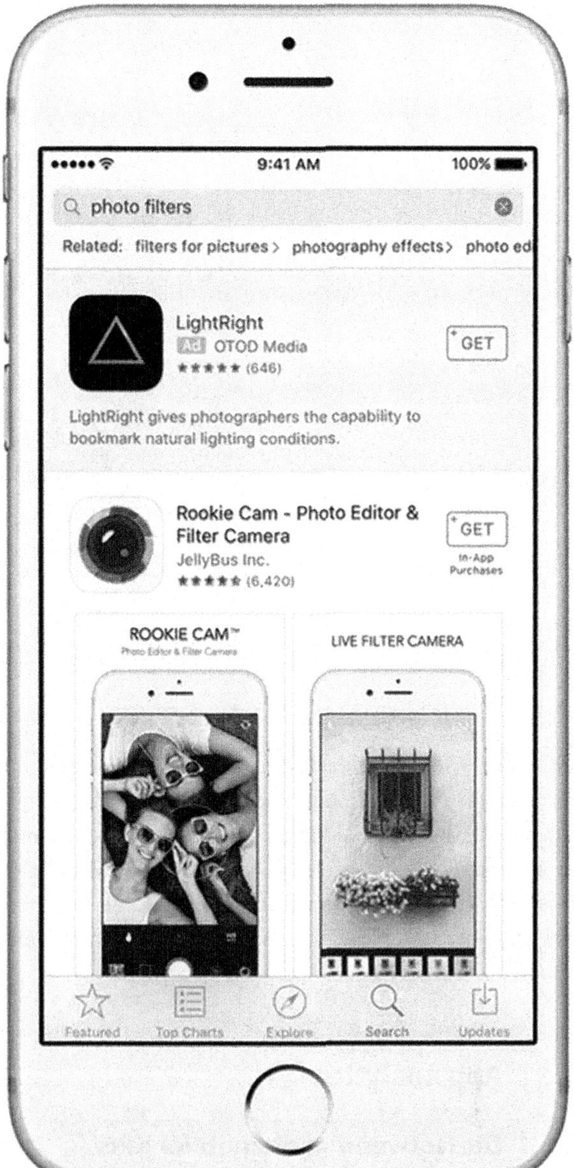

Abb. 12.6 Apps bewerben mit Apple Search Ads

12.4.3 Facebook Mobile App Install Ads

Eine dritte Variante zum Generieren von App-Installationen sind Facebook Mobile App Install Ads (Abb. 12.7). Dank der guten Targeting-Optionen von Facebook lassen sich die Anzeigen sehr zielgruppengenau ausspielen. Als Plattformen werden Android, iOS

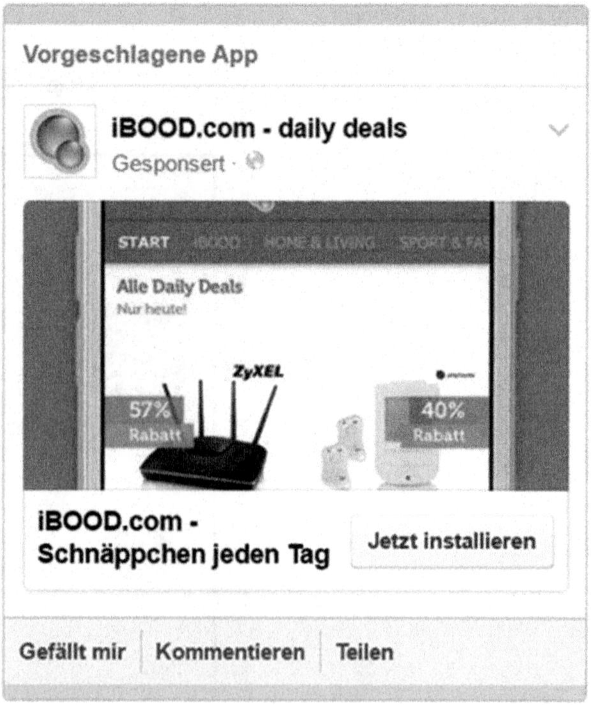

Abb. 12.7 Facebook Mobile App Install Ads

und Amazon Kindle unterstützt. Die Werbung erscheint zum einen auf Facebook selbst oder aber im Facebook Audience Network und auf Instagram. Neben Neuinstallationen können auch bestehende App-Nutzer angesprochen und gegebenenfalls reaktiviert werden. Die Abrechnung erfolgt entweder per CPM (Cost-per-Mille), CPC (Cost-per-Click) oder CPA (Cost-per-Action). Das CPA-Modell ist allerdings nur für Apps möglich, die das Facebook SDK[4] integriert haben oder einem Mobile Measurement Partner von Facebook zusammenarbeiten.

12.5 App Analytics

12.5.1 Die Notwendigkeit mobiler KPIs

Für Unternehmen, die Apps erstellen, anbieten, bewerben oder in Apps investieren, bildet konsequente Erfolgsmessung (App Analytics) den wichtigsten Schlüssel zum Erfolg. App Analyse liefert vom Start weg in Echtzeit detaillierte Erkenntnisse über die eigenen Nutzer und hilft dabei, sie zum Wiederkehren zu bewegen und den Umsatz pro Nutzer zu steigern.

[4]developers.facebook.com/docs/. Zuletzt aufgerufen am 28.06.2017.

Allerdings kommt der Auswahl der richtigen KPIs (Key Performance Indikatoren) eine entscheidende Bedeutung zu, um wirklich aussagekräftige Ergebnisse zu erhalten. Aus diesem Grund beschäftigt sich dieses Kapitel nicht nur mit einer Einführung in die App-Analyse, sondern gibt auch Anregungen bei der Bestimmung der richtigen Kennzahlen.

12.5.2 App-Analytics vs. Web-Analytics

Während die Web-Analyse (Erfolgsmessung von Websites auf Desktop-PCs) schon viele Jahre im Einsatz ist und Online-Marketer schon einige Jahre Erfahrung aufbauen konnten, handelt es sich bei der App-Analyse um ein noch vergleichbar junges Feld. Und obwohl viele Protagonisten gehofft haben, ihre Web-Analyse-Erfahrungen einfach auf den App-Bereich übertragen zu können, mussten sie doch erkennen, dass signifikante Unterschiede zwischen den beiden Feldern bestehen.

Mit dem Anstieg der App-Nutzung rücken neue Kennzahlen in den Mittelpunkt, die für die Web-Analyse grundsätzlich keine Rolle spielen. Mobile Apps werden anders konsumiert, die Nutzungszeiten sind geringer, aber dafür ist die Häufigkeit deutlich höher. Der Nutzungstrichter (Funnel) von Apps ähnelt zwar dem von Websites, verläuft aber letztendlich doch ganz anders. Der Fokus liegt auf Sessions mit bestimmten Nutzungszeiten statt auf Page Impressions (Seitenaufrufen).

Während beim Tracking von Website-Besuchern (Web-Analytics) Cookies noch immer eine vorherrschende Bedeutung haben, werden mobile Nutzer durch Geräte-Tracking oder Social-Authentifizierung (oder Log-in-Tracking) identifiziert. Eine Session endet in dem Moment, wenn der Nutzer die App schließt oder für eine vorher festgelegte Zeit inaktiv ist. Es werden App-Interaktionen gemessen und Kennzahlen erhoben, die Aufschluss über das Nutzerverhalten und die Nutzerbindung liefern. Der Wechsel von der Page-Impression-Betrachtung hin zur Session-Untersuchung ist der wichtigste Schlüssel auf dem Weg von der Web-Analyse zur App-Analyse.

Downloads sind keine ausreichende Messgröße

Der erste Fehler passiert vielen Anbietern gleich zu Beginn: Sie nehmen die Zahl der App-Downloads als wichtigste Messgröße. Doch außerhalb der App Stores hat die Anzahl der Downloads keine besondere Aussagekraft. Sie zeigt weder, welche Kanäle besonders gut für die Gewinnung neuer Nutzer geeignet sind, noch gibt sie Auskunft über ihr Verhalten innerhalb der App.

Ein großer Teil der heruntergeladenen Apps wird nur ein einziges Mal geöffnet. Anschließend wird die App sofort wieder deinstalliert oder fristet ihr Dasein ungenutzt im Speicher der Smartphones und Tablets. Die Zahl der Downloads hat also im schlimmsten Fall gar keine Aussagekraft. Viel entscheidender ist die Frage, wie intensiv sich die Nutzer mit der App beschäftigen.

Da bekannt ist, dass App-Downloads den Langzeitwert mobiler Nutzer für das eigene Geschäft nicht abbilden, müssen auf jeden Fall weitere Kennzahlen betrachtet werden.

Die erfolgreichsten App-Anbieter erfassen Daten über das Nutzerverhalten, die Aufrechterhaltung der Nutzeraktivität (Retention) und Umsatzströme und vergleichen diese anschließend miteinander.

12.5.3 Die richtige Analyse-Strategie

Es gibt eine Reihe von Kennzahlen, um die Nutzeraktivität zu messen. Die Bestimmung der richtigen KPIs hängt von den Unternehmenszielen ab. Da sich die Ziele von Entwicklern, Marketern, Sales-Verantwortlichen und Unternehmenseigentümern durchaus unterscheiden können, müssen vor dem Start einige Fragen beantwortet werden. Dazu gehören:

- Welches Hauptziel soll mit der App erreicht werden?
- Wie sollen sich die Nutzer innerhalb der App verhalten?
- Welchen Pfad soll der Nutzer idealerweise nehmen?
- Welche Conversion-Ziele gibt es?

Nicht alle Apps sind gleich, von daher kann die vorherige Festlegung wichtiger Messgrößen schon einen ersten Wettbewerbsvorteil bringen. Erfahrene Marketer wissen, dass sie zunächst mit einer Hypothese beginnen, um dann schnell herauszufinden, was für ihre App die beste Herangehensweise ist.

Werden im Vorfeld die richtigen Fragen gestellt, wird auch der Gefahr vorgebeugt, dass Daten nur um ihrer selbst willen gesammelt werden – in der Hoffnung, dass die Antworten zu den passenden Fragen führen. Nur wer zu Beginn die richtigen Fragen stellt, findet in den Daten die Basis für eine konsequente Erfolgsmessung.

12.5.4 KPIs im App-Marketing

12.5.4.1 Nutzer

Nutzer-Tracking ist das wichtige erste Puzzleteil. Die gewonnenen Daten geben nicht nur Einblick in die eigene Zielgruppe und grundsätzliche Verhaltensmuster der App-Nutzung, sondern sind auch wichtig für tiefer gehende Analysen, die Segmentierung der Zielgruppe, das Tracking spezieller Nutzungsverhalten und das Aufsetzen erfolgreicher App-Marketing-Kampagnen.

Mit demografischen Daten lässt sich beispielsweise die Nutzeransprache innerhalb der App, bei Werbekampagnen oder Push-Nachrichten verfeinern. Weitere interessante Informationen stellen verwendete Gerätetypen, Betriebssysteme (z. B. Android oder iOS) oder die Tageszeiten – an denen die App besonders stark genutzt wird – dar. Darüber hinaus liefert das Nutzer-Tracking wichtige Erkenntnisse für die Umsatzgenerierung, da es Daten zur Zahlungsbereitschaft von In-App-Käufen und zur Bereitschaft auf Anzeigen zu klicken liefert. Sobald die eigene Publikumsbasis und die aktiven Nutzer verstanden werden, steht das Grundgerüst zur Optimierung der Nutzeraktivität zur Verfügung.

12.5.4.2 Session-Dauer

Die Dauer der Session erfasst den Zeitraum zwischen Öffnung und Schließung einer App. Alternativ findet ein automatisches Time-out statt, wenn der Nutzer für eine bestimmte Zeit inaktiv ist (z. B. nach 20 s). Dadurch wird gemessen, wie lange sich welcher Teil der Nutzerschaft mit der eigenen App beschäftigt und warum das so ist.

Das Tracking der Session-Dauer ist wichtig, um die Umsatzpotenziale der eigenen App voll zu entfalten. Handelt es sich beispielsweise um eine M-Commerce-App, stellt sich die Frage, wie lange der Nutzer bis zum Abschluss der Bestellung benötigt. Liegt die durchschnittliche Nutzungszeit der App beispielsweise unterhalb der notwendigen Dauer für den Bestellprozess, muss entweder die durchschnittliche Nutzungszeit gesteigert oder der Bestellprozess vereinfacht werden (Trichteroptimierung).

12.5.4.3 Session-Intervall

Mit dem Session-Intervall wird gemessen, wie lange es nach der ersten Nutzung dauert, bis ein Nutzer die App ein zweites Mal öffnet. Nach mehreren Sessions wird daraus die durchschnittliche Frequenz errechnet. Mit diesem Wert kann die App gezielt darauf optimiert werden, die Frequenz zu senken und den Nutzer häufiger zum Öffnen der App zu animieren.

Fällt beispielsweise auf, dass bei Tablet-Nutzern längere Session-Intervalle als bei Smartphone-Nutzern gemessen werden, könnte das daran liegen, dass die App nicht an die erweiterten Darstellungsmöglichkeiten der größeren Tablet-Displays angepasst wurde. Mit einer speziellen Tablet-Darstellung könnten die Session-Intervalle anschließend sinken. Auch Push-Nachrichten, App- oder In-App-Marketing-Kampagnen können dazu geeignet sein, die Session-Intervalle zu verkürzen.

12.5.4.4 In-App-Zeit

Im Gegensatz zur Session-Dauer misst die In-App-Zeit nicht die Länge einer Sitzung innerhalb der App, sondern die Gesamtnutzungszeit innerhalb einer bestimmten Periode (z. B. 24 h). Damit kann abgeleitet werden, wie oft die App verwendet wird und wie wertvoll sie für die Nutzer ist.

Öffnet ein bestimmtes Nutzersegment die App beispielsweise regelmäßig für einen langen Zeitraum, muss man sich die Frage nach dem Warum stellen. Folgen sie alle dem gleichen Muster, kaufen sie häufiger ein oder recherchieren sie nur? Mit diesen Informationen lässt sich die App dann gegebenenfalls personalisieren und das Nutzererlebnis optimieren.

12.5.4.5 Nutzererfahrung & Ladezeiten

Die Tatsache, dass die eigene App genutzt wird, sagt noch nicht viel darüber aus, ob sich die Nutzer auch gerne damit beschäftigen. Nutzerbewertungen und -berichte in den App Stores geben natürlich Auskünfte darüber, wie Nutzer die App wahrnehmen. Dennoch sollten weitere Daten erhoben werden, um beispielsweise App-Abstürze zu dokumentieren. So kann beispielsweise per In-App-Messenger direktes Feedback vom Nutzer eingeholt werden.

Ein nicht zu vernachlässigender Faktor für den Erfolg einer App sind die Ladezeiten. Braucht eine App schon zehn Sekunden, bevor sie sich überhaupt öffnet, wird dies für viele Nutzer bereits zu viel sein und sie werden sich direkt nach einer Alternative umschauen. In der mobilen Welt spielen Ladezeiten eine noch gewichtigere Rolle als im stationären Internet.

12.5.4.6 Nutzerakquise

Der erfolgversprechendste Weg, um neue Nutzer zum Download der eigenen App zu bewegen, ist ein Blick auf bereits bestehende App-Nutzer. Wie haben diese von der Existenz der App erfahren: War es die organische Suche in Suchmaschinen, bezahlte Anzeigen, In-App-Werbung oder gar Mund-zu-Mund-Propaganda? Nutzer laden verschiedene Apps aus unterschiedlichen Gründen herunter und es ist gut zu wissen, auf welchem Weg die eigene Zielgruppe am besten erreicht wird.

Vor allem für bezahlte Kampagnen über Plattformen wie Facebook, Google oder Twitter sind diese Kennzahlen wertvoll. Sie geben Auskunft darüber, wie teuer die Akquise der Nutzer ist und welche Aktionen sie innerhalb der App durchführen. Bei bezahlten Anzeigen kommt es unter dem Strich auf den Return on Investment (ROI) an und eben nicht nur auf die generierten Downloads. Mit diesen Akquise-Kennzahlen kann der Wert eines Nutzers aus verschiedenen Marketing-Kanälen miteinander verglichen werden. Darüber hinaus helfen sie auch bei der Nutzersegmentierung für Push-Nachrichten.

12.5.4.7 User Journey

Bei welcher App-Unterseite springen die Nutzer ab, von wo aus wechseln sie zu welcher Seite, wie viele Aufrufe hat eine bestimmte Seite? Die User Journey bildet ab, welche Interaktionen die Nutzer mit der App haben. Es werden bestimmte Unterseiten der App betrachtet und geschaut, was die Nutzer auf der Seite gemacht haben und wohin sie danach gegangen sind. Durch das Verständnis darüber, wie sich die Nutzer durch die App bewegen, lassen sich Problemfelder, Conversion-Sackgassen und Absprungseiten finden und entsprechend beseitigen.

Die User-Journey-Analyse zeigt genau, was Nutzer – die einen bestimmten Pfad nicht zu Ende gegangen sind – stattdessen gemacht haben und bietet damit die Grundlage zur Conversion-Optimierung. So können Nutzungstrichter vereinfacht oder verlorene Nutzer per In-App-Marketing wieder reaktiviert werden.

12.5.4.8 Nutzertreue (Retention Rate)

Einen Nutzer per Marketing dazu zu bringen, die eigene App herunterzuladen, mag noch relativ einfach zu bewerkstelligen sein. Schwieriger ist es allerdings, ihn zum wiederholten Öffnen der App zu animieren – vor allem über einen längeren Zeitraum hinweg. Viele Apps haben damit zu kämpfen, dass sie zwar für kurze Zeit einen Hype bei den Nutzern erzeugen können, wenige Monate später hört man aber so gut wie nichts mehr von ihnen.

Die Retention Rate beschreibt den prozentualen Anteil der Nutzer, die nach einem Öffnungsvorgang der App wiederkommen. Dabei lassen sich verschiedene Zeiträume betrachten, z. B. die Wiederkehr nach einem Tag, einer Woche oder einem Monat. Außerdem unterscheidet sich der Wert bei verschiedenen Geräten, Nutzergruppen und Werbekampagnen. Ein besonders wichtiger Zeitpunkt zur Überprüfung der Retention Rate ist nach der Veröffentlichung eines Updates. Hier muss zwingend überprüft werden, ob sich die Nutzertreue verändert.

Es sind vor allem die regelmäßigen Nutzer, die eine App erfolgreich machen. Das haben auch die App Stores erkannt, die in ihren Charts mehr und mehr langfristig verwendete Apps bevorzugen. Regelmäßige App-Nutzer werden auch mit höherer Wahrscheinlichkeit zu Käufern, bringen dadurch mehr Umsatz und verfügen insgesamt über einen höheren Lifetime Value.

12.5.4.9 Durchschnittlicher Umsatz pro Nutzer (ARPU)

Es ist schön, eine App mit vielen Nutzern zu haben, von denen ein großer Teil auch regelmäßig wiederkommt. Doch an irgendeiner Stelle müssen Umsätze generiert werden, die den Entwicklungsaufwand der App rechtfertigen. Der Average Revenue per User (ARPU) beschreibt den Wert jedes einzelnen Nutzers für die eigene App.

Umsätze bei Apps entstehen vor allem durch In-App-Verkäufe, Werbeeinnahmen und M-Commerce-Erlöse. Die M-Commerce-Umsätze können allerdings nicht immer nur isoliert für die App betrachtet werden. Da die Customer Journeys bei Online-Käufen immer häufiger über mehrere Geräte hinweg verlaufen, kann es durchaus sein, dass dem Smartphone eine vorbereitende Rolle zuteil wird (Produktrecherche). Abgeschlossen wird der Kauf dann aber trotzdem auf dem Desktop-PC.

$$\text{ARPU} = \frac{\text{Umsatz}}{\text{Anzahl der Nutzer}}$$

12.5.4.10 Lifetime Value

Der Lifetime Value ist die wichtigste Umsatz-Messgröße, denn sie beschreibt den finanziellen Erfolg der App und den Wert jedes Nutzers über den gesamten Lebenszyklus hinweg. Wobei nicht nur Umsatzzahlen einen direkten Wert darstellen können. Die Betreiber einer News-App schauen möglicherweise eher darauf, wie viele Artikel gelesen und Ad Impressions dabei generiert wurden. Für die Anbieter einer Musik-App wie z. B. einem Online-Radio zählt hingegen zunächst mal die Zeit, die der Nutzer innerhalb der App verbringt.

Aber ansonsten spielt der monetäre Wert des Nutzers natürlich die wichtigste Rolle. Shopping-Apps interessieren sich für die Zahl und den Wert von Verkäufen, während Spiele-Anbieter ihre In-App-Verkäufe im Auge haben. Mit dem Lifetime-Value-Wert für verschiedene Nutzersegmente kann ermittelt werden, wie viel Werbebudget aufgewendet werden kann, um weitere Nutzer dieser Art zu akquirieren und dabei weiterhin einen positiven Deckungsbeitrag zu gewährleisten.

$$\text{CLV} = \text{Summe T zu Beginn} * (\text{eT}-\text{aT}/(1+\text{i}) * \text{T})$$

„T" beschreibt die Dauer der geschäftlichen Beziehung mit dem Kunden. „eT" sind die daraus erwarteten Umsätze. „aT" sind die Kosten für die Kundenpflege. Bei „i" handelt es sich um den Kalkulationszinssatz auf Basis der Dauer der Geschäftsbeziehung.

12.6 Mobile E-Mail-Marketing

Da sich das Smartphone zum ständigen Begleiter entwickelt hat, ist es wenig verwunderlich, dass auch E-Mails immer häufiger mobil abgerufen werden. Eine Studie des Marktforschungsunternehmens Radicati[5] geht davon aus, dass bis 2018 knapp 80 % aller E-Mails nur noch mit mobilen Endgeräten abgerufen werden. Schon heute rufen bis zu 74 % aller Smartphone-Besitzer ihre E-Mails zumindest ab und zu mobil ab[6].

Dennoch leisten sich viele Unternehmen noch den Luxus, ihre Newsletter und sonstigen E-Mails nicht für Smartphones und Tablets zu optimieren und verschenken dadurch eine Menge Potenzial bzw. potenzielle Leser. Es ist nämlich keineswegs davon auszugehen, dass die Nutzer mit dem Smartphone lediglich einen ersten Blick auf die eingehende E-Mail werfen und diese dann später auf dem Desktop-PC lesen. Sobald die Mail auf dem Mobiltelefon betrachtet wurde, ist sie für den Nutzer nicht weiter relevant.

Die beste Methode zur Anpassung der E-Mail-Darstellung für verschiedene Endgeräte ist das Responsive Design, bei dem sich die Gestaltung automatisch an die verschiedenen Bildschirmgrößen und Auflösungen anpasst. Grafiken und Call-to-Action-Tasten werden von selbst an die passende Stelle verschoben.

Durch den Einsatz von Responsive Design ist die größte Hürde genommen, die eigenen E-Mails und Newsletter passgenau zu den mobilen Konsumenten zu bringen. Doch es gibt noch einige andere Unterschiede:

12.6.1 Betreffzeile

Der Betreffzeile kommt auf mobilen Endgeräten eine noch größere Bedeutung zu als auf Desktop-PCs. Ist der Betreff zu lang, besteht die Gefahr, dass sie auf Smartphones nicht komplett dargestellt wird. Darüber hinaus weisen kurze und klar formulierte Betreffzeilen eine höhere Öffnungsquote auf.

[5] Radicati (2014). Mobile Statistics Report, 2014–2018. The Radicati Group. radicati.com/wp/wp-content/uploads/2014/01/Mobile-Statistics-Report-2014–2018-Executive-Summary.pdf. Zuletzt zugegriffen am 07.06.2017.

[6] Gartner (2012). Gartner Survey Highlights Top Five Daily Activities on Media Tablets. www.gartner.com/newsroom/id/2070515. Zuletzt zugegriffen am 07.06.2017.

12.6.2 Pre-Header

Der als Pre-Header (oder auch als Snippet-Text) bezeichnete Teil einer E-Mail beschreibt den kurzen Text oberhalb der Kopfgrafik. Dieser sollte genutzt werden, um den Nutzer neugierig auf den Rest der E-Mail zu machen.

12.6.3 Textlänge & Schriftgröße

Insgesamt ist es ratsam, bei mobilen E-Mails noch schneller auf den Punkt zu kommen und sich auf das Wesentliche zu konzentrieren. Wichtige Informationen gehören direkt in den Kopfbereich der Mail, um dem Nutzer unnötiges Scrollen zu ersparen. Flexible Schriftgrößen helfen dabei, der individuellen Sehfähigkeit von Nutzern Rechnung zu tragen.

12.6.4 Touchscreen-Navigation

Während bei Desktop-PCs die Maus das Navigationsgerät der Wahl ist, werden Smartphones bekanntermaßen mit dem Finger gesteuert. Die Gestaltung der E-Mail muss sich daran orientieren. Bei klickbaren Grafiken wird beispielsweise eine Mindestgröße von 44 × 44 Pixeln empfohlen.[7] Werden verschiedene Text-Links platziert, sollte genügend Abstand zwischen den Links eingeplant werden, damit der Nutzer nicht aus Versehen den falschen Verweis anklickt.

12.6.5 Alternativ-Text

Nicht alle mobilen Betriebssysteme laden Grafiken in mobilen E-Mails automatisch mit. Während bei Apple-Geräten Grafiken automatisch mitgeladen werden, ist dies bei Android nicht immer der Fall bzw. muss der Nutzer zuvor entscheiden, ob die Bilder mitgeladen werden sollen. Mit Alt-Tags versehene Grafiken und Call-to-Action-Tasten geben dem Nutzer auch dann einen Eindruck von ihrem Inhalt, wenn sie nicht direkt mitgeladen werden.

12.6.6 Abmelde-Taste

Natürlich sehen Anbieter von Newslettern es nicht gerne, wenn Nutzer keine weiteren E-Mails von ihnen erhalten möchten. Doch zum einen ist es rechtlich notwendig und

[7]smashingmagazine.com/2012/02/finger-friendly-design-ideal-mobile-touchscreen-target-sizes/ Zuletzt abgerufen am 29.06.2017.

zum anderen ein Zeichen von Seriosität. Daher sollte man es dem Nutzer nicht vorsätzlich schwer machen, die Abmelde-Taste zu finden. Auf der anderen Seite ist es nicht ratsam, die Abmelde-Taste in der Nähe des Call-to-Actions zu platzieren, damit sich die Nutzer nicht aus Versehen abmelden.

12.6.7 Landingpage

Befindet sich in der E-Mail ein Call-to-Action, der den User zu einer bestimmten Aktion verleiten soll (z. B. den Kauf eines Produkts), muss die hinter dem Button liegende Landingpage natürlich ebenfalls mobil optimiert sein und schnell geladen werden. Andernfalls gehen mögliche Conversions verloren.

12.7 Push-Nachrichten

Das digitale Marketing entwickelt sich ständig weiter und mit neuen Geräten gehen auch neue Möglichkeiten für Online-Marketer einher. Waren es auf Desktop-PCs noch die E-Mails, mit denen Anbieter direkt mit ihren Kunden in Kontakt treten konnten, haben sich auf Smartphones und Tablets zusätzlich Push-Nachrichten etabliert. Für Performance-Marketer wird es daher Zeit, Push-Nachrichten als eine weitere Evolutionsstufe im digitalen Marketing zu verstehen (Abb. 12.8).

Mit der Möglichkeit, Traffic direkt in die App zu schicken und dabei gleichzeitig die Nutzererfahrung zu verbessern, haben Push-Benachrichtigungen das Potenzial, die Kommunikation zwischen Nutzern und Marken neu zu definieren.

Anfangs konnte man den Eindruck gewinnen, als unterschieden sich Push-Nachrichten nicht sonderlich von den altehrwürdigen E-Mails: Eben ein weiterer Kanal, um Kunden in der digitalen Welt zu erreichen. Und Smartphones waren einfach ein weiterer Bildschirm, um die gleichen Inhalte wie zuvor zu konsumieren. Diese Beurteilung war aber definitiv falsch.

E-Mails und Push-Nachrichten sind komplett unterschiedliche Kommunikationskanäle, die im Leben der Konsumenten vollkommen unterschiedliche Rollen spielen. Bespielen Unternehmen diese beiden Kanäle auf die gleiche Art und Weise, laufen sie Gefahr, ihre Kunden durch Spam zu verärgern und damit der eigenen Marke zu schaden. Es ist deshalb wichtig, sich die Unterschiede zwischen E-Mails und Push-Nachrichten zu verdeutlichen.

12.7.1 Push-Nachrichten vs. E-Mails

Konsumenten versprechen sich unterschiedliche Dinge von E-Mails und Push-Nachrichten. Durch jahrelange Erfahrung mit Spam lehnen sie E-Mails, die ihnen einfach etwas verkaufen wollen, ab. Die Betreffzeilen der Mails überfliegen sie nur noch und löschen die Mitteilungen häufig direkt. Die durchschnittliche Click-Through-Rate von E-Mails

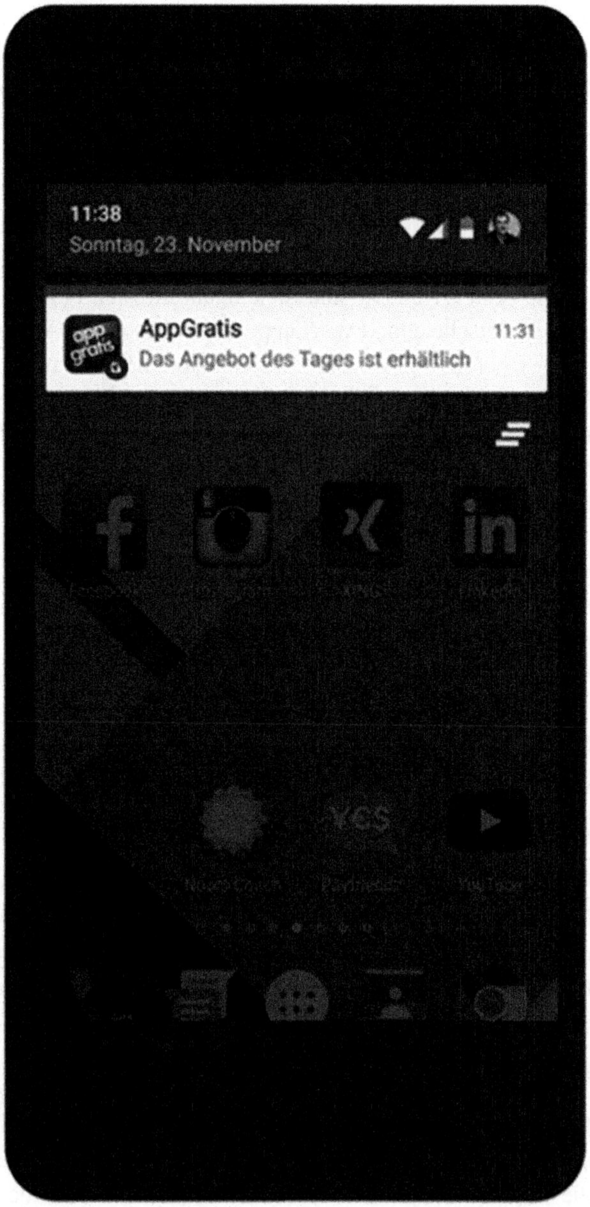

Abb. 12.8 Beispiel einer eingegangenen Push-Nachricht

liegt im niedrigen, einstelligen Prozentbereich. Erfahrene E-Mail-Nutzer erwarten gar nicht mehr, dass E-Mail-Newsletter eine Relevanz für sie haben und befassen sich daher selten mit ihnen.

Push-Nachrichten werden vom Nutzer fundamental anders wahrgenommen als E-Mails – was auch die deutlich höheren Click-Through-Raten belegen. Diese liegen nicht selten bei 20 %. Die Nachrichten werden direkt auf dem Lockscreen des Smartphones angezeigt, wodurch sie potenziell einen höheren Nutzen bringen. Allerdings – bei falscher Anwendung können sie auch besonders störend sein.

Schlechte E-Mails bleiben ungelesen im Postfach und werden anschließend genauso ungelesen gelöscht. Push-Nachrichten werden vom Nutzer bemerkt und verlangen eine sofortige Aktion von ihm. Daher müssen Push-Nachrichten eine sofortige Relevanz für den Nutzer haben. Erhaltene E-Mails können Nutzer hingegen auch für einen späteren und passenderen Moment aufheben.

Die besten Kunden sind diejenigen, die sich bewusst für den Erhalt von Push-Nachrichten entscheiden. Das klappt besonders dann, wenn ihnen der Vorteil dieser Meldungen bereits im Vorfeld kommuniziert wird. Je nach Kategorie zeigen sich 60 % der Nutzer offen für Push-Nachrichten. Push-Empfänger gehören häufig zu den Heavy-Usern von Mobile Apps und zeichnen sich durch eine sehr hohe Loyalität und Wertigkeit aus. Experten sprechen von einer bis zu 26 % höheren Aktivitätsquote von Push-Nachrichtenempfängern gegenüber Push-Verweigerern.

Gutes Push-Message-Marketing kann die gleichen Vorteile der Personalisierung nutzen, die auch zum Erfolg des E-Mail-Marketings beigetragen haben. Doch Push-Marketing kann sogar noch mehr leisten als gute E-Mail-Kampagnen – wenn die Interaktionsaufforderung auf dem richtigen Gerät und zur richtigen Zeit erfolgt – quasi in dem Moment, in dem die Interaktion mit der beworbenen App wahrscheinlich ist.

Viele Nutzer tragen ihr Smartphone 24 h am Tag bei sich. Gut optimierte Push-Nachrichten können sie also jederzeit und an jedem Ort erreichen. Das funktioniert mit E-Mails auf dem Computer nicht. Mithilfe der Geo-Location-Funktion lassen sich sogar ortsabhängige Informationen in die Push-Benachrichtigungen einarbeiten.

Timing ist das A und O

Natürlich ist die Möglichkeit, die Nutzer jederzeit per Push-Nachricht erreichen zu können, ein zweischneidiges Schwert. Selbst wenn sie ihr Smartphone 24 h am Tag bei sich tragen, heißt das natürlich nicht, dass sie jederzeit offen für den Erhalt von Push-Meldungen sind.

E-Mail-Newsletter werden beispielsweise um acht Uhr morgens versendet und der Absender kann davon ausgehen, dass die E-Mails dann gelesen werden, wenn der Empfänger vor seinem Rechner sitzt. Push-Nachrichten kommen hingegen in Echtzeit an und stören den Nutzer im schlimmsten Fall sogar im Schlaf – mit negativen Folgen für die Reputation von Unternehmen und Marke. Wird der Nutzer allerdings im richtigen Moment kontaktiert, können die App-Nutzungs-Intensität und In-App-Verkäufe mehr als verdoppelt werden.

Das Medium bestimmt den Inhalt

Im Vergleich zu E-Mails erfordern Push-Nachrichten einen radikal anderen Umgang mit den transportierten Informationen. Da wäre zunächst die kürzere Darstellungsform. Während Push-Nachrichten auf 160 Zeichen begrenzt sind, können E-Mails deutlich länger sein. Die Push-Botschaft muss also viel prägnanter ausfallen.

Da Push-Meldungen in Echtzeit ausgeliefert werden, lassen sich Conversion-Rates durch Verknappung oder zeitlichen Druck deutlich steigern. Damit das erreicht wird, ist es notwendig, direkt auf den Punkt zu kommen und dem Nutzer prägnant zu vermitteln, worum es geht.

Man leitet den Nutzer ohne Umwege zum gewünschten Punkt innerhalb der App, von dem aus er sofort die intendierten Aktionen durchführen kann (z. B. einen In-App-Kauf vornehmen). Die Schritte werden genau vorgegeben, der Nutzer muss ihnen nur folgen. E-Mails können diesen klaren Weg zur Conversion nicht abbilden. Der Nutzer klickt auf der Landingpage möglicherweise auf einen anderen Link oder surft einfach weiter.

E-Mails sind nicht besonders gut geeignet, Traffic zu einer App zu schicken. Push-Nachrichten eignen sind hingegen hervorragend. Und vom Erhalt der Nachricht bis zum Aufruf der App vergehen nur wenige Sekunden.

Ist der Inhalt der Push-Nachricht dazu gedacht, dem Nutzer etwas zu verkaufen, braucht es ebenfalls nur wenige Schritte und Sekunden, bis die Kaufentscheidung ansteht. Durch die kurze Zeit ist die Chance groß, dass der Nutzer wirklich kauft.

Unterm Strich lässt sich sagen, dass Push-Nachrichten und E-Mails diametral unterschiedliche Kommunikationskanäle sind und so sollten sie auch behandelt werden. Die bestehende E-Mail-Marketing-Strategie kann nicht einfach um die Push-Marketing-Strategie ergänzt werden.

In der heutigen Welt verbringen Konsumenten mehr und mehr Zeit in Apps, während die Web-Nutzung abnimmt. Da vor allem junge Anwender mit Apps groß werden und E-Mails häufig kaum noch nutzen, ist eine dezidierte Push-Message-Strategie für den mobilen Erfolg unerlässlich.

12.7.2 Tipps für Push-Nachrichten

12.7.2.1 Einfache An- und Abmeldung ermöglichen

Im Idealfall fragen App-Anbieter ihre Nutzer, bevor sie ihnen Push-Nachrichten zusenden. Die Anmeldung sollte dabei genauso einfach von der Hand gehen wie die Abmeldung. Überhaupt ist höchstmögliche Transparenz über den Sinn und Zweck der Push-Meldungen ratsam. Durch das Herausstellen der Vorteile werden die Nutzer animiert, sich für den Erhalt der Push-Nachrichten anzumelden.

12.7.2.2 Nutzer in Segmente einteilen

Mit einer Universalstrategie für alle Nutzer wird viel Potenzial verschenkt. Stattdessen macht es Sinn, die Empfänger der Push-Nachrichten anhand von verschiedenen Charakteristiken in Gruppen einzuteilen. Die Push-Messages werden anschließend passgenau auf die unterschiedlichen Zielgruppen zugeschnitten.

12.7.2.3 Personalisierte und transaktionsorientierte Sprache verwenden

Nachdem die Push-Nachrichten in verschiedene Zielgruppen segmentiert wurden, werden sie jeweils mit personalisierten Messages angesprochen. Dabei darf ruhig eine Sprache verwendet werden, die beim Nutzer einen gewissen Handlungsdruck erzeugt (z. B. nur noch bis 24 Uhr). Die für die Handlung notwendigen Schritte müssen für den Nutzer klar ersichtlich sein und er wird mittels Deep-Linking direkt zum Kaufangebot innerhalb der App geführt. Ein Link zur Startseite der App ist nicht ausreichend.

12.7.2.4 Versandzeiten sorgfältig planen

Beim Versand der Push-Nachrichten muss beachtet werden, dass sich die Nutzer in verschiedenen Zeitzonen befinden können. Der Versandzeitpunkt wird also dementsprechend angepasst und variiert. Auch Urlaubszeiten können in die Versandplanung mit einfließen. Abgelaufene Push-Nachrichten müssen im Gegenzug zurückgezogen werden (wenn Angebote beispielsweise durch Zeitzonenverschiebungen nicht mehr gültig sind).

12.7.2.5 Die passende Versandfrequenz bestimmen

Verschiedene Zielgruppen lassen sich unterschiedlich häufig mit Push-Nachrichten bespielen. Tests liefern das Know-how, welche Frequenz von den Nutzern akzeptiert wird. Zu häufiges Penetrieren wirkt sich definitiv negativ aus und wird vom Nutzer mit erhöhten Abmeldequoten bestraft.

12.7.2.6 A/B-Tests durchführen

Um die passende Ansprache der Nutzer zu finden, müssen verschiedene Aktionsaufforderungen, Texte, Angebote, Nachrichtenlängen etc. getestet werden. Experimentieren führt zu neuen Erkenntnissen und letztendlich zum Erfolg.

12.7.2.7 Vorgänge automatisieren

Der Versand von Push-Message-Ketten, deren inhaltliche Aussagen aufeinander aufbauen, sollte bereits im Vorfeld komplett geplant werden. Neu angemeldete Nutzer werden nahtlos in laufende Kampagnen integriert. Durch geschickte Automatisierung der Vorgänge lässt sich viel manueller Aufwand einsparen.

12.7.2.8 Die richtigen KPIs messen

Um den Erfolg der Marketingbemühungen mit Push-Messages richtig beurteilen zu können, müssen die wichtigen Key Performance Indikatoren (KPIs) identifiziert und im Auge behalten werden. App-Analytics-Systeme helfen bei der Messung und Optimierung. Die Anzahl der App-Öffnungen durch Nutzer ist kein ausreichender Wert zur Erfolgsmessung.

12.8 Tools fürs Mobile Marketing

12.8.1 adjust

Über welche Marketing-Kanäle sind meine App-Nutzer zu mir gekommen? Diese Frage beantwortet das Berliner Unternehmen adjust. Und nicht nur das: Es kann auch nachvollzogen werden, welche Aktionen diese Nutzer innerhalb der App durchführen, sodass sich ganz genau entscheiden lässt, welche Marketing-Kanäle die Nutzer bringen, die wirklich wertvoll sind. Außerdem gibt es Schutzmechanismen gegen App-Install-Fraud (adjust.com) (Abb. 12.9).

12.8.2 Adsquare

Ebenfalls in Berlin beheimatet ist Adsquare, eine Mobile Data Exchange Adsquare. Diese liefert Daten für mobiles Publikum, die Advertisern dabei helfen, ihre eigene Zielgruppe im richtigen Moment (Mobile Moment) auf Smartphones und Tablets zu erreichen. Zu den verfügbaren Daten gehören neben Produktinteressen u. a. auch Geodaten des Nutzers und das aktuelle Wetter (adsquare.com) (Abb. 12.10).

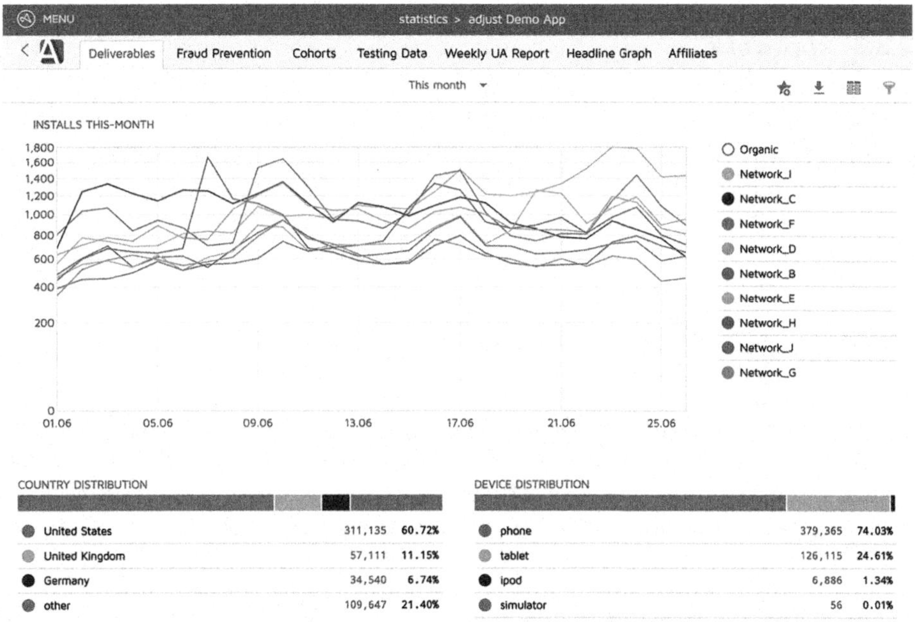

Abb. 12.9 Mobile Attribution Anbieter Adjust

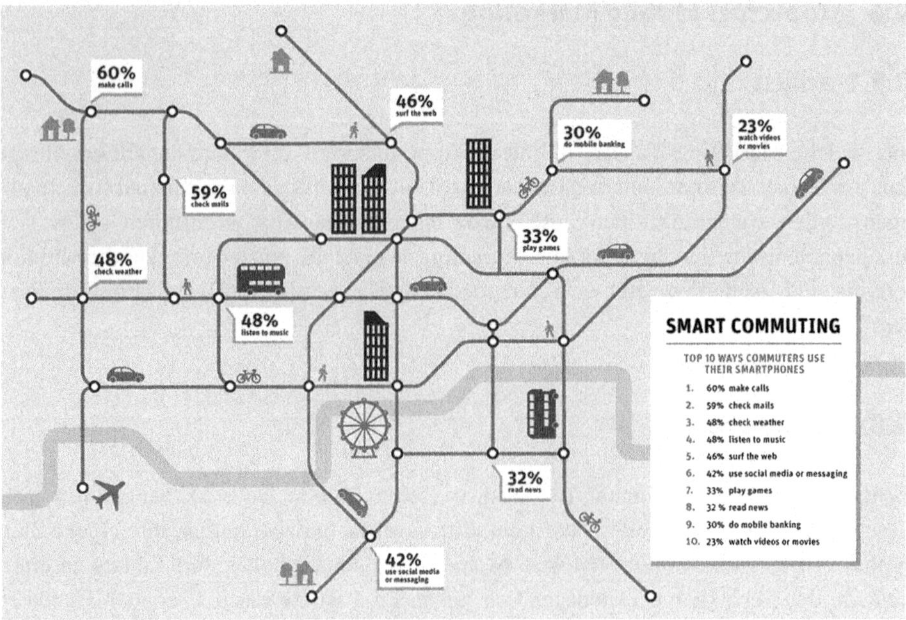

Abb. 12.10 Daten für mobile Werbekampagnen

12.8.3 Apptweak

App Store Optimierung (ASO) ist ein komplexes Feld und setzt fundiertes Wissen voraus. Mit apptweak steht App-Store-Optimierern eine Software zur Verfügung, die ihnen alle Daten, Insights und Tools an die Hand gibt, um das eigene App-Store-Ranking zu verbessern und die Zahl der eigenen App-Downloads signifikant zu erhöhen (apptweak.com) (Abb. 12.11).

12.8.4 appsee

Engagement, also die Nutzungsintensität einer App, wird auch für das App-Store-Ranking immer wichtiger. Mit appsee lässt sich daher analysieren, wie sich Nutzer innerhalb der eigenen App verhalten, welche Wege sie nehmen, wohin ihre Finger wandern (durch Heatmaps), an welchen Stellen sie abbrechen und vieles mehr (appsee.com) (Abb. 12.12).

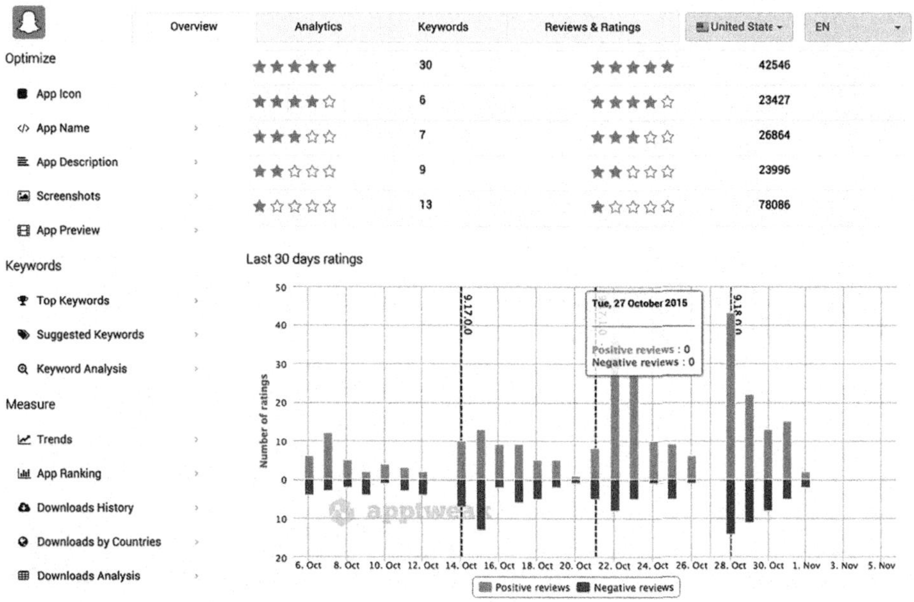

Abb. 12.11 Für professionelle App Store Optimierung

Abb. 12.12 App Engagement analysieren mit appsee

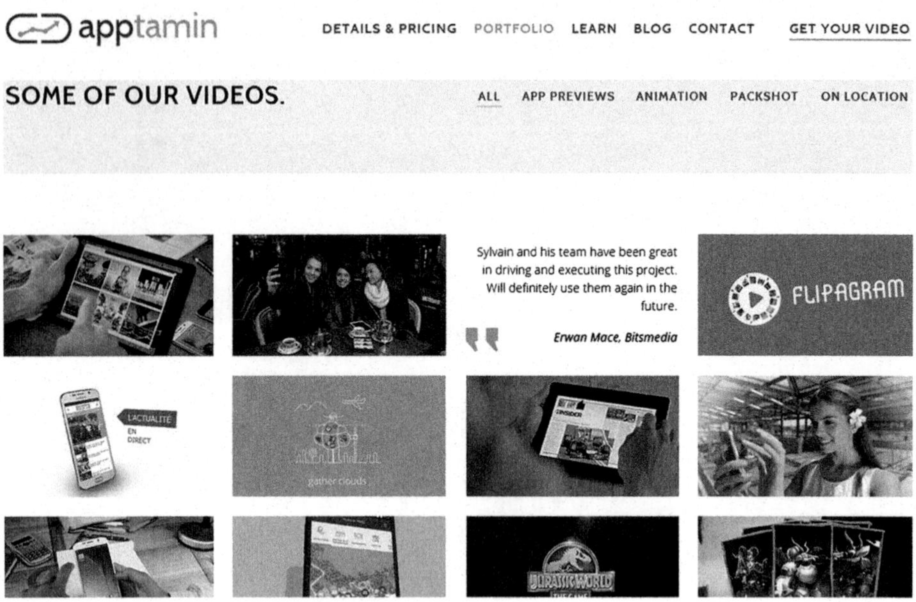

Abb. 12.13 Aussagekräftige App-Videos erstellen

12.8.5 apptamin

Überzeugende App-Videos können durchaus den Unterschied machen, ob ein Nutzer eine App aus dem App Store herunterlädt oder nicht. Vor allem für Spiele ist ein aussagekräftiges und appetitmachendes Video Pflicht. Hier kommen die Leute von apptamin ins Spiel, die schon für unzählige Apps passende Videos erstellt haben (apptamin.com) (Abb. 12.13).

12.9 Interessante Links

- internetworld.de/autor/ingo-kamps-967752.html – Internet World Business Expert Insights – monatliche Kolumne von Ingo Kamps zum Thema Mobile Marketing
- mobilemarketingmagazine.com – englischsprachiges Magazin mit allen Themenbereichen des Mobile Business
- mobile-marketing-buch.de – Buch von Ingo Kamps, dass sich ausschließlich dem Thema Mobile Marketing widmet
- mobilbranche.de – deutschsprachiges Online-Magazin zum M-Commerce, Mobile Marketing und mehr

- adjust.com/blog – Blog des deutschen App Analytics Anbieters Adjust mit spannenden Insights
- appsflyer.com/blog – Blog des israelischen App Analytics Anbieters Appsflyer mit Case Studies, Marktforschungsergebnissen und vielem mehr

12.10 Snapchat Advertising

12.10.1 Snapchat Ad Manger

Seit Juni 2017 bietet das soziale Netzwerk Snapchat Unternehmen die Möglichkeit, im Snapchat Ad Manager selbstständig Video-Kampagnen anzulegen, die im Snapchat-Netzwerk ausgespielt werden. Da es sich um Videoanzeigen handelt, sind die Einstiegshürden für die Erstellung der Ads ungleich höher als bei Google AdWords oder Facebook Ads (Abb. 12.14 und 12.15).

12.10.2 Mögliche Kampagnenziele

- Steigerung des Website-Traffics
- Generierung von App-Installationen
- Video-Views

Abb. 12.14 Snapchat Logo

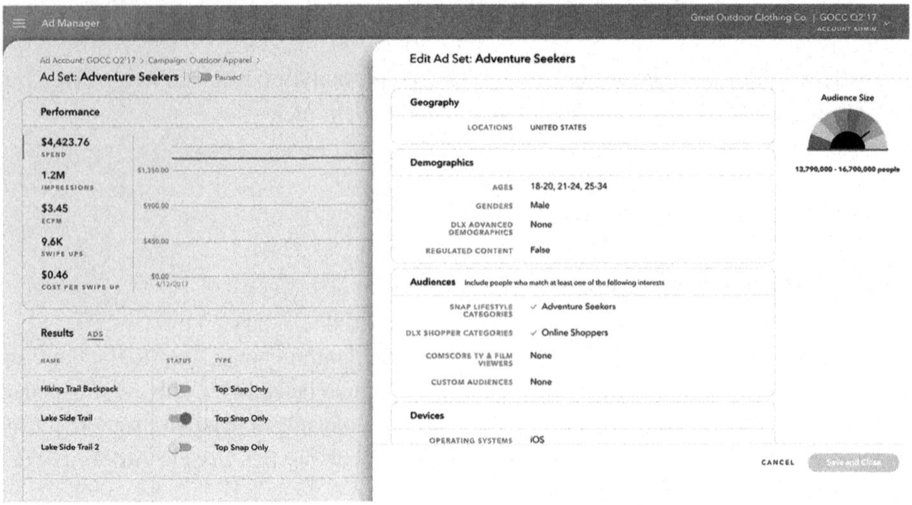

Abb. 12.15 Snapchat Ad Manager Interface

12.10.3 Targeting-Optionen

Anhand verschiedener Targeting-Mechanismen können Advertiser die Auslieferung ihrer Kampagne so aussteuern, dass sie ihre eigene Zielgruppe erreichen. Dazu gehören neben geografischen Filtern (Länder) auch demografische Faktoren wie Alter und das Geschlecht. Darüber hinaus können – vergleichbar wie bei den Facebook Ads – auch Nutzer mit bestimmten Interessen (Snapchat Lifestyle Categories) und auf Basis ihrer mobilen Betriebssysteme adressiert werden (Android, iOS).

12.10.4 KPIs im Snapchat Advertising

12.10.4.1 Cost-per-Mille (CPM)

Kampagnen bei Snapchat werden nach dem Cost-per-Mille (CPM) abgerechnet, also dem Preis für 1000 Einblendungen des Videos.

$$\text{CPM} = \frac{\text{Kosten}}{\text{Anzahl der Werbeeinblendungen}} * 100$$

12.10.4.2 Cost-per-Swipe-Up (CPSU)

Der Cost-per-Swipe-Up ist vergleichbar mit dem Cost-per-Click (CPC) bei anderen Plattformen. Er beschreibt eine Interaktion mit dem Werbemittel (Abb. 12.16).

$$\text{CPSU} = \frac{\text{Kosten}}{\text{Anzahl der Swipe} - \text{Ups}} * 100$$

Abb. 12.16 Beispiel einer Snapchat Werbeanzeige

12.10.5 Interessante Links

- wallaroomedia.com/snapchat-advertising-cost – Übersicht aller Werbeformen und Preise auf Snapchat
- basicthinking.de – Portal zum Thema Social Media mit großem Snapchat-Anteil

12.11 Chatbots

12.11.1 Was ist ein Chatbot?

Eines der aktuell innovativsten Themen im gesamten Online-Marketing sind Chatbots, obwohl es sie eigentlich schon seit vielen Jahren gibt. Im Jahr 2007 hat Apple mit Siri einen persönlichen Assistenten auf dem iPhone veröffentlicht, der von seinem Ursprung her auch ein Chatbot ist. Die Pendants zu Siri heißen Google Assistant, Amazon Alexa und Samsung Bixby. Ein Chatbot ist im eigentlichen Sinne eine Software, die Nachrichten von Nutzern annehmen und automatisiert passende Antworten auf die Nachrichten geben kann (Abb. 12.17).

Abb. 12.17 Vereinfachte Darstellung eines Chatbots im Messanger. (Stockertop – https://de.fotolia.com/p/206439915)

Besonderes Potenzial wird dabei den Voice-Assistenten zugeschrieben, die inzwischen von Google (Google Home), Apple (HomePod) und Amazon (Alexa) angeboten werden und Chatbots den Eintritt in die Wohnzimmer der Nutzer ebnen sollen (Abb. 12.18).

12.11.1.1 Arten von Chatbots

Grundsätzlich kann zwischen zwei verschiedenen Arten von Chatbots unterschieden werden: Regelbasierte Bots verfügen über ein bestehendes Kontingent an Texten und Antworten, auf deren Basis sie mit dem Nutzer interagieren können. Dadurch sind sie allerdings auch stark beschränkt. Deutlich leistungsfähiger und zukunftsfester sind AI-Bots (Artificial Intelligence), die durch Machine Learning in der Lage sind, aus Konversationen mit den Nutzern zu lernen und dementsprechend von alleine klüger werden.

12.11.1.2 Apps vs. Chatbots

Es gibt nicht wenige Experten, die in Bots den baldigen Totengräber mobiler Apps sehen. Als Begründung wird häufig angeführt, dass Nutzer immer weniger Apps aus den App Stores herunterladen und viele Apps auf den Smartphones nie oder nur selten geöffnet werden. Im Gegensatz dazu steigt die Nutzung von Messenger Apps wie dem Facebook Messenger, WhatsApp oder WeChat weiter sprunghaft an.[8]

[8]t3n.de/news/messenger-verbreitung-whatsapp-facebook-wechat-710683/. Zuletzt abgerufen am 12.06.2017.

Abb. 12.18 Sprachassistent Amazon Alexa Dot

Dennoch ist davon auszugehen, dass sich Chatbots und Apps zukünftig eher gegenseitig ergänzen werden, als dass es zu einer Substituierung kommt. Es wird weiterhin genügend Anlässe geben, in denen Sprache nicht das geeignete Mittel ist (z. B. in der U-Bahn) und auch Apps durchlaufen weitere Veränderungsprozesse (z. B. als Google Instant Apps oder Progressive Web Apps), die dazu führen, dass sie noch komfortabler bedient werden können.

12.11.2 Marktteilnehmer im Chatbot-Marketing

12.11.2.1 Soziale Netzwerke

Die momentan wichtigste Plattform für Chatbots ist der Messenger, der zum sozialen Netzwerk Facebook gehört. Mit über zwei Mrd. Nutzern weltweit hat Facebook die Macht, auf lange Sicht der dominierenden Player in diesem Markt zu bleiben.[9] Denn Facebook hat noch ein weiteres Ass im Ärmel.

12.11.2.2 Messenger

Mit WhatsApp hat Facebook auch den populärsten Messenger im Programm, der ebenfalls für den Einsatz von Chatbots geeignet ist. Doch WhatsApp ist beileibe nicht der einzige Messenger, der bei seinen Nutzern mit Chatbots punkten kann: Auch Konkurrenten

[9]heise.de/newsticker/meldung/Facebook-meldet-2-Milliarden-aktive-User-3757367.html. Zuletzt abgerufen am 29.06.2017.

wie Kik, Telegram, Skype oder WeChat – der sich besonderes in Asien großer Beliebtheit erfreut – sind im Chatbot-Marketing aktiv.

12.11.2.3 Plattform-Anbieter

Alle großen Technologieunternehmen arbeiten fieberhaft an der Weiterentwicklung ihrer persönlichen Assistenten, um im Kampf um die Nutzer in die Pole-Position zu kommen. Siri von Apple (iOS) und der Google Assistant (Android) haben dabei den Vorteil, integraler Bestandteil eines mobilen Betriebssystems mit enormer Verbreitung zu sein. Amazon versucht hingegen, seine E-Commerce-Power auszuspielen, um die Nutzerbasis seines Systems Alexa zu verbreitern. Neben Facebook mit seinen sozialen Netzwerken gibt es mit Samsung noch einen ernst zu nehmenden Mitbewerber, der auf die hohe Verbreitung seiner Smartphones und Smart-TVs setzt. Apple, Amazon und Google haben zusätzlich bereits Stand-alone-Geräte im Programm, mit denen sie die Wohnzimmer erobern wollen.

12.11.3 Chatbots im Performance-Marketing

Für Chatbots gibt es eine Vielzahl verschiedener Nutzungsszenarien, die sich mit steigender Intelligenz der Systeme noch erweitern werden. Für das Performance-Marketing besonders interessant sind kommerzielle Bots, die in der Lage sind, Transaktionen durchzuführen. So sagt eine Nutzerin beispielsweise, dass sie für einen Anlass ein Abendkleid benötigt. Auf Basis vorliegender Daten kennt der Bot die Vorlieben und die Kleidergröße der Dame und schlägt automatisch drei passende Kleider vor. Nun muss sie nur noch antworten, dass sie sich für Kleid Nr. 2 entschieden hat und schon wird die Bestellung veranlasst. Da auch ihre Kreditkartendaten hinterlegt sind, kann der Bot die Bezahlung selbstständig abwickeln.

Ebenfalls interessant sind Kundenservice-Bots, die Anfragen der Kunden in Eigenregie beantworten können und damit das Callcenter entlasten. Gleichzeitig können sie aber auch Upselling betreiben und dem Kunden weitere Produkte vorschlagen. Denn dessen Bestellhistorie ist dem Bot ja bekannt.

Und natürlich werden auch neue Werbeformate entstehen, die sich ins Chatbot-Ökosystem einfügen. Dies können Audiospots sein, die in sprachliche Konversationen eingebunden werden oder auch native Bild-/Textformate, wenn der Austausch schriftlich erfolgt.

12.11.4 KPIs im Chatbot-Marketing

Da Chatbots aus Marketing-Sicht erst seit kurzem zur Verfügung stehen, gibt es noch keine vollausgereiften Tracking-Tools. Trotzdem gibt es bereits verschiedene Metriken, die sich überprüfen und damit auch optimieren lassen:

- Weekly Active Users (WAU)
- Monthly Active Users (MAU)

- Anzahl gesendeter Nachrichten
- Anzahl empfangener Nachrichten
- Anzahl der Konversationen
- Durchschnittliche Konversationen pro User
- Wiederkehrende User
- Verlorene User (Churn)

12.11.5 Tools für das Chatbot-Marketing

12.11.5.1 Facebook Analytics for Apps

Das soziale Netzwerk Facebook stellt App-Entwicklern ein Tool zur Auswertung ihrer Apps zur Verfügung. Inzwischen lässt sich damit auch der Erfolg von Messenger-Bots analysieren (developers.facebook.com/docs/messenger-platform/product-overview/analytics) (Abb. 12.19).

12.11.5.2 Dashbot

Dashbot bietet seinen Kunden die Möglichkeit, umfangreiche Auswertungen über ihre Chatbots durchzuführen. Dazu gehört auch die geografische Verteilung der Chatbot-Nutzer. Dashbot unterstützt darüber hinaus Stand-alone-Geräte wie Google Home und Amazon Alexa (dashbot.io) (Abb. 12.20).

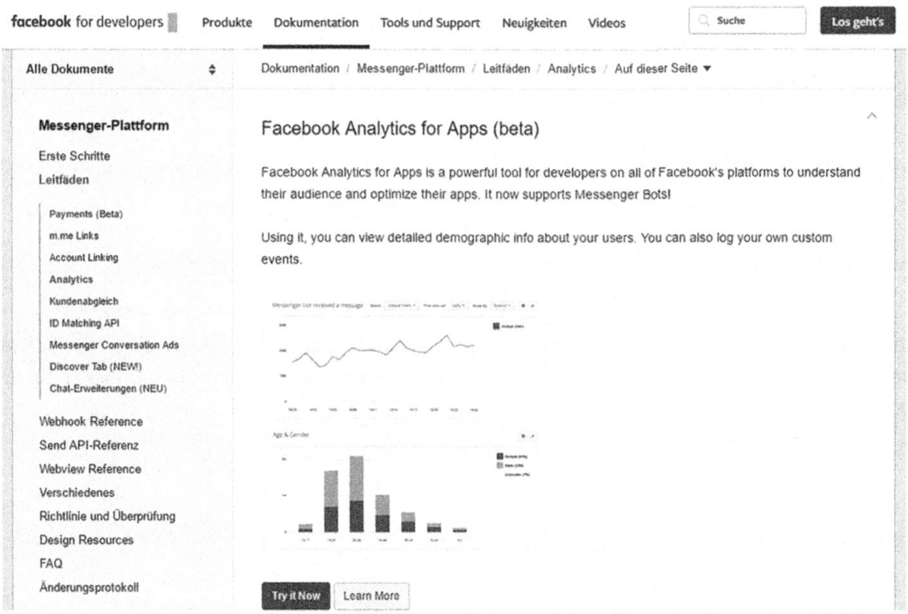

Abb. 12.19 Facebook Analytics for Apps

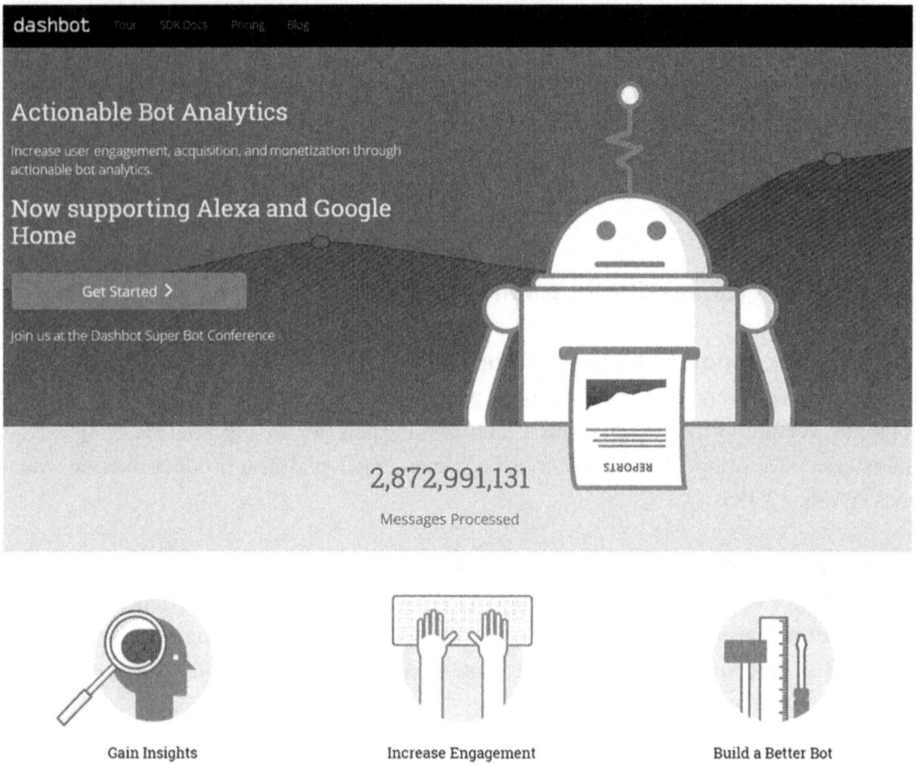

Abb. 12.20 Dashbot Analytics Interface

12.11.5.3 Botanalytics

Mit Botanalytics lassen sich umfangreiche Auswertungen über den Erfolg eigener Chatbots vornehmen. Dazu gehören u. a. das Nutzerverhalten, erzielte Conversions, Informationen zu Wiederkehrern und Abbrechern und vieles mehr (botanalytics.co) (Abb. 12.21).

12.11.5.4 Chatfuel

Mit Chatfuel können auch Personen, die über keine Programmierkenntnisse verfügen, innerhalb kurzer Zeit und kostenlos eigene virtuelle Assistenten entwickeln. Natürlich sind diese in puncto Funktionalität und Verständnis eher rudimentär. Dennoch bietet Chatfuel die Möglichkeit, sich auf einfache Art und Weise mit dem Thema Chatbots vertraut zu machen (chatfuel.com) (Abb. 12.22).

12.11.6 Interessante Links

- chatbots.org – Umfangreiches Chatbot-Verzeichnis
- chatbotsmagazine.com – Englischsprachiger Blog zum Thema Chatbots

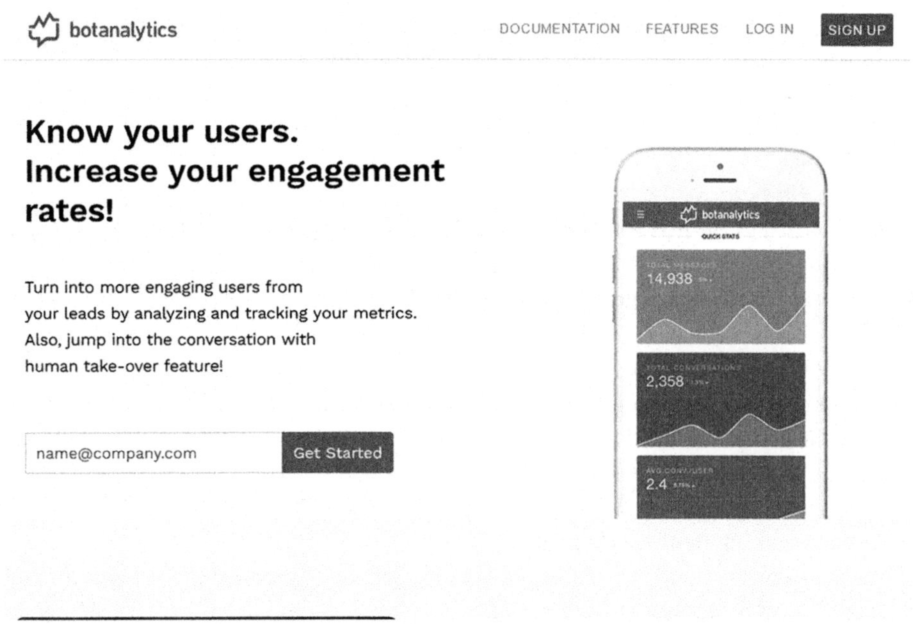

Abb. 12.21 Botanalytics Dashboard

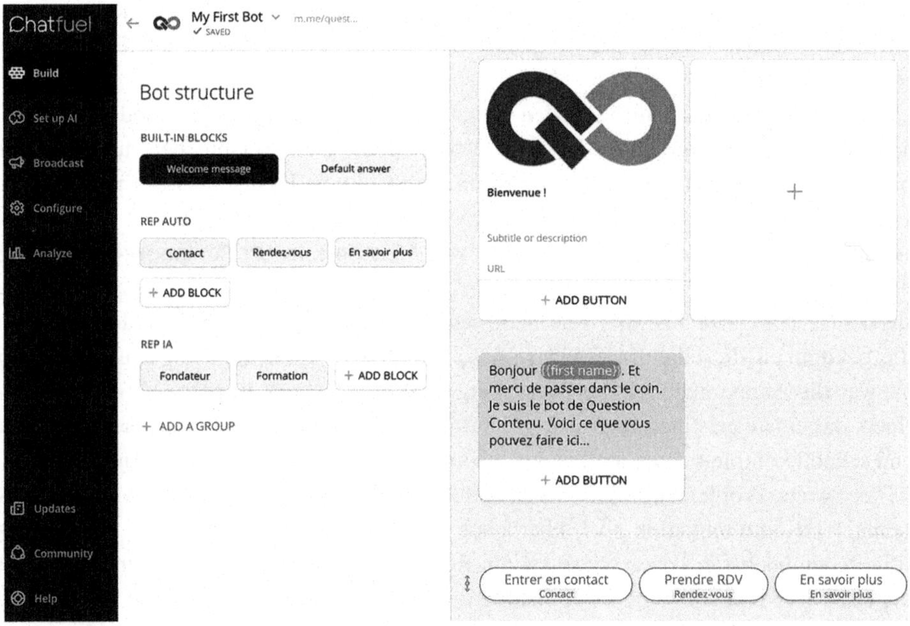

Abb. 12.22 Eigene Chatbots mit Chatfuel erstellen

- internetworld.de/technik/bots/5-dinge-unternehmen-chatbots-wissen-1134601.html – Tipps für Unternehmen, die Chatbots einsetzen wollen
- computerwoche.de/a/was-unternehmen-ueber-chatbots-wissen-muessen,3329735 – Chatbot-FAQ

12.11.7 Interview mit Pascal Fantou (cogito ergo GmbH & Co. KG)

Warum sind Chatbots im Performance-Marketing sinnvoll?
Hallo, ich stelle mich den Lesern Lesern kurz vor. Mein Name ist Pascal Fantou, ich bin seit 1992 online und entwickle data-driven Business Models selber oder für Kunden unter der Fragestellung: Wo macht der nächste Euro, den ich habe, am meisten Sinn: In Traffic, Conversion, Product oder Retention?

Ich habe in den 90er erste Experimente im Eliza und dem irc gemacht, also der Mutter der ChatBots. Meines Erachtens wird das Thema gerade etwas overhyped, weil alle immer das „next big thing" suchen.

Was man aber feststellen muss, ist die Veränderung der Kommunikations-Plattformen, und da haben sich Messaging Dienste in der jüngeren Generation weit von E-Mail abgesetzt.

Und jetzt müssen wir differenzieren: Messaging als ein weiterer 1:1 oder 1:n Kanal, und den Bot als intelligenter Autoresponder, als Inhalt. Das Medium ist nicht die Message. Beides ist nicht neu, wie z. B. die Abruf-Fax Nummern, oder SMS Butler.

Das Performance Marketing nutzt bekanntlich alle diese Kanäle, um Performance Ziele zu erreichen.

Deswegen muss ich natürlich jeden Kanal, auf dem ich potenzielle Kunden erreiche, auch bedienen, abhängig vom Kosten-Nutzen-Faktor. Bots versprechen aufgrund der potenziellen Automatisierung geringe Kosten, also sinkt die Hürde und der CpX.

Welche Probleme können beim Einsatz von Chatbots im Performance-Marketing entstehen?
Zuerst mal „One-size fits all", was man heute bei den sogenannten Newslettern sieht. Alle bekommen dieselbe Nachricht zum selben Zeitpunkt. Ist ja auch einfacher. Also das, was die Adressaten dann als Messaging Spam bezeichnen werden. Mit dem Unterschied, dass man auf einer proprietären Plattform unterwegs ist, und die Kunden den Bot dann schnell komplett abdrehen können, wenn er als unangenehm empfunden wird.

Das zweite Problem „BrainBeatsBudget" ist, dass viele Performance Marketeer das Thema 1:1 Kommunikation noch überhaupt nicht kapiert haben. Die loben sich gegenseitig in den höchsten Tönen, wenn sie ein Retargeting Pixel eingebaut haben oder „weil man das heute braucht" eine DMP kaufen um jetzt dieses data-driven Ding zu machen. Jeder Kanal und jedes Tool wird aber nur von dem erfolgreich eingesetzt werden, der es verstanden hat und auch immer weiter lernt.

Wie sieht die Zukunft von Chatbots im Performance-Marketing aus?
Ich würde zwei Szenarien sehen: Einmal in der 1:1 Kommunikation in Form eines automatischen Multi-Channel CRM. Das wird kommen, da bin ich mir sicher. Das andere wäre eine Form von Product-Placement in fremden Messaging Streams oder ähnliche Guerilla Formen. Letztlich stellt das ChatBot Thema das Performance Marketing aber vor die existenzielle Frage: Wie erhalte und behalte ich das Recht, einen Push-Kanal zu meinem Prospect oder Kunden zu betreiben?

Literatur

Gartner. 2012. Gartner survey highlights top five daily activities on media tablets. www.gartner.com/newsroom/id/2070515. Zugegriffen: 7. Juni 2017.

Husson T, C A. Doty und A Vokshi. 2013. Mobile app discovery: Best practices to promote your app. Forrester. https://www.forrester.com/report/Mobile+App+Discovery+Best+Practices+To+Promote+Your+App/-/E-RES89541. Zugegriffen: 7. Juni 2017.

Radicati, S. 2014. Mobile statistics report, 2014–2018. The Radicati Group. radicati.com/wp/wp-content/uploads/2014/01/Mobile-Statistics-Report-2014-2018-Executive-Summary.pdf. Zugegriffen: 7. Juni 2017.

Wilson, R. 2016. Parallax scrolling ad – Scrolling rich media. https://www.youtube.com/watch?v=bmBN-96DUno. Zugegriffen: 7. Juni 2017.

Spezialfall: Amazon-Optimierung 13

Inhaltsverzeichnis

13.1 Amazon – Marktplatz, Produktsuche und Marketingplattform 228
13.2 Das Amazon-Universum 229
13.2.1 Vendor 229
13.2.2 Seller 229
13.2.3 Amazon Marketing Services (AMS) 230
13.2.4 Amazon Media Group (AMG) 230
13.2.5 Der Amazon Algorithmus A9 231
13.3 Die Optimierungsmöglichkeiten im Überblick 231
13.3.1 Standardwerbemöglichkeiten auf dem Amazon Marktplatz 232
13.3.2 Werbung mit Hilfe von Amazon Marketing Services (AMS) 232
13.3.2.1 Amazon Headline Search Anzeigen 233
13.3.2.2 Amazon Sponsored Products 234
13.3.2.3 Amazon Product Display Anzeigen 234
13.3.3 A+ Content und Enhanced Brand Content 235
13.3.4 Marktplatzoptimierungen durch „Amazon SEO“ 235
13.3.5 Bessere Performance durch Optimierung der Amazon „Buy Box“ 238
13.3.6 Die wichtigsten Amazon KPIs im Überblick 239
13.4 Tools für die Amazon-Optimierung 240
13.4.1 Marketplace Analytics 240
13.4.2 Sellics 240
13.4.3 AMZ Tracker 241
13.4.4 Sistrix E-Commerce 241
13.5 Interessante Links 243
13.5.1 Interview mit Paul Niemeyer (UDG United Digital Group) 244
Literatur 245

I. Kamps und D. Schetter, *Performance Marketing*,
https://doi.org/10.1007/978-3-658-18453-7_13

Zusammenfassung

Amazon hat sich in den vergangenen Jahren zu der dominanten E-Commerce-Plattform weltweit entwickelt. Durch die konsequente Ausrichtung als Marktplatz hat sich das Unternehmen auch anderen Händlern geöffnet. Dadurch ist eine ganz neue Sparte von Onlinehändlern entstanden, die ihre Produkte über Amazon vermarkten. In diesem Kapitel wird beschrieben, wie das Marketing auf Amazon funktioniert, welche Optimierungsmöglichkeiten es gibt und welche Tools am Besten genutzt werden können.

13.1 Amazon – Marktplatz, Produktsuche und Marketingplattform

Die Positionierung von Amazon muss heute aus ganz unterschiedlichen Perspektiven erfolgen. Zum einen ist Amazon weltweit betrachtet der umsatzstärkste Marktplatz und aus diesem Grund für Online-Shop-Betreiber und Hersteller von Produkten ein echter Game Changer. Durch die Größe und dem damit verbundenen Angebot an Produkten hat sich Amazon aber auch als meistgenutzte Produktsuche etabliert und übertrifft die Menge der gesuchten Produkte auf Google um ein Vielfaches[1]. Zum anderen hat sich Amazon durch die Integration von vielfältigen Vermarktungsmöglichkeiten zu einer relevanten Marketingplattform, nicht nur für Verkäufer auf Amazon selber, sondern auch für Werbetreibende im Allgemeinen entwickelt.[2]

Vor diesem Hintergrund macht es Sinn, sich mit den Potenzialen von Amazon zu beschäftigen und näher auf die Bereiche Amazon SEO und die Marketingmöglichkeiten mit Hilfe von Amazon einzugehen.

Als Amazon SEO bezeichnet man sämtliche Optimierungsmaßnahmen, die auf bessere Rankings zur maximalen Ausschöpfung des Traffics auf Amazon abzielen. Zielsetzung ist es, mit den optimierten Rankings mehr Verkäufe und somit mehr Umsatz auf Amazon zu erwirtschaften.

Bei den Marketingmaßnahmen, die Amazon anbietet, gibt es zwei unterschiedliche Möglichkeiten für den Werbetreibenden. Zum einen die Amazon Marketing Services (AMS) und zum anderen die Amazon Advertising Platform (AAP). Während die Amazon Marketing Services sowohl aus kostenpflichtigen als auch aus kostenlosen Maßnahmen bestehen, richtet sich die Amazon Advertising Platform ausschließlich an Werbetreibende mit einem Mindestbudget von 10.000 EUR.

[1]Nedden, T (2016) Report Amazon SEO. OMR.com. https://omr.com/report/produkt/amazon-seo-marketing/. Zuletzt zugegriffen am 07.06.2017.

[2]http://t3n.de/news/amazon-marketing-services-neue-809644/. Zuletzt zugegriffen am 18.06.2017.

Amazon bietet bereits heute entlang des gesamten Kaufprozesses vielfältige Marketing- und Vertriebsmöglichkeiten. Durch die konsequente Erschließung neuer innovativer Touchpoints mit dem Kunden wie z. B. Amazon Logistics, Amazon Fresh, Amazon Echo, Amazon Prime, Amazon Kindle, Amazon Pay usw. wird Amazon auch in Zukunft einer der relevantesten Marktteilnehmer im E-Commerce und Online-Marketing sein. Neben Google und Facebook ist Amazon konsequent auf dem Weg, eine der größten Marektingplattformen weltweit zu werden.[3]

13.2 Das Amazon-Universum

Innerhalb des Universums von Amazon gibt es unterschiedliche Marktteilnehmer, die aufgrund ihrer Rolle und Systemrelevanz verschiedene Vermarktungsmöglichkeiten haben. Auf der anderen Seite gibt es bei Amazon selber verschiedene Geschäftsbereiche, die mit ihren Services den Marktplatz und die Marketing-Plattform steuern. Die folgenden Begriffe sind besonders relevant für das Verständnis der Marketingpotenziale auf und mit Amazon.

13.2.1 Vendor

Als Vendor werden bei Amazon die Hersteller genannt, die ihre Produkte über Amazon verkaufen. Der Hersteller tritt nicht als Verkäufer auf, sondern bedient sich der kompletten Wertschöpfungskette, wie z. B. Logistik, Bezahlung usw. von Amazon. Eine direkte Interaktion mit dem Endkunden entsteht in dieser Geschäftsbeziehung nur zwischen Amazon und dem Käufer, nicht aber zwischen dem Vendor und dem Käufer. Als zentrales Interface zwischen Amazon und dem Vendor dient die Vendor Central. Der Zugang zur Vendor Central basiert auf einer Einladung in das Amazon Vendor Programm.

13.2.2 Seller

Der Seller nutzt Amazon als Marktplatz und tritt unter eigenem Namen in Erscheinung, er verhält sich also wie ein Händler. Diese Form der Geschäftsbeziehung ermöglicht eine direkte Interaktion mit dem Käufer und den Vertrieb von Fremdmarken. Innerhalb der Seller oder auch Händler auf dem Amazon Marktplatz gibt es noch eine weitere Unterscheidung in die Seller, die zusätzlich noch die Fulfillment-Lösungen von Amazon nutzen. Für die Abwicklung der Verkäufe auf Amazon und für die Inanspruchnahme additiver Leistungen von Amazon gibt es die Seller Central.

[3]https://omr.com/de/wpp-amazon/. Zuletzt zugegriffen am 18.06.2017.

13.2.3 Amazon Marketing Services (AMS)

Hersteller mit einem Amazon Vendor Account, können sich der Amazon Marketing Services bedienen und den Umsatz so gezielt steigern. Zu den Vermarktungsmöglichkeiten gehören bezahlte Platzierungen wie z. B. Sponsored Products, Headline Search Ads und Product Display Ads, die über die Self-Service-Plattform der Amazon Marketing Services gebucht und gemanagt werden können.

Seller ohne „Versand durch Amazon" bzw. Seller mit „Versand durch Amazon" haben die Möglichkeit, über die Seller Central das Anzeigenformat „Sponsored Products" zu nutzen.

13.2.4 Amazon Media Group (AMG)

Die Amazon Media Group kann auch als „Amazon-eigene" Media-Unit bezeichnet werden. Sie bietet Werbetreibenden mit großen Marketing-Budgets von mindestens 10.000 EUR Zugang zu diversen Vermarktungsmöglichkeiten auf der Amazon-Plattform und im erweiterten Werbenetzwerk von Amazon.

Die Vermarktung des Media-Inventars erfolgt dabei über die Amazon Advertising Platform (AAP). Die AAP greift dabei sowohl auf die eigenen Webseiten als auch auf ein erweitertes Amazon-Netzwerk zu. Es handelt sich hierbei analog zum Suchnetzwerk im Bereich der Suchmaschinen-Werbung um Partnerschaften aus dem Premiumumfeld zur gezielten Erweiterung der Reichweite. Die Werbeformen gehen von klassischen Banner Ads über Video Ads (Amazon Video Ads, AVA) bis hin zu gezielten Content-Platzierungen und individuellen Kampagnenformaten.

Das Abrechnungsmodell, dass für diese Form der Marketingkampagnen auf Amazon und im Amazon-Netzwerk herangezogen wird, ist aus dem Display Advertising bekannt und basiert auf den Kosten für die Reichweite, was über den TKP bzw. CPM abgebildet wird.

Zielgruppe sind vor allem bekannte Marken bzw. Hersteller, die Amazon als integrierten Marketing- und Vertriebskanal verstehen. Im Rahmen von Produkteinführungen oder Markenkampagnen wird die AAP genutzt, um so gezielt Awareness, Markenbekanntheit und den Abverkauf über den Markplatz zu steigern. Durch die großen Datenmengen rund um die Nutzer von Amazon, die umfassende Targetingmöglichkeiten (Advertiser Audiences) bieten, lassen sich so auf der AAP sehr effektive und personalisierte Kampagnenformate entwickeln.[4]

[4]https://advertising.amazon.com/blog/advertiser-audiences. Zuletzt zugegriffen am 24.06.2017.

13.2.5 Der Amazon Algorithmus A9

Zum besseren Verständnis, wie sich die Produktsuche von Amazon zu einer Preissuchmaschine oder einer Suchmaschine im Allgemeinen unterscheidet, ist es erforderlich, den von Amazon entwickelten und genutzten Algorithmus zu „kennen" und zu „verstehen". Amazon selbst sagt zu seiner Produktsuche: „If you've done a search on Amazon, you've used the A9 Product Search engine."[5]

A9.com ist mittlerweile eine eigene Firma innerhalb des Amazon-Universums und bietet seine Expertise im Bereich der Produktsuche auch für externe Unternehmen an. Das macht Amazon sicherlich nicht nur aus kommerziellen Gründen, sondern um gezielt die Menge der Daten, die dem Algorithmus zur Verfügung stehen, zu vergrößern und damit die Qualität der Ergebnisse kontinuierlich zu verbessern.

Die Zielsetzung der Amazon-Produktsuche, die auf dem A9 Algorithmus basiert, ist die Maximierung des Customer Lifetime Values, d. h., es wird zum einen das relevanteste Produkt innerhalb des Amazon Marktplatzes auf Basis einer Suchanfrage identifiziert und dann betrachtet, welches der relevanten Produkte perspektivisch bei einem Kauf die beste Nutzererfahrung bzw. Kundenzufriedenheit verspricht. Denn nur eine positive Customer Journey – „Produkte suchen, finden und kaufen"[6] – führt zu einer wiederholten Nutzung von Amazon als Produktsuche und Shopping-Plattform. Amazon nennt das selbst „Understanding the Customer".

Vor diesem Hintergrund müssen die Marktplatzhändler bei der Amazon-Optimierung nicht nur kurzfristige Ansätze verfolgen, sondern ihren Fokus vor allem auf langfristige Optimierungsstrategien setzen.

13.3 Die Optimierungsmöglichkeiten im Überblick

Die Möglichkeiten, die Verkäufe auf Amazon zu steigern, lassen sich am Besten in die Bereiche bezahlte Werbung auf Basis der Amazon Marketing Services und Marktplatzoptimierungen, die unter dem Begriff „Amazon SEO" zusammengefasst werden, unterteilen. Beide Optimierungsstrategien haben die gemeinsame Zielsetzung, den Traffic, der auf Amazon zur Verfügung steht, bestmöglich in Käufe und damit in Umsatz umzuwandeln, und auch wenn ihre Ansätze sehr unterschiedlicher Natur sind, so handelt es sich doch um komplementäre Instrumente, die sich ideal ergänzen können.[7]

Die dominierende Navigation auf Amazon, analog zu einer Suchmaschine, ist die Suchfunktion, daher basieren die Optimierungsmöglichkeiten auf den Suchbegriffen

[5]https://a9.com/whatwedo/product-search/. Zuletzt zugegriffen am 24.06.2017.

[6]https://www.shopdoc.de/amazon-seo-ranking-optimierung/. Zuletzt zugegriffen am 24.06.2017.

[7]https://marketplace-analytics.de/blog-amazon-seo-ranking-algorithmus. Zuletzt zugegriffen am 24.06.2017.

und dem Kontext bzw. der Intention der Suche. Der Vorteil, den Amazon an dieser Stelle gegenüber einer „normalen" Suchmaschine hat, sind die strukturierten Produktinformationen, die aufgrund der Vorgaben und Mindeststandards des Amazon Marktplatzes, für eine deutlich konsistentere Datenbasis sorgen. Darüber hinaus kann unterstellt werden, dass Besucher bzw. User auf Amazon eine deutlich höhere Kaufwahrscheinlichkeit aufweisen als in herkömmlichen Suchmaschinen.

13.3.1 Standardwerbemöglichkeiten auf dem Amazon Marktplatz

Standardmäßig stehen den Sellern auf dem Amazon Marktplatz eine ganze Reihe an Werbeformaten zur Steigerung der Verkäufe und des Umsatzes zur Verfügung. Diese Marketinginstrumente sind nicht kostenpflichtig und können über die Tools innerhalb des Markplatzinterfaces eingerichtet und genutzt werden. Zu den kostenlosen Promotionsmöglichkeiten auf Amazon gehören z. B. Rabatte auf bestimmte Produkte, Produktzugaben beim Kauf („Gift with purchase"), kostenloser Versand und sogenannte „Blitzangebote" (Lightning Deals). Diese Maßnahmen zielen alle auf die Verbesserung der Conversion-Rate ab und bieten dem Händler auf Amazon die Möglichkeit, kontinuierlich die Verkaufszahlen und damit auch die Umsätze zu optimieren.

Einige der marktplatzeigenen Werbemöglichkeiten richten sich ausschließlich an die Hersteller. Zu diesen Werbeformaten gehören u. a. individuelle Landingpages, zur besseren Präsentation der Hersteller-Brands, sogenannte Amazon Pages und Gutscheine, die von den Herstellern über den Markplatz direkt zur Verfügung gestellt werden können.

13.3.2 Werbung mit Hilfe von Amazon Marketing Services (AMS)

Diese Möglichkeiten zur Verkaufsförderung auf Amazon mithilfe der AMS kann man als Amazon Paid Media bezeichnen, denn es handelt sich um bezahlte Platzierungen innerhalb des Markplatzes, die gezielt Traffic auf Produkte oder Landingpages von Händlern und Herstellern leiten sollen.[8] Das Abrechnungsmodell ist performancebasiert und erfolgt auf Basis der tatsächlichen Klicks auf die Werbeformate. Es handelt sich also um eine auktionsbasierte Cost-per-Click oder auch Pay-per-Click Bezahlung.

Im Wesentlichen stehen drei unterschiedliche Werbeformate innerhalb der Amazon Marketing Services zur Verfügung:[9]

---

[8]https://ams.amazon.de/faq. Zuletzt zugegriffen am 24.06.2017.

[9]http://g-ec2.images-amazon.com/images/G/03/AmsVss/AMS_getting_started_DE_German._V288802605_.pdf. Zuletzt zugegriffen am 18.06.2017.

- Headline Search Anzeigen
- Sponsored Products
- Product Display Anzeigen
- Amazon wird für die Werbetreibenden wie z. B. Hersteller und Verkäufer, die den Marktplatz nutzen, kontinuierlich weitere Promotionmöglichkeiten und Anzeigenformate entwickeln, die dann als Teil der individuellen Vermarktungs- und Optimierungsstrategie genutzt werden können.

13.3.2.1 Amazon Headline Search Anzeigen

Bei den Amazon Headline Search Anzeigen handelt es sich um ein keyword-basiertes Werbeformat, bestehend aus Headline und Bild, dass oberhalb der Suchergebnisse ausgespielt wird. Das Mindestkampagnenbudget liegt bei 100 EUR und der Mindest-CPC beträgt 0,10 EUR. Die Optimierung bzw. Steuerung der Anzeigen auf Amazon erfolgt auf Basis von Keywords und Relevanz zur jeweiligen Produkt- bzw. Zielseite. Vergleichbar zu den Optimierungsansätzen im SEA bietet es sich an, relevante Suchphrasen und Keyword-Kombinationen aufzubauen, um die Anzahl der Einblendungen der Anzeigen zu maximieren. Unter Conversion-Aspekten lassen sich durch attraktive Bilder und aussagekräftige Headlines sehr gute Ergebnisse erzielen. Dieses Werbeformat ist derzeit nur für Hersteller über die AMS nutzbar (Abb. 13.1).

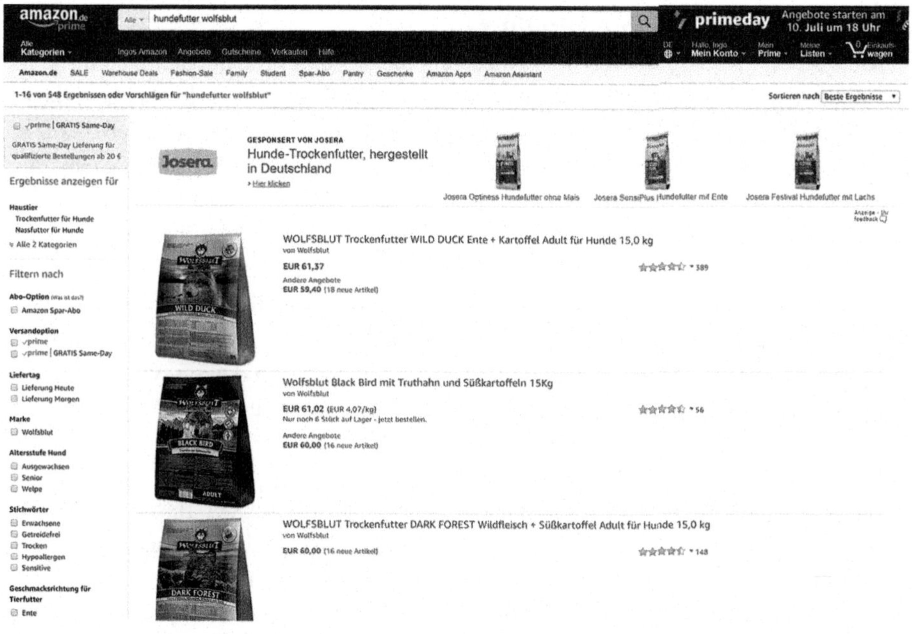

Abb. 13.1 Amazon Headline Search Anzeige

Abb. 13.2 Amazon Sponsored Products Anzeige

13.3.2.2 Amazon Sponsored Products

Die Amazon Sponsored Products sind Anzeigen, die aus den Produktdaten, die im Marktplatz hinterlegt sind, generiert werden und in der Regel unterhalb der Suchergebnisse eingeblendet werden. Teilweise werden die Sponsored Products aber auch oberhalb der Suchergebnisse der Amazon Produktsuche ausgespielt. Das Mindestkampagnenbudget für dieses Werbeformat beträgt ein Euro pro Tag und die Abrechnung erfolgt klickbasiert ab einem CPC von 0,02 EUR. Im Vergleich zu den CPCs, die in den klassischen Suchmaschinen bezahlt werden müssen und unter der Prämisse, dass auf Amazon in der Regel eine sehr starke Kaufintention der Nutzer besteht, ist dieses Werbeformat unter Performance-Marketing-Aspekten sehr relevant und bietet viel Potenzial. Auch hier erfolgt die Optimierung auf Keywords und ganzen Suchphrasen. Dieses Werbeformat ist derzeit sowohl für Hersteller über die AMS als auch für Seller nutzbar (Abb. 13.2).

13.3.2.3 Amazon Product Display Anzeigen

Mit den Amazon Product Display Anzeigen können gezielt auf der Basis von Produkten oder Interessen ausgesteuerte Kampagnen auf Produkt-Detailseiten ausgespielt werden. Damit befindet sich dieses Anzeigenformat näher am Warenkorb – der Amazon Buy Box. Es ist kontextbasiert, d. h., es können interessensbezogene oder produktbezogene Targeting-Einstellungen vorgenommen werden. Das Mindestbudget beträgt 100 EUR und die Klickkosten fangen ab 0,02 EUR an. Diese prominente Werbeform direkt unterhalb der Amazon Buy Box bietet viel Platz für die gezielte Ansprache der Amazon User unmittelbar im Kaufprozess. Dieses Werbeformat ist derzeit ausschließlich für Hersteller über die AMS nutzbar.

13.3.3 A+ Content und Enhanced Brand Content

Diese beiden Content Typen ermöglichen es vor allem erklärungsbedürftige oder besonders hochwertige Produkte markengerechter und attraktiver darzustellen. In Summe soll das Marken- bzw. Produkterlebnis durch diese Contenterweiterungen verbessert werden und damit die Conversion des Produkts gesteigert werden.

Bei A+ Content handelt es sich um eine erweiterte Produktdarstellung, die ausschließlich über die Vendor Central zur Verfügung steht. Mit Hilfe von umfangreichen Content Modulen lassen sich Produkte detaillierter und umfassender beschreiben und darstellen.

Ein vergleichbares Pendant dazu stellt der Enhanced Brand Content dar. Dieser ist über die Seller Central nutzbar. Voraussetzung hierfür ist aber eine in der Amazon Brand Registry angemeldete Marke des Händlers. Über eine Auswahl von verschiedenen Templates lässt sich der Content rund um das Produkt optimiert präsentieren. Seitens Amazon ist es geplant Mitte 2017 Enhanced Brand Content als Pilotprojekt für die Teilnehmer des Amazon Launchpad Programms auszurollen.

13.3.4 Marktplatzoptimierungen durch „Amazon SEO"

Neben den Werbemöglichkeiten über die Amazon Marketing Services (AMS) auf Amazon gibt es noch den großen Bereich der Marktplatzoptimierung, der als Amazon SEO bezeichnet wird. Während die AMS auf Basis auktionsbasierter CPCs gebucht werden können, sind die Optimierungen kostenlos und finden im Interface des Marktplatzes selber statt. Das Ziel von Amazon SEO ist primär die aktive Verbesserung der Produktlistings in den Suchergebnissen.

Die Optimierungen setzen an verschiedenen Stellen an und können, anders als beim „klassischen" SEO für Suchmaschinen, bereits nach wenigen Stunden Resultate zeigen. Die Hauptansatzpunkte für Amazon SEO sind:[10]

- Die Optimierung der Produktinformationen, die für Amazon Kunden sichtbar sind.
- Die Optimierung der Suchbegriffe, die für den Amazon Kunden unsichtbar bleiben.

[10]https://www.youtube.com/watch?v=pdUp-iO_4oU Zuletzt zugegriffen am 24.06.2017.

Darüber hinaus hat die historische Leistung des Händlers und des Artikels auf Amazon einen starken Einfluss auf die Produktlistings so wie auch zum Beispiel auf die Amazon Buy Box, die einen wesentlichen Performance-Hebel darstellt.

Um zu verstehen wie Amazon SEO funktioniert muss man sich verdeutlichen nach welchen Kriterien die Produktsuche funktioniert bzw. was die relevanten Rankingfaktoren sind.[11] Der Algorithmus A9 muss aus einer riesigen Anzahl von Produkten das eine Produkt identifizieren, dass am besten zur Suchanfrage passt (Relevanz) und die höchste Conversion verspricht. Die Suchanfrage wird mit den Produktdaten des Händlers und den zusätzlichen Produkteigenschaften aus der Amazon Seller Central abgeglichen. Das daraus resultierende Listing basiert auf der Relevanz. Zusätzlich wird die Kaufwahrscheinlichkeit der gelisteten Produkte auf Basis der historischen Leistung eines Artikels bewertet. So ist der wichtigste Rankingfaktor die Anzahl der bisherigen Verkäufe im Vergleich zum Wettbewerb („Best Seller Rank") Weitere Eigenschaften beispielsweise der Status bzw. die Bewertung eines Händlers fließen ebenfalls in das finale Produktlisting ein.[12]

Die Produktinformationen sind der Ausgangspunkt für die Optimierung der Suchergebnisse. Zu den wichtigsten auf Amazon angezeigten Informationen gehören zum Beispiel:

- Der Produkttitel
- Die Produkteigenschaften
- Die Produktbilder
- uvm.

In der Praxis bedeutet das für die Optimierung der Produktdaten, dass Produkttitel und Produkteigenschaften bestmöglich auf die relevantesten Suchanfragen angepasst werden sollten.

Es bedarf bei der Marktplatzoptimierung, wie auch bei den bezahlten Marketingmaßnahmen mithilfe der Amazon Marketing Services einer entsprechenden Keywordstrategie, d. h. Suchbegriffe und Phrasen mit einem hohen Suchvolumen, müssen optimal in den Produktinformationen und den Werbeanzeigen abgebildet werden.

Wenn der Produkttitel und die potenzielle Suchanfrage optimal aufeinander abgestimmt sind, führt das nicht nur zu einer positiven Bewertung durch den Algorithmus, sondern steigert auch die Klickwahrscheinlichkeit. Daher ist es wichtig, gezielt schlagwortartige Suchphrasen und Produktbezeichnungen im Produkttitel zu kombinieren und

[11]https://www.searchenginejournal.com/the-amazing-benefits-of-discovering-your-hidden-ranks/199946/ Zuletzt zugegriffen am 18.06.2017.

[12]https://blog.afterbuy.de/allgemein/infografik-diese-32-rankingfaktoren-bestimmen-bei-amazon-ob-dein-angebot-gefunden-wird/ Zuletzt zugegriffen am 18.06.2017.

über diesen Weg eine hohe Relevanz zu erzeugen und dem User eine gute Orientierung zu bieten.[13]

Die Produkteigenschaften werden auf der Produktdetailseite in Form von Aufzählungszeichen, sogenannten „Bullet Points" dargestellt. Zwischen den Inhalten der Produkteigenschaften und der Suchanfrage sollte eine möglichst hohe Korrelation bestehen, da diese sich auf das Ranking des Artikels positiv auswirkt. Deshalb empfiehlt es sich auch hierbei auf Suchphrasen zu optimieren und diese zu variieren, damit die Wahrscheinlichkeit der guten Produktlistings steigt.

Produktbilder unterliegen nicht nur klaren Vorgaben durch den Amazon Marketplace, sondern haben einen großen Einfluss auf die Klickwahrscheinlichkeit und die Kaufwahrscheinlichkeit. Vielfältige Perspektiven, die die unterschiedlichen Produkteigenschaften und Anwendungsfälle zeigen bieten dem User eine gute Orientierung und helfen ihm dabei seine Kaufentscheidung abzusichern. Wenn das Produkt nicht nur häufig angeklickt wird, sondern auch häufig gekauft wird, steigt die Conversion Rate, die sich wiederum positiv auf das Listing des entsprechenden Artikels in den Suchergebnissen auswirkt.

Das sind nur einige Ansatzpunkte für Amazon SEO auf Basis der sichtbaren Produktdaten. Grundsätzlich empfiehlt es sich die auf Amazon präsentierten Produkte bestmöglich zu beschreiben und konsequent auf die relevanten Suchanfragen hin zu optimieren, da diese Informationen die Datenbasis für den Algorithmus darstellen. Der bereits beschriebene A+ bzw. Enhanced Brand Content hat derzeit zwar (noch) keinen direkten Einfluss auf die Amazon Produktsuche, zahlt aber durch seinen Informationsgehalt indirekt auf die Conversion Rate ein.[14]

Zusätzlich zu den sichtbaren Produktinformationen, bietet Amazon eine weitere, nicht sichtbare Produkteigenschaft, die vom Algorithmus berücksichtigt wird und ebenfalls im Rahmen eines Datenfeeds auf Amazon hochgeladen werden kann.

Die „beschreibenden" Keywords, die auf Artikelebene hinterlegt werden können, dienen dazu das Produkt noch besser auf die Suchanfragen hin zu optimieren, ohne dabei die Produktdarstellung auf der Produktdetailseite zu verändern. Über das Suchbegriffe Feld können Varianten und alternative Schreibweisen abgedeckt werden, die sich nicht sinnvoll im Titel oder in den Produkteigenschaften unterbringen lassen. Über diese Keywords lassen sich mögliche Rankings nicht nur quantitativ erhöhen, sondern auch durch eine erhöhte Relevanz die Position innerhalb der Produktsuche signifikant verbessern. Vor diesem Hintergrund empfiehlt es sich zusätzlich Keyword-Tools außerhalb von Amazon zu nutzen und gezielt mehr bzw. alternative Keywords und neue Suchanfragen zu identifizieren, die ein Optimierungspotenzial bieten.

---

[13]http://ppcblog.de/4-top-tipps-zur-keyword-recherche-fuer-amazon-ppc-gesponserte-produkte/ Zuletzt zugegriffen am 18.06.2017.

[14]https://www.shopdoc.de/amazon-seo-ranking-optimierung/ Zuletzt zugegriffen am 18.06.2017.

Ein positiver und durchaus gewünschter „Nebeneffekt" ist die Tatsache, dass Produktseiten nicht nur durch die Amazon Produktsuche sondern auch durch den Google Algorithmus ausgewertet werden. So fließen zum Beispiel der Produkttitel und die Produkteigenschaften mit in das Google Ranking ein. Damit werden die optimierten Produkte nicht nur auf dem Marktplatz selber sondern auch über die Suche von Google besser gefunden, was wiederum den Gesamttraffic erhöhen kann.

Es gibt noch viele weitere relevante Rankingfaktoren, die für eine ganzheitliche Amazon Optimierung in Betracht gezogen werden sollten. Dazu gehören unter anderem, Preisgestaltung, Händlerbewertungen, Kundenrezensionen, Verfügbarkeit, Versandkosten usw. Wie bereits am Anfang beschrieben, ist es wichtig eine langfristige und nachhaltige Strategie für die Optimierung zu entwickeln und über die positive Wechselwirkung der einzelnen Elemente die Ausschöpfung des Traffics auf Amazon kontinuierlich zu verbessern.

13.3.5 Bessere Performance durch Optimierung der Amazon „Buy Box"

Die Amazon Buy Box ist ein wichtiges Element, dass bei der Optimierung auf Amazon nicht aus dem Auge gelassen werden darf. Als Buy Box bezeichnet man den Bereich, in dem der User auf der Produktdetailseite die Möglichkeit hat ein Produkt in den Warenkorb zu legen. Innerhalb dieser Aktionsfläche, die sich auf der rechten Seite im oberen Bereich der Website befindet, stehen verschiedene Optionen rund um die Transaktion zur Verfügung. Wenn ein Händer in der Buy Box gelistet ist, so wird das Produkt automatisch von diesem Händler bezogen, außer der Kunde wählt explizit einen anderen Händler aus.

Bei Produkten, die von mehreren Verkäufern angeboten werden, kommt es zu einer Bewertung und Vorauswahl der Händler durch Amazon. Wer in der Buy Box als Verkäufer gelistet ist, profitiert am stärksten von dem Traffic auf der Produktdetailseite und wird den größten Umsatz generieren. Anders als bei der vorher beschriebenen Rankingoptimierung geht es bei der Buy Box Optimierung darum, bei möglichst vielen verschiedenen Produkten der präferierte und voreingestellte Händler in der Buy Box zu sein.

Hier lohnt es sich wieder auf den Amazon Algorithmus A9 zu verweisen und in Betracht zu ziehen, welche Faktoren einen Einfluss auf das primäre Ziel, der Maximierung des Customer Lifetime Values, haben. Nach welchen exakten Kriterien Amazon die Verkäufer in der Buy Box listet ist nicht genau bekannt, aber Faktoren wie z. B. Kundenzufriedenheit, Verkäuferperformance, Preis, Lieferbarkeit, Liefergeschwindigkeit usw. werden mit hoher Wahrscheinlichkeit einen positiven Einfluss auf die Bewertung und das Listing haben.

Daraus resultiert, dass die Ansätze zur Buy Box Optimierung bei der Verbesserung dieser Faktoren ansetzen müssen. Wichtig dabei zu beachten ist, dass der günstigste Preis alleine kein zwingender Grund ist von Amazon als vorausgewählter Verkäufer in der Buy

Box gelistet zu werden, sondern es wird vielmehr die ganzheitliche Nutzererfahrung ausgewertet.[15]

13.3.6 Die wichtigsten Amazon KPIs im Überblick

Best Seller Rank (BSR)
Der Amazon Best Seller Rank (BSR) kann auch als Verkaufsrang bezeichnet werden. Der BSR gibt an, wie sich ein bestimmtes Produkt im Vergleich zu anderen Produkten der gleichen Kategorie verkauft. Für jede Kategorie gibt es einen eigenen BSR, d. h. ein Produkt kann in unterschiedlichen Kategorien verschiedene Verkaufsränge belegen.

Verkäuferleistung
Die Verkäuferleistung auf Amazon setzt sich aus verschiedenen Kriterien zusammen und stellt eine Kennzahl für die Qualität des Einkaufserlebenisses dar.[16] Zu den wichtigsten Elementen, die einen Einfluss auf die Verkäuferleistung haben, gehören beispielsweise die Rate der fehlerhaften Bestellungen, die Rate der verspäteten Lieferungen und die Erstattungsrate. Seitens Amazon gibt es klare Performance Vorgaben für die Verkäufer. Dazu gehören prozentuale Zielwerte für die Rate an Bestellmängeln, die Stornorate vor Erfüllung und die Rate verspäteter Lieferungen.

Verkäuferbewertung
Die Verkäuferbewertung wird auf Basis sämtlicher Bestellungen der letzten 365 Tage berechnet.[17] Diese Qualitätskennzahl bewertet das Einkaufserlebenis in einem Bereich von 0 bis 100 für jede einzelne Bestellung. Darüber hinaus erfahren Bestellungen, die kürzlich abgeschlossen worden sind eine höhere Gewichtung und Bestellungen, die vor längerer Zeit abgewickelt wurden entsprechend eine geringere Gewichtung. Die Verkäuferbewertung ist damit eine Qualitätskennzahl die auf Basis eines zeitlich gewichteten Durchschnitts ermittelt wird.

Click Through Rate
Die Click Through Rate auf Amazon ist eine Kennzahl, die beschreibt, wie häufig aus den Ergebnisseiten der Produktsuche auf ein bestimmtes Produkt geklickt wurde. Die Berechnung erfolgt auf der Summe der Klicks eines Produkts auf den Suchergebnisseiten geteilt durch die Anzahl der Einblendungen des Produkts.

---

[15]https://www.amalyze.com/amazon-buybox/ Zuletzt zugegriffen am 24.06.2017.

[16]https://www.amazon.de/gp/help/customer/display.html?nodeId=3366811 Zuletzt zugegriffen am 27.06.2017.

[17]https://www.amazon.de/gp/help/customer/display.html/ref=hp_left_sib/260-2291829-6126258?ie=UTF8&nodeId=201107820 Zuletzt aufgerufen am 27.06.2017.

$$\text{CTR} = \frac{\text{Klicks eines Produkts}}{\text{Anzahl der Produkteinblendungen}} * 100$$

Conversion Rate

Die Conversion Rate auf Amazon ist das Verhältnis von Verkäufen zu den Besuchen einer Produktdetailseite. Damit drückt diese Kennzahl die Wahrscheinlichkeit aus, mit der Besucher einer bestimmten Produktdetailseite das jeweilige Produkt kaufen werden. Der Besucher wird für 24 h als unique bewertet. Die Berechnung der Conversion Rate erfolgt durch die Summe der Bestellungen eines Produkts geteilt durch die Anzahl der Unique Visitors der Produktdetailseite multipliziert mit 100.

$$\text{CR} = \frac{\text{Anzahl der Bestellungen eines Produkts}}{\text{Anzahl der Unique Visitors der Produktdetailseite}} * 100$$

Bounce Rate

Die Bounce Rate auf Amazon gibt den prozentualen Anteil der Besuche auf einer Produktdetailseite wieder, die unterhalb einer bestimmten Besuchsdauer liegen. Dieser Indikator gibt Amazon einen Hinweis auf die Relevanz des Produkts zur jeweiligen Suchanfrage und zur Qualität der Inhalte auf der Produktdetailseite. Die Berechnung der Bounce Rate erfolgt indem die Anzahl der Besuche, die unterhalb eines bestimmten Zeitlimits liegen durch die Anzahl sämtlicher Besuche der jeweiligen Produktdetailseite geteilt wird und das Ergebnis mit 100 multipliziert wird.

$$\text{Bounce Rate} = \frac{\text{Anzahl der Besuche einer Produktdetailseite unterhalb eines Zeitlimits}}{\text{Anzahl sämtlicher Besuche der Produktdetailseite}} * 100$$

13.4 Tools für die Amazon-Optimierung

13.4.1 Marketplace Analytics

Marketplace Analytics ist ein übersichtliches und leicht nutzbares Monitoring-Tool für deutsche Amazon-Händler (Internationalisierung ist geplant). Damit lassen sich sowohl organische, als auch bezahlte Amazon-Kampagnen überprüfen und optimieren. Auch die eigenen Umsätze und Gewinne werden dargestellt und geben einen guten Überblick über den eigenen Erfolg (marketplace-analytics.de) (Abb. 13.3).

13.4.2 Sellics

Wer als Händler gerne in den USA oder England verkaufen möchte, sollte sich hingegen Sellics ansehen. Vom Aufbau und den Funktionen gleicht es ansonsten seinem deutschen

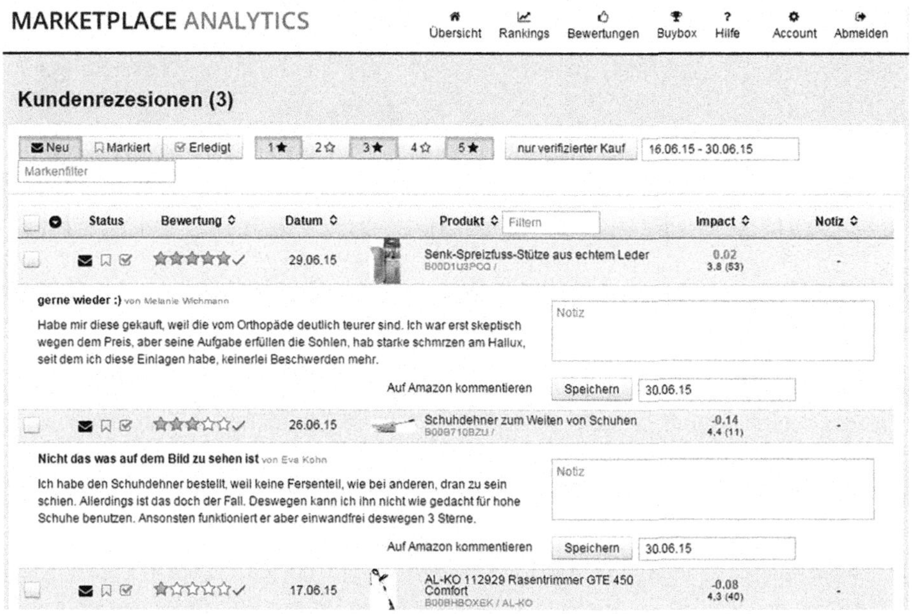

Abb. 13.3 Amazon-Marketing auf dem deutschen Markt

Pendant Marketplace Analytics. In Zukunft soll es durch eine Verknüpfung auch möglich sein, deutsche und angelsächsische Daten miteinander zu verknüpfen (sellics.com) (Abb. 13.4).

13.4.3 AMZ Tracker

Eine Alternative zu Marketplace Analytics ist der AMZ Tracker, eines der ersten Tools am Markt. Damit lassen sich die eigenen Positionen innerhalb der Suchreihenfolge tracken, Optimierungen für bessere Rankings durchführen, Wettbewerbsanalysen durchführen, die eigenen Produktlistungen verbessern (inkl. deren Umsatzvolumen) und vieles mehr (amztracker.com) (Abb. 13.5).

13.4.4 Sistrix E-Commerce

Sistrix ist eigentlich als Anbieter einer konventionellen SEO-Software bekannt geworden. Anfang 2017 hat das Unternehmen seine Expertise aber auch auf den Amazon-Kanal ausgedehnt. Mit dem Tool, dass sich derzeit noch im Beta Stadium befindet,

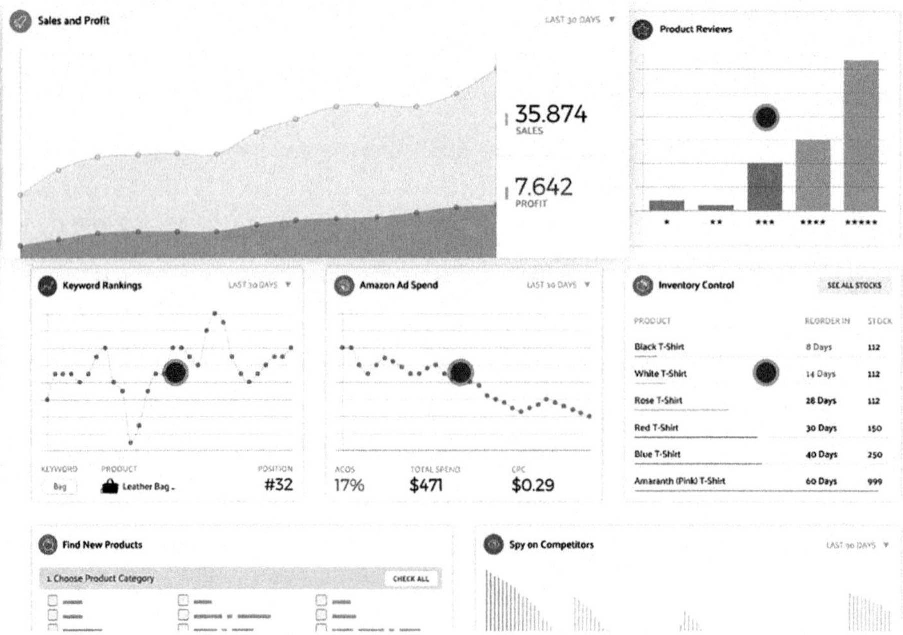

Abb. 13.4 Amazon-Marketing für angelsächsische Märkte

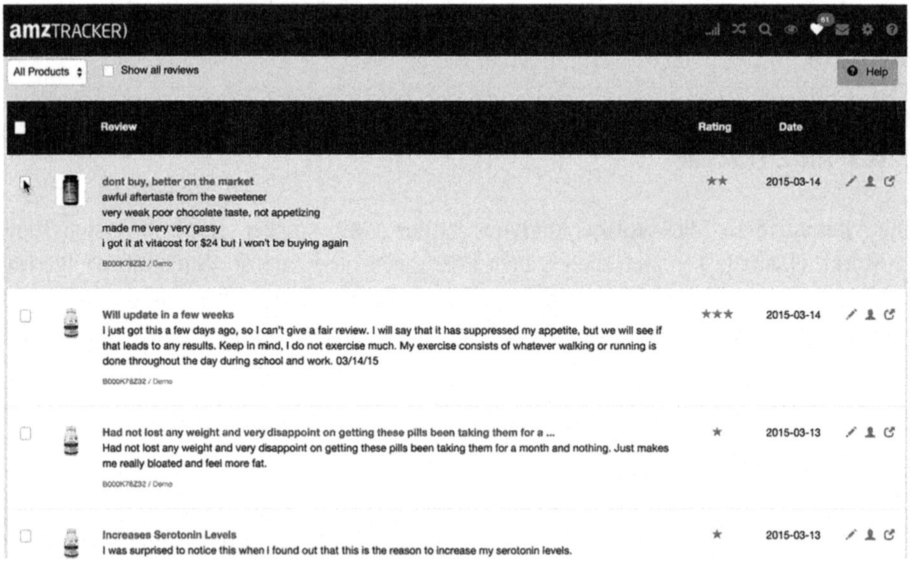

Abb. 13.5 Amazon-Analyse mit AMZ Tracker

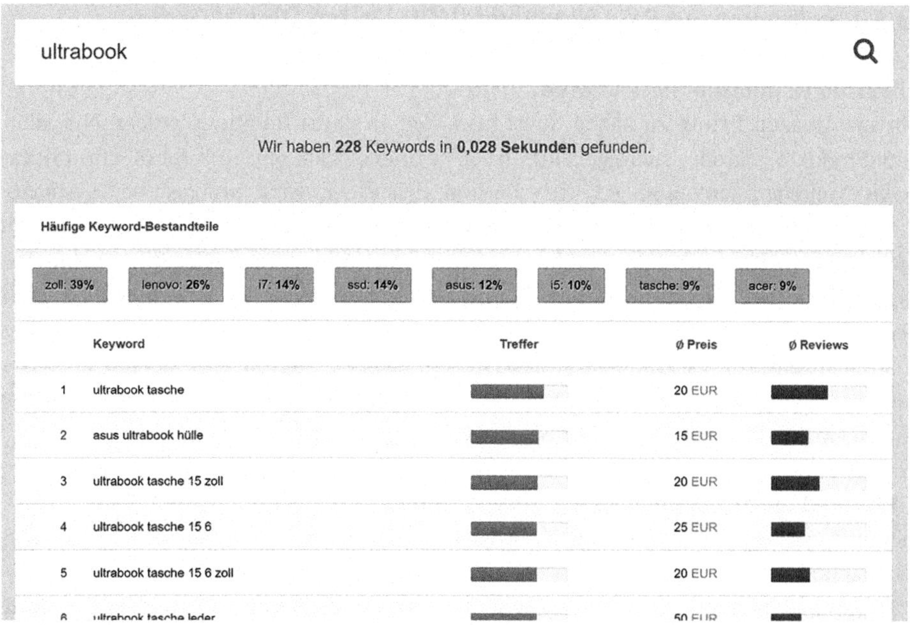

Abb. 13.6 Amazon-Tool von Sistrix

können Händler nicht nur ihre Rankings überprüfen und verbessern, sondern auch Kundenbewertungen managen, den Wettbewerb beobachten und aus historischen Daten Planungen (z. B. saisonale Schwankungen) anstellen (sistrix.de/amazon) (Abb. 13.6).

13.5 Interessante Links

- shopdoc.de/amazon-seo-ranking-optimierung – Einführung in Amazon SEO von ShopDoc (SAC Solutions GmbH)
- blog.afterbuy.de/?s = amazon – Deutschsprachiger Blog zum Thema Amazon-Vertrieb
- marketplace-analytics.de/blog – Blog des Amazon-Tool-Anbieters Marketplace Analytics
- advertising.amazon.de – Offizieller Blog von Amazon über die Werbemöglichkeiten mit Amazon
- ams.amazon.de – Offizielle Website der Amazon Marketing Services

13.5.1 Interview mit Paul Niemeyer (UDG United Digital Group)

1. Warum ist amazon SEO sinnvoll?
Um auf Amazon Erfolg zu haben, führt kein Weg an guten Rankings vorbei: Nur sichtbare Produkte werden auch gekauft. Aber optimale Rankings erfordern ein strukturiertes Vorgehen und eine gehörige Portion Erfahrung. Eine professionelle Amazon Suchmaschinenoptimierung stellt alle relevanten Produkteigenschaften sowohl für die Suchmaschine als auch für den Nutzer optimal dar. Ohne aussagekräftig und ansprechend formulierte Produktmerkmale können die Erwartungen der Nutzer nicht bedient werden. Der Nutzen der Keywordrecherche im AMZ-SEO-Prozess ist ein doppelter: Zum einen wird die Suchintention des Nutzers bedient, zum andern steigert eine gute Produkt-Landingpage die Konversionsrate. Diesen Doppelnutzen kann weder Amazon SEA noch eine Produktpflege ohne SEO zuverlässig leisten.

2. Was sind die größten Fehler bei amazon SEO?
Viel hilft viel: was gestern noch galt, ist heute schon obsolet. Nicht nur bei Google, sondern auch auf Amazon ist Keywordstuffing mittlerweile tabu. Daher sollte dasselbe Keyword nicht zu häufig verwendet werden und die Relevanz nicht durch zu viele Keywords verwässert werden. Irrtum Nummer zwei: wer SEO macht, spart sich SEA. Beide Instrumente sollten für maximalen Impact in einer Strategie miteinander zusammengeführt werden, da Amazon SEO durch die Verkaufszahlen von Amazon SEA profitiert. Fehler Nummer drei: Amazon SEO isoliert betrachten. Neben SEA sind Produktrezensionen und sofortige Lieferfähigkeit ebenfalls von hoher Bedeutung für das Ranking. Amazon SEO führt daher niemals isoliert zum Erfolg und muss andere Faktoren ebenfalls im Blick behalten.

3. Was wird in Zukunft wichtig für amazon SEO?
Der Wettbewerbsdruck unter den Anbietern auf Amazon ist in der Vergangenheit immer höher geworden und wird weiter steigen. Eine kontinuierliche Anpassung der Optimierungsstrategie an das sich stetig verändernde Ökosystem Amazon wird daher künftig noch wichtiger sein als heute. Dazu gehört auch die immer kleinteiligere Justierung von Erfolgsfaktoren, Feinheiten werden hier über die Platzierung entscheiden. Ebenfalls wird die komplementäre Verzahnung mit Amazon Paid Media als Marketingstrategie an Bedeutung gewinnen. Targeting und Werbemöglichkeiten werden sich am Niveau von Google orientieren, Händler und Vendoren werden sich auf steigende Komplexität einstellen müssen. Mobile und darauf abgestimmte Optimierung ist die Herausforderung der unmittelbaren Zukunft. Ob sich Voice Search über Alexa durchsetzt, wird die Herausforderungen für Amazon SEO in den kommenden Jahren maßgeblich prägen.

Literatur

Nedden, T. 2016. Report Amazon SEO. OMR.com. https://omr.com/report/produkt/amazon-seo-marketing/. Zuletzt Zugegriffen: 7. Juni 2017.

Spezialfall: Preissuchmaschinen 14

Inhaltsverzeichnis

Zusammenfassung

Ein weiterer Spezialfall sind Preissuchmaschinen, auch als Preisvergleiche bekannt. Diese zeichnen sich durch besonders hohe Conversion-Rates aus, da die Nutzer ihre grundsätzliche Kaufentscheidung bereits getroffen haben und nur noch den Shop mit dem günstigsten Preis suchen. Von daher ergeben sich für Unternehmen interessante Performance-Marketing-Optionen. Wie Preissuchmaschinen-Marketing funktioniert und welche KPIs zur Optimierung herangezogen werden können, wird in diesem Kapitel beschrieben.

14.1 Was sind Preissuchmaschinen?

Bei Preissuchmaschinen handelt es sich um Portale, die aus einer Vielzahl von Online-Shops zu einem Produkt den günstigsten Preis heraussuchen. Die Basis für diese Preissuche stellt die automatisierte Bereitstellung von Produktinformationen der in der Preissuchmaschine aufgeführten Online-Shops dar. Diese Anbindung wird in der Regel

I. Kamps und D. Schetter, *Performance Marketing*,
https://doi.org/10.1007/978-3-658-18453-7_14

Abb. 14.1 Spielzeug im Preisvergleich

ganz klassisch über Produktdatenfeeds, die an die API der entsprechenden Preissuchmaschine übermittelt werden, realisiert. Häufig wird das Marketing in Preissuchmaschinen auch als Produktdatenmarketing bezeichnet, da die Basis für die Vermarktungsfähigkeit durch Produktdatenfeeds gebildet wird.

Die Relevanz von Preissuchmaschinen im Rahmen eines Kaufprozesses ist nicht zu unterschätzen. Laut einer Befragung von Internet-Usern des Portals Deals.com haben ca. 50 % der User Preissuchmaschinen bereits genutzt[1] (Abb. 14.1).

14.1.1 Abrechnungsmodelle von Preissuchmaschinen

Die Abrechnungsmodelle innerhalb der Preissuchmaschinen sind ebenfalls performanceabhängig und daher fällt diese Online-Marketing-Disziplin auch in dem Bereich Performance-Marketing. Anders als bei der Suchmaschinen-Werbung (SEA) ist das Vergütungsmodell nicht auktionsbasiert, sondern richtet sich nach dem tatsächlichen Traffic, der über die Preissuchmaschine generiert wird.

[1]Statista (2017) Welche Art von Spar-/Rabatt-/Angebots-Seiten im Internet haben Sie bereits genutzt? http://de.statista.com/statistik/daten/studie/444117/umfrage/nutzung-von-rabatt-und-angebotsseiten-im-internet. Zuletzt zugegriffen am 07.06.2017.

Das gängigste Vergütungsmodell für den Traffic, der aus Preissuchmaschinen gewonnen werden kann, ist Cost-per-Click. Ganz vereinzelt lassen sich auch noch individuelle Cost-per-Order-basierte Vereinbarungen treffen, aber das ist heute eher die Ausnahme. Die Vergütung erfolgt, wie im Performance-Marketing üblich, erst nach einem erfolgreichen Click eines Users aus der Preissuchmaschine in den Online-Shop des Werbetreibenden oder im Falle der Cost-per-Order-Vergütung tatsächlich erst nach der bezahlten und nicht retournierten Bestellung. Das CPO-basierte Modell hat seinen Ursprung im Affiliate-Marketing, das für viele Geschäftsmodelle im Internet die erste Monetarisierungsform bietet (siehe Kap. 7 Affiliate-Marketing).

14.1.2 Optimierung für Preissuchmaschinen

Wie auch bei der Suchmaschinen-Werbung können die Ergebnisse von Online-Marketing-Maßnahmen in den Preissuchmaschinen aktiv optimiert werden. Der gängige Optimierungsansatz ist dabei die Verbesserung der Datenqualität des bereitgestellten Produktfeeds. Hierzu gehören z. B. umfassende Beschreibungstexte, detaillierte Größenangaben, Produktabbildungen, transparente Versandkosten, temporäre Rabattaktionen und aktuelle Preissenkungen usw. Vergleichbar mit der Suchmaschinen-Werbung lassen sich Produkte, die über den Datenfeed bereitstellt werden, nach relevanten Performance-Marketing-Kennzahlen optimieren. So werden z. B. Produkte, die nur Traffic, also Klicks liefern und keine Verkäufe generieren, aus dem Feed herausgenommen oder pausiert. Darüber lassen sich Teilsortimente grundsätzlich aus dem Feed ausschließen, wenn z. B. die Kosten-Umsatz-Relation nicht profitabel oder das eigene Preisniveau nicht wettbewerbsfähig ist.

Für die Anbindung von Online-Shops an Preissuchmaschinen gibt es eine Vielzahl von Tools, die neben der reinen Datenanlieferung über Exportschnittstellen auch noch zusätzliche Funktionen zur Optimierung und Steuerung dieses Performance-Marketing-Kanals bieten. So kann die Datenfeed-Optimierung direkt im Tool erfolgen und ohne umfassendes technisches Know-how direkt im User Interface durchgeführt werden. Durch die Anbindung an bestehende Web-Analyse-Systeme lassen sich so auf Sortiments- bzw. Produktebene Rentabilitätsentscheidungen treffen.

Tools zu Optimierung des Datenfeeds

Zu den bekanntesten und gängigsten Tools im Bereich Preissuchmaschinenmarketing gehören:

- BeezUp (beezup.de)
- Channel Pilot (channelpilot.de)
- Feed Dynamix (feed-dynamix.de)
- FusePump (fusepump.com)

- Lengow (lengow.com)
- Productsup (productsup.io)
- usw.

14.1.3 Der Markt für Preissuchmaschinen

Wie auch bei den Suchmaschinen gibt es einen großen Unterschied bei den Marktanteilen zwischen den verschiedenen Marktteilnehmern[2]. Zu den wohl bekanntesten gehören Idealo, Billiger, Ladenzeile, Geizhals und Stylight. Die Preissuchmaschinen unterscheiden sich sehr stark auch durch ihre vertikale Ausprägung und das User Interface. So haben Preissuchmaschinen, deren Fokus auf elektronischen Waren liegt, sehr stark technische Darstellungsformen und, diejenigen, die sich z. B. auf den Bereich Fashion fokussieren, einen deutlich visuelleren Darstellungs- und Navigationsansatz, der die Produktpräsentation viel stärker in den Vordergrund stellt.

Seit 2013 hat Google ebenfalls massiv in diesen Markt eingegriffen, denn durch die Umstellung des Geschäftsmodells für die bis dato kostenlose Google Produktsuche (froogle) auf ein kostenpflichtiges Modell namens Google Shopping, hat sich der Wettbewerb der Preissuchmaschinen noch einmal dramatisch verschärft. In diesem Zusammenhang hat die EU-Kommission entschieden, Google aufgrund des Missbrauchs seiner marktbeherrschenden Stellung, eine Wettbewerbsstrafe von 2,42 Mrd. EUR aufzuerlegen.[3]

Durch den Universal-Search-Ansatz von Google werden die kostenpflichtigen Produkt-Einträge nicht nur im Bereich Shopping angezeigt, sondern finden sich abhängig vom Suchverhalten auch auf den Suchergebnisseiten. Etwas zeitverzögert ist der zweite große Suchmaschinengigant Microsoft mit seiner Suchmaschine Bing ebenfalls auf diesen Zug aufgesprungen und bietet innerhalb von Bing Ads auch die Möglichkeit, Produktanzeigen über Bing-Shopping-Kampagnen auszuspielen.

Sowohl Google-Shopping-Kampagnen als auch Bing-Shopping-Kampagnen unterscheiden sich zu den klassischen Preissuchmaschinen vor allem durch die Integration in die Suchergebnisseiten und damit durch eine deutlich größere Reichweite, aber auch durch die zusätzlichen Funktionen, die über die Verknüpfung mit den Suchmaschinen-Marketing-Kampagnen (SEA) genutzt werden können. Abschn. 4.3.4.2.

[2]Eisenbrand R (2016) Unsexy, unterschätzt und unheimlich erfolgreich: So viel Geld steckt im Markt für Preisvergleichsdienste. OMR.com. omr.com/de/preisvergleiche-marktuebersicht. Zuletzt zugegriffen am 07.06.2017.

[3]http://www.spiegel.de/netzwelt/netzpolitik/google-vs-eu-kommission-eu-verhaengt-rekordstrafe-von-2-42-milliarden-a-1154605.html. Zuletzt zugegriffen am 27.06.2017.

Die langfristige Strategie von Google, den Kaufprozess noch weiter zu verkürzen und die volle Kontrolle über die Customer Journey zu erlangen, wird durch den Start der Betaphase des Google Buy-Buttons[4] in den USA seit Mai 2017 deutlich. Damit kann der Nutzer jetzt direkt aus den Suchergebnissen, ohne den Shop des Anbieters besucht zu haben, den Kaufprozess abschließen.

Das wird die klassischen Preissuchmaschinen zusätzlich starkt unter Druck setzen.

14.1.4 Interview mit Jannik Wegert (Channel Pilot Solutions GmbH)

Warum ist Preissuchmaschinen Marketing sinnvoll?
Online Händler erhalten über Preissuchmaschinen qualitativen Traffic, sie kontrollieren die Kosten und steigern dadurch den Umsatz.

Viele User nutzen die Preis- und Produktsuchmaschinen als zentralen Anlaufpunkt um auf eine Vielzahl von Online Shops zuzugreifen. Der Online Händler spricht mit der Listung auf diesen Portalen kaufinteressierte Nutzer an. Der Traffic hat daher eine hohe Conversionrate im Vergleich zu anderen Online-Marketing Maßnahmen beispielsweise Google AdWords. Über die Portale erreichen Online Händler außerdem hohe Neukundenquoten bei den Verkäufen. Zu den direkten Zugriffen der User auf die Portale, sind die Unternehmen sehr aktiv im Online-Marketing. Besonders die großen und etablierten Portale haben eine sehr gute SEO Sichtbarkeit, hohes AdWords Budget und viel Traffic aus Sozialen Netzwerken. Der Online Händler mit einer Anbindung an diese Portale profitiert von der hohen Online Sichtbarkeit. In der Regel konkurriert der Shop bereits bei Google im SEO und SEA mit den Portalen, daher spricht dies nicht gegen eine Listung.

Aus Performance Marketing Sicht kann die Listung auf den Preissuchmaschinen exakt überwacht und ausgewertet werden. Der Traffic wird per Klickpreis eingekauft und die daraus entstandenen Umsätze lassen sich gegen die Klickkosten rechnen. Es liegt eine konkrete Bewertung der Rentabilität vor und sorgt für Transparenz der Marketing Maßnahme. Die durchschnittliche Performance des Traffic sorgt für ein kostendeckendes Marketing. Sollte die Rentabilität bei einigen Kooperationen schlecht ausfallen, werden Produkte oder Kategorien mit vielen Klicks und keinen Verkäufen automatisiert entfernt, indem sie Mittels einer Feed Engine optimal gesteuert werden.

Was sind die größten/häufigsten Fehler im Preissuchmaschinen Marketing?
Die größten Fehler sind inaktuelle Daten, minderwertige Produktdatenqualität und fehlende Steuerung der Kosten. Diese verursachen schlechte Performance und senken die Rentabilität des Preissuchmaschinen Marketing signifikant.

[4]Marvin G (2017) Purchases on Google quietly opens beta for requests in US. Search Engine Land. searchengineland.com/purchases-google-quietly-opens-beta-request-google-merchant-center-275182. Zuletzt zugegriffen am 07.09.2017.

Produktdaten sollten mindestens vier Mal am Tag aktualisiert werden, optimal ist eine stündliche Aktualisierung. Listungen mit inaktuellen Daten können hohe Klickkosten verursachen die zu keinen Verkäufen führen, besonders wenn der Preis und die Verfügbarkeit betroffen sind. Die Nutzer können so schnell das Vertrauen in den Shop verlieren, da in der Regel den Angaben auf dem Portal vertraut wird, schließlich sind diese bei den anderen Shops aktuell und korrekt.

Eine schlechte Produktdatenqualität mit fehlenden Daten beispielsweise EAN-Codes, Bilder und Verfügbarkeiten oder gar fehlerhaften Produktlinks sind die größten Fehler die ein Online Händler im Preissuchmaschinen Marketing begehen kann. Des Weiteren ist ein für Preissuchmaschinen und Google Shopping optimierter Titel für die Performance entscheidend. Wenn die Produkte undeutlich betitelt sind, klicken viele Nutzer in den Shop und stellen dort fest, dass es nicht dem gesuchten Produkt entspricht. Dies verursacht unnötige Klickkosten. Zusätzliche Informationen und Suchwörter in den Produkttiteln erhöhen die Auffindbarkeit der Produkte in den Suchmaschinen.

Aus unterschiedlichen Gründen passiert es immer wieder, dass einzelne Produkte über einen längeren Zeitraum viele hunderte Klicks über die Preissuchmaschinen erhalten und der Traffic zu keinen oder nur geringen Verkäufen führt. Für ein rentables Preissuchmaschinen Marketing ist ein Steuerungstool notwendig. Eine Performancesteuerung in einer Feed Engine schließt automatisiert die kostentreibenden Produkte aus und schützt vor hohen Klickkosten. Für Google Shopping sollten über ein Bid-Management Tool die Klickpreise gesenkt werden und somit eine Kostenbremse bewirken.

Was wird in Zukunft wichtig für Werbetreibende im Preissuchmaschinen Marketing?

Das Preissuchmaschinen Marketing wird in Zukunft komplexer und stellt die Online Händler vor neue Herausforderungen. Der Traffic über Google Shopping wird weiter steigen und bei den Preissuchmaschinen beginnt eine langsame Konsolidierung auf wenige große Portale am Markt.

Die Produktsuchmaschinen mit Fokus auf Bekleidung, Einrichtung und Lifestyle orientieren sich an Google Shopping und bieten mittlerweile dynamische Klickpreise an, die der Online Händler selber bieten kann. Bisher konnte in dem Preissuchmaschinen Marketing nur mit dem Entfernen der Produkte gesteuert werden und der Händler hatte keinen Einfluss darauf welche Produkte er bevorzugt bewerben möchte. Der Online Händler profitiert also am meisten, wenn die neuen Steuerungsmöglichkeiten in der Feed Engine eingesetzt werden können, welche beispielsweise erlaubt die Klickpreise automatisch zu beeinflussen.

Auf den Preisvergleichsportalen wie idealo, wird ein intelligentes Repricing in Zukunft immer wichtiger. Der Wettbewerb und die Anzahl der Händler auf den Portalen nehmen ständig zu. Wenn ein Online Händler seine Wettbewerbssituation nicht beobachtet, wird dieser nicht mit seinen Konkurrenten mithalten können und büßt Traffic ein. Mit einem Dynamic Pricing Tool können unterschiedliche Preise für jedes Portal vergeben werden und somit die optimale Marge und Sichtbarkeit erreicht werden.

Preissuchmaschinen werden sich in Zukunft zu Marktplätzen wandeln und neben der klassischen Weiterleitung einen eigenen Warenkorb anbieten. Die technischen Anbindungen werden dadurch aufwendiger und die Steuerung der Performance komplexer. Das Preisvergleichsportal Idealo als größter Anbieter in Deutschland hat dies bereits erfolgreich umgesetzt. Von einigen weiteren Portalen wissen wir, dass eine Marktplatzfunktion ebenso geplant ist. Insbesondere wenn Google Shopping zu einem Marktplatz erweitert wird und einen eigenen Warenkorb anbietet, verändert sich das Preissuchmaschinen Marketing für die Online Händler stark. Die Entwicklung bringt Nachteile mit sich, da die Preissuchmaschine als Marktplatz wiederum in direkter Konkurrenz mit dem eigenen Online Shop steht. Idealo listet bereits als Marktplatz auf Google Shopping und anderen Preissuchmaschinen, dies war vorher nicht möglich. Schließlich werden die Online Händler davon profitieren können, das Google und die Preissuchmaschinen mit dem Marktplatzmodell eine Chance haben dem Wachstum von Amazon entgegen zu wirken.

Literatur

Eisenbrand, R. 2016. Unsexy, unterschätzt und unheimlich erfolgreich: So viel Geld steckt im Markt für Preisvergleichsdienste. OMR.com omr.com/de/preisvergleiche-marktuebersicht. Zugegriffen: 7. June 2017.

Marvin, G. 2017. Purchases on Google quietly opens beta for requests in US. Search engine land. searchengineland.com/purchases-google-quietly-opens-beta-request-google-merchant-center-275182. Zugegriffen: 7. Sept. 2017.

Statista. 2017. Welche Art von Spar-/Rabatt-/Angebots-Seiten im Internet haben Sie bereits genutzt? http://de.statista.com/statistik/daten/studie/444117/umfrage/nutzung-von-rabatt-und-angebotsseiten-im-internet. Zugegriffen: 7. Juni 2017.

Teil V
Technologie

Data-Management-Plattform (DMP) – Daten sammeln und managen

15

Inhaltsverzeichnis

Zusammenfassung

Im Rahmen des Online-Marketings entstehen immer mehr Daten aus verschiedenen Quellen, die von einem Unternehmen so bewältigt werden müssen, dass sie noch auswertbar sind, einzelnen Nutzer zugeordnet werden können und anschließend für Werbemaßnahmen zur Verfügung stehen. Das wird mit einer Data-Management-Plattform (DMP) erledigt. Welche Daten in einer DMP gespeichert werden können und wie diese dann gezielt genutzt werden können, wird in diesem Kapitel beschrieben.

15.1 Was ist eine DMP?

Eine Data-Management-Plattform (DMP) ist eine Software, die von Website-Betreibern und Online-Werbetreibenden dazu genutzt wird, um Nutzerdaten zu speichern und zu managen bzw. Werbekampagnen mit den Daten anzureichern. Die auf einer DMP gespeicherten Daten kommen dabei in der Regel aus mehreren verschiedenen Quellen (Abb. 15.1).

I. Kamps und D. Schetter, *Performance Marketing*,
https://doi.org/10.1007/978-3-658-18453-7_15

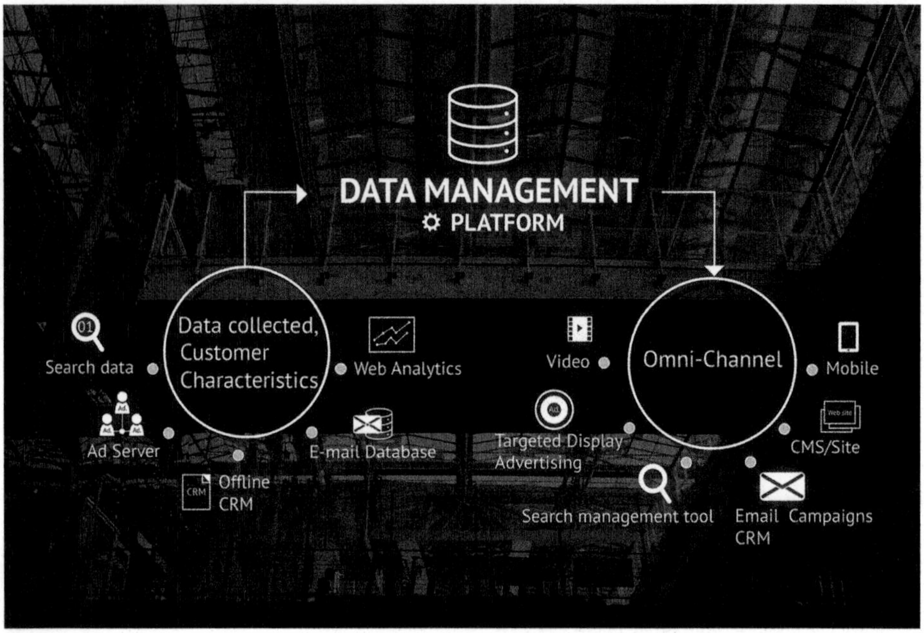

Abb. 15.1 Data Management Plattformen sind unverzichtbar geworden. (zapp2photo https://de.fotolia.com/p/206350161)

15.1.1 Warum ist eine DMP sinnvoll?

Durch den programmatischen Einkauf von Werbeflächen werden Werbetreibende (Advertiser) in die Lage versetzt, über die verschiedenen Ad Exchanges, Ad Networks oder Demand-Side-Plattformen (DSPs) aus einer sehr großen Auswahl aus Werbeträgern wie Websites oder Apps auszuwählen. Dank der in einer Data-Management-Plattform gespeicherten Daten können sie ihre Werbebotschaften ausschließlich an ein Publikum ausspielen, die bestimmte Charakteristika erfüllen und dadurch zur Zielgruppe des werbenden Unternehmens passen. Darüber hinaus werden unternehmensinterne Datensilos (Verteilung der Daten auf einzelne Abteilungen) aufgelöst und die Datenhoheit des Unternehmens ist sichergestellt.

15.1.2 Die Rollen einer DMP?

Insgesamt lassen sich vier verschiedene Rollen einer Data-Management-Plattform definieren:

15.1.2.1 Datenimport

Die DMP nimmt Daten aus verschiedenen Quellen auf, organisiert sie nach Kunden-Level (wenn es sich um Daten bestehender Kunden oder bekannter Nutzer handelt) und Cookie-Level (wenn das Individuum unbekannt ist). Für die Organisation wird beispielsweise anhand Kundennummern, E-Mail-Adressen, angesehenen Produkten im Online-Shop oder einem Bonusprogramm vorgenommen.

15.1.2.2 Audience-Segmente finden und bilden

Hierbei werden aus Basis von vorhandenen First-Party-Daten Publikumssegmente gebildet (z. B. Männer zwischen 25 und 34, die in München wohnen und häufig im Online-Shop Wein bestellen). Darüber hinaus findet die DMP aus den vorhandenen Cookies namentlich unbekannte Nutzer mit gleichen Wesensmerkmalen (Lookalikes), die anschließend ebenfalls per Online-Werbung angesprochen werden können.

15.1.2.3 Datenverteilung

Die Audience-Daten werden anschließend von der DMP an eine angeschlossene Software (z. B. eine DSP) gesendet, die auf Basis der Daten Werbeplatzierungen auf Websites oder in Apps kaufen kann, bei denen der aufrufende Nutzer in die von dem DMP gebildeten Publikumssegmente passt.

15.1.2.4 Cookie-Matching

Einzelne Cookies sind an eine Domain (z. B. Stern.de) gebunden und dürfen grundsätzlich nur vom Besitzer dieser Domain gelesen und geschrieben werden. Für Drittanbieter sind die Cookies, auch die darin gespeicherte Nutzer-ID, nicht verwendbar. Über verschiedene Domains und Services hinweg ist jeder Nutzer also über zahlreiche Cookies-IDs vorhanden. Um die Informationen zusammenzufügen, gibt es das sogenannte Cookie-Matching.

Das funktioniert so: Die Website meldet die vorhandene Cookie-ID durch einen Pixel-Aufruf an einen anderen Service wie z. B. eine DSP. Die DSP speichert diese Cookie-ID und vergibt im Moment ihres Pixel-Aufrufs eine eigene Cookie-ID. Diese beiden IDs können nun miteinander gematcht und die Tabelle geschrieben werden. Über verschiedene Domains hinweg entsteht dann ein immer detaillierteres Bild des Nutzers, das dann von Advertiser- und Technologie-Unternehmen genutzt werden kann. Das ganze System ist nicht nur auf Websites beschränkt. Wenn möglich können auch Daten aus CRM-Systemen in die Matching-Tabelle einfließen, um ein noch aussagekräftigeres Bild zu ergeben. Wichtig ist, dass dies immer nur anonym geschehen darf.

Für Programmatic Advertising sind die gematchten Cookies dahin gehend sehr wertvoll, da Advertiser durch sie erfahren, ob der entsprechende Nutzer überhaupt interessant für ihre Werbung ist. Inwieweit sich das System nach zukünftigen Anpassungen des Datenschutzrechts verändern muss, ist zum jetzigen Moment noch nicht abzusehen. Bis auf Weiteres werden Cookies und Cookie-Matching aber wichtig bleiben.

15.2 Interessante Links

- adzine.de/2016/05/what-the-heck-ist-cookie-matching – Zusammenführung von Cookies
- internetworld.de/technik/data-management-plattform-dmp/data-management-plattformen-profile-nutzbar-1041857.html – DMP-Erklärung und Interview.

Adblocker

16

Inhaltsverzeichnis

Zusammenfassung

Adblocker polarisieren die Online-Marketing-Gemeinde wie kaum eine andere Technologie. Nutzer erhalten durch sie ein komfortableres Surfvergnügen, während Website-Betreiber um ihre Einnahmen fürchten. Um das Problem in den Griff zu bekommen, werden sich beide Seiten aufeinander zubewegen müssen. Was Adblocker sind, warum sie immer populärer werden und welche Maßnahmen sich daraus ableiten lassen, wird in diesem Kapitel beleuchtet.

I. Kamps und D. Schetter, *Performance Marketing*,
https://doi.org/10.1007/978-3-658-18453-7_16

16.1 Was sind Adblocker?

Adblocker sind eines der emotionalsten Themen des gesamten Online-Marketings. Während Publisher und Werbevermarkter sie klar ablehnen, verweisen Befürworter auf die schlimmen Auswüchse der Online-Werbung, vor denen Nutzer geschützt werden müssen.

16.1.1 Werbung blockieren

Die Hauptfunktion von Adblockern liegt – wie der Name schon sagt – darin, Online-Werbung zu blockieren. Im stationären Internet passiert dies ausschließlich im Browser, mobil werden Anzeigen hingegen sowohl auf mobilen Websites, als auch in Apps an der Auslieferung gehindert.

16.1.2 Ad-Tracking unterbinden

In diesem Buch war schon häufig die Rede davon, dass Cookies auf den Rechner der Nutzer gesetzt werden, um ihr Surfverhalten aufzuzeichnen und sie in Audience-Segmente einzuteilen. Anbieter von Adblockern gehen davon aus, dass Nutzer das gar nicht wollen und unterdrücken die Verwendung von Tracking-Pixeln auf Websites.

16.2 Verluste durch Adblocking?

Viel ist gesprochen worden über das Recht von Nutzern, auf der einen Seite kostenlose Inhalte im Web zu fordern und auf der anderen Seite Publishern durch das Blocken der Werbung die Geschäftsgrundlage zu entziehen. Gegner von Adblockern sagen, dass Nutzer für den Konsum von freiem Content gefälligst Werbung zu akzeptieren haben.

In der Tat schmerzen die durch Adblocker verursachten Verluste die Publisher. Umsatzeinbußen von bis zu 30 % werden gemeldet (in Einzelfällen sogar bis zu 50 %), die sich für die meisten Website-Betreiber nicht durch bezahlte Inhalte (Paid Content) auffangen lassen.

Auf der jährlich stattfindenden Programmatic-Advertising-Konferenz d3con findet jedes Mal ein spezielles Adblocker-Panel statt, in dem es meistens hoch hergeht. Die Emotionen kochen vor allem bei den Unternehmen hoch, die ihr Geschäftsmodell durch Adblocker bedroht sehen (vor allem Publisher und Vermarkter).

Einige Publisher haben auf die Thematik reagiert, indem sie Nutzer von ihren Inhalten einfach aussperren, wenn diese einen Adblocker verwenden. So macht das beispielsweise der Axel-Springer-Verlag (Einrichtung einer Paywall). Dazu haben sich neue Dienstleister etabliert, die Technologien entwickelt haben, um Adblocker zu umgehen und trotzdem Werbung einblenden zu können. Es herrscht also ein Katz- und Mausspiel.

Ein Meilenstein für die Adblocking Industrie stellt das Urteil des Oberlandesgerichts München aus August 2017 zur Rechtmäßigkeit der Geschäftspraktiken dar. Hierbei wird bestätigt, dass das kostenpflichtige „Whitelisting“ eine erlaubte wirtschaftliche Praxis ist und keinen Verstoß gegen das Wettbewerbsrecht darstellt.[1] Ob mit diesem Urteil die grundsätzliche Diskussion um Adblocker und deren Einfluss auf die Werbeindustrie abgeschlossen sein wird, kann eindeutig verneint werden.

16.3 Warum werden Adblocker installiert?

Doch warum installiert überhaupt eine so große Zahl von Online-Nutzern eine Software, um Anzeigen zu blockieren. Einige Studien sprechen davon, dass auf bis zu 25 % aller online-fähigen Rechner ein Adblocker installiert ist. Sind das alles Parasiten, die kostenlos abgreifen, aber nichts dafür tun wollen?

16.3.1 Nutzererfahrung

In der allgemeinen Wahrnehmung installieren die meisten Leute Adblocker, weil sie sich gegen Online-Werbung im allgemeinen und zu viele Tracking-Pixel wehren wollen. Doch in Wirklichkeit geht es den meisten Leuten ganz einfach um die Nutzerfahrung. So laden Websites einfach schneller, wenn die Anzeigen blockiert werden, zum Teil gibt es signifikante Unterschiede.

16.3.2 Privatsphäre

Während die Performance einer der Hauptgründe für Nutzer ist, sich einen Adblocker zu installieren, ist auch die Privatsphäre ein nicht zu unterschätzender Faktor. Rund die Hälfte aller Internetnutzer macht sich zumindest so weit Gedanken darüber, dass sie das unkontrollierte Sammeln ihrer Daten durch Advertiser und Online-Marketing-Unternehmen ablehnen.

16.3.3 Datenverbrauch

Die Verminderung des Datenverbrauchs ist primär für mobile Nutzer ein Grund, auf dem eigenen Smartphone oder Tablet einen Adblocker zu installieren. Und tatsächlich verringert sich die Datenübertragung zum Teil enorm, wenn mobile Websites ohne Werbung angezeigt werden – manchmal um bis zu 50 %.

---

[1] spiegel.de/netzwelt/web/adblocker-streit-olg-muenchen-erklaert-internet-werbeblocker-fuer-zulaessig-a-1163316.html.

16.4 Was bedeutet das für Performance-Marketer?

16.4.1 Diversifizierung der Kanäle

Adblocking tangiert hauptsächlich den Display-Kanal, da sich die Display-Formate von den Adblockern leicht identifizieren und blockieren lassen. Daher sollten Advertiser überlegen, einen Teil ihrer Budgets auf andere Kanäle zu verteilen, in denen Adblocker keine Rolle spielen. Das können beispielsweise Social-Media-Advertising, SEO, SEA oder E-Mail-Marketing sein.

16.4.2 Anzeigen-Netzwerke werden sich anpassen

Die meisten Adblocker funktionieren so, dass sie überprüfen, von welchem Server ein Element ausgeliefert wird und vergleichen diese Information mit einer Liste bekannter Werbenetzwerke[2]. Durch eine Verschleierung kann es den Netzwerken gelingen, sich an den Adblock-Mechanismen vorbei zu schmuggeln. Das wird allerdings nicht das Katz- und Mausspiel beenden.

16.4.3 Native Advertising ist auf dem Vormarsch

Aufgrund ihres Aufbaus sind native Anzeigen für Adblocker deutlich schwieriger zu identifizieren und herauszufiltern. Auch wenn diese Formate nicht für jeden Advertiser oder Publisher geeignet sind, wird Native Advertising stationär und vor allem mobil zukünftig eine weiter wachsende Rolle spielen. So verzichten große US-Seiten wie Buzzfeed oder auch Facebook komplett auf Display Advertising und setzen ausschließlich auf Native Advertising.

16.4.4 Accelerated Mobile Pages (AMP)

Mit Googles Accelerated Mobile Pages (AMP) werden mobile Websites deutlich schneller ausgeliefert, indem der HTML-Code verschlankt und JavaScript durch spezielle AMP JavaScripts ersetzt wird. Dort lassen sich nur bestimmte Werbeformate nutzen, die aber für den Nutzer nicht störend sind. Unter dem Strich muss gesagt werden, dass AMP-Seiten gut funktionieren.

---

[2]Storey et al. (2017) The Future of Ad Blocking: An Analytical Framework and New Techniques. randomwalker.info/publications/ad-blocking-framework-techniques.pdf. Zuletzt zugegriffen am 07.06.2017.

16.4.5 Bessere Online-Werbung

Es lässt sich nicht verleugnen, dass Online-Werbung in der Vergangenheit und Gegenwart oft über das Ziel hinausschießt: durch nervige Pop-ups, Banner, die den kompletten Inhalt überdecken (Layer), automatisch startende Videos und durch Sammlung jeder Art von Daten, die irgendwie greifbar sind. Doch Online-Werbung sollte weder nerven noch verängstigen, sondern im besten Fall sogar nützlich und kreativ sein und Relevanz besitzen. Dann wird sie auch von Nutzern akzeptiert und das Adblocker-Problem erledigt sich von ganz alleine.

Literatur

Storey, G., Reismann, D., und Mayer, J. 2017. The future of ad blocking: An analytical framework and new techniques. randomwalker.info/publications/ad-blocking-framework-techniques.pdf. Zugegriffen: 7. Juni 2017.

Teil VI

Tipps & Tricks

Google AdWords vs. Facebook Ads 17

Inhaltsverzeichnis

Zusammenfassung

In diesem Kapitel werden die Vor- und Nachteile von Google AdWords und Facebook Ads – den beiden wichtigsten Paid-Media Kanälen – gegenübergestellt. Es werden die Unterschiede und Gemeinsamkeiten herausgearbeitet und es wird aufgezeigt, für welchen Einsatz die eine oder andere Variante besser geeignet ist.

Viele Unternehmen stellen sich die Frage, ob Google AdWords oder Facebook Ads besser für sie geeignet sind. Zwischen beiden Varianten gibt es einige Parallelen, aber auch wichtige Unterschiede. Das folgende Kapitel soll aufzeigen, in welchen Situationen Google AdWords und Facebook Ads ihre individuellen Stärken ideal ausspielen können (Abb. 17.1 und 17.2).

I. Kamps und D. Schetter, *Performance Marketing*,
https://doi.org/10.1007/978-3-658-18453-7_17

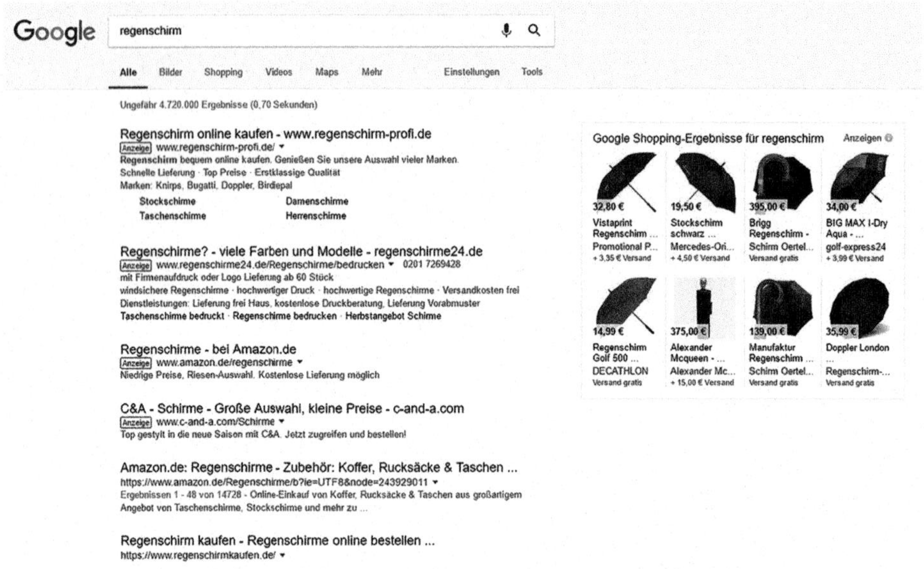

Abb. 17.1 Google-Suche nach Regenschirm

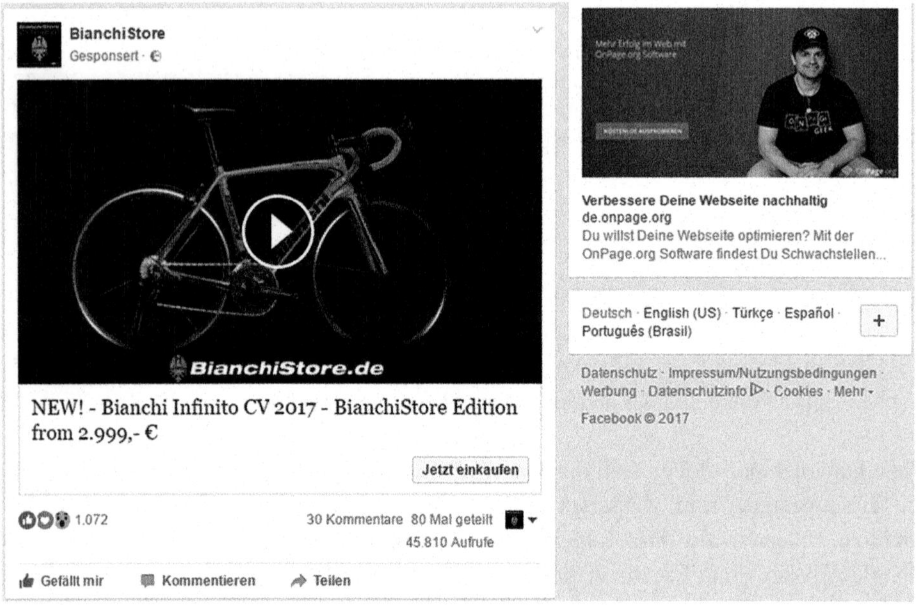

Abb. 17.2 Facebook Ad für Bianchi-Fahrrad

17.1 Gemeinsamkeiten & Unterschiede

17.1.1 Gemeinsamkeiten

Der Cost-per-Click (CPC) – also der zu zahlende Werbebetrag für einen interessierten Nutzer – ist die wichtigste Währung bei der Abrechnung von Google AdWords und Facebook Ads. Doch das ist nicht die einzige Gemeinsamkeit: Beide Plattformen verfügen über gigantische Reichweiten, mit denen Werbetreibende den Großteil aller Internetnutzer erreichen können. Dadurch sind beide Systeme in der Regel die erste Wahl, wenn es darum geht, interessierte Nutzer online anzusprechen.

17.1.2 Unterschiede

Der größte Unterschied zwischen Google AdWords und Facebook Ads liegt darin, dass AdWords auf Basis einer konkreten Aktion durch den Nutzer angezeigt werden (eine Sucheingabe bei Google), während Facebook Ads interessensbasiert im News-Feed des sozialen Netzwerks erscheinen. Die beiden Anzeigeformate lassen sich auf dieser Basis in ein Push-Kanal (Facebook Ads) und einen Pull-Kanal (Google AdWords) einteilen. Die Push-Komponente wird bei Google durch die Werbeanzeigen im Google Display Netzwerk bedient.

Bei den AdWords werden daher bestimmte Keywords definiert, bei denen der Werbetreibende mit seiner Anzeige erscheinen möchte. Die Auslieferung der Anzeigen lässt sich auf verschiedene Weisen eingrenzen, z. B. geografisch oder zeitlich. Eine normale AdWords-Anzeige besteht nur aus Text.

Die Zielgruppen von Facebook Ads werden hingegen anhand von Demografien, Interessen und Kontexten definiert, können aber ebenfalls geografisch und zeitlich eingeschränkt werden. Optisch wird eine Anzeige bei Facebook mit einer Bild-/Text-Kombination dargestellt (Abb. 17.3).

17.2 Entscheidungsmerkmale

17.2.1 Budget & Klickpreis

In der Regel haben AdWords-Anzeigen einen höheren CPC als ihre Facebook-Pendants, wobei innerhalb besonders umkämpfter Segmente bzw. Zielgruppen keine großen Unterschiede bestehen. Ist das eigene Werbebudget also begrenzt und ist das primäre Ziel Reichweite aufzubauen, könnte dies für einen bevorzugten Einsatz von Facebook Ads sprechen.

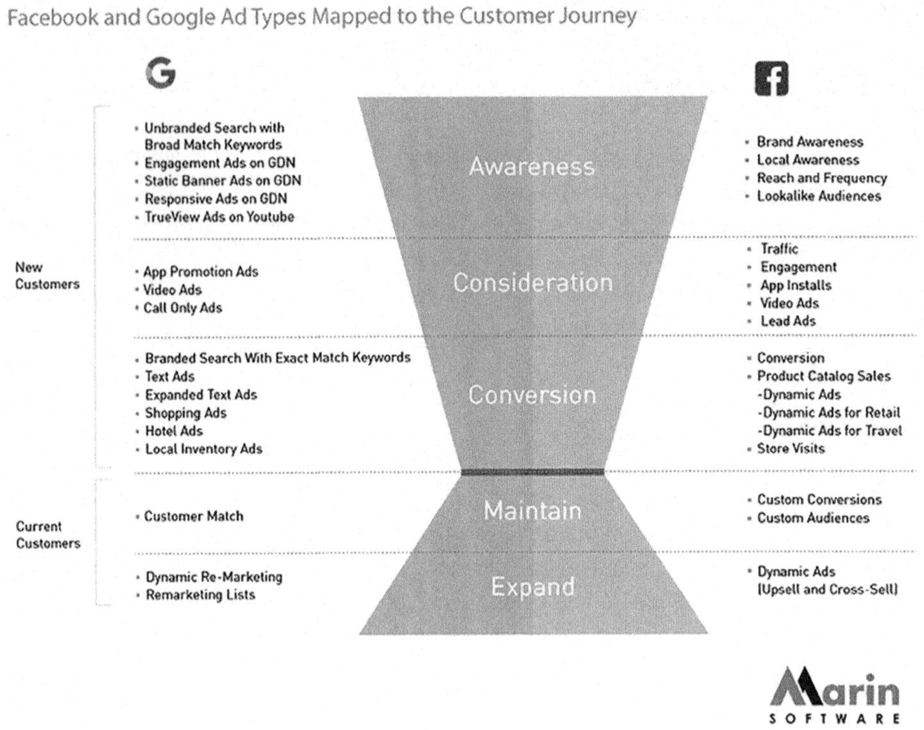

Abb. 17.3 Facebook Ads und AdWords im Sales-Funnel

Das bedeutet allerdings nicht, dass sich AdWords-Kampagnen nur für große Budgets rechnen. Gerade in der Nische lassen sich auch mit geringem Budget zahlreiche qualifizierte Interessenten über AdWords-Kampagnen gewinnen. Gerade bei abverkaufsorientierten Kampagnen kann es daher sinnvoll sein auf Google AdWords zu setzen.

17.2.2 Branche & Wettbewerb

Daran anknüpfend spielt es bei der Auswahl nach dem passenden Werbekanal auch eine Rolle, in welcher Branche sich das werbende Unternehmen bewegt und wie sich die Wettbewerbssituation darstellt. Die Kosten für Keywords einiger Branchen sind bei Google AdWords dermaßen umkämpft, dass die aufgerufenen Klickpreise in astronomische Höhen geklettert sind. Dazu gehören beispielsweise die Finanz-, Rechts- und Gesundheitsbranche. Hier muss überlegt werden, ob die Zielgruppe auch über Facebook erreicht werden kann und dabei geringere Kosten verursacht werden.

17.2.3 Ziele & Customer Journey

Zu den wichtigsten Punkten zählt natürlich eine vollkommene Klarheit über die Ziele, die mit der Kampagne erreicht werden sollen. Soll das Produkt oder die Dienstleistung vorgestellt und bekannt gemacht werden (Awareness), sind Facebook Ads auf jeden Fall die richtige Wahl. Geht es hingegen um den direkten Abverkauf, dürften Google AdWords die richtige Wahl sein. Schließlich sucht der potenzielle Kunde durch seine Sucheingabe proaktiv nach einem Produkt und ist damit deutlich näher am Kaufabschluss, als wenn er seinen Facebook-Newsstream anschaut.

Ein Verständnis darüber, an welcher Stelle sich der potenzielle Kunde im Kaufprozess (Customer Journey) befindet, hilft bei der passenden Allokation des Werbebudgets. Ist genügend Budget vorhanden, kann durch eine Kombination von Google AdWords und Facebook Ads auch die gesamte Customer Journey abgebildet werden.

17.2.4 Marke & Suchvolumen

Neu eingeführte und unbekannte Produkte verfügen häufig nicht über ein signifikantes Suchvolumen bei Google. Daher ist es unwahrscheinlich, dass in der Anfangszeit eine hohe Reichweite über Google AdWords erreicht werden kann. Um AdWords dennoch gleich vom Start weg nutzen zu können, sollte das verwendete Keyword-Set eher aus Problem beschreibenden Schlüsselwörtern bestehen, die durch das angebotene Produkt gelöst werden.

Dennoch ist es in der Anfangszeit erfolgsversprechender, primär auf Facebook Ads zu setzen, um den Bekanntheitsgrad des Produktes zu steigern und dessen Lösungsansatz zu erklären. Dadurch wird auch das Suchvolumen bei Google sukzessive steigen.

17.2.5 Demografie & Interessen

Eine der besonderen Stärken von Facebook Ads sind die ausgefeilten Targeting-Mechanismen, mit denen sich die Anzeigen an ganz bestimmte Nutzer ausspielen lassen. So können Anzeigen an Personen ausgespielt werden, denen bestimmte Facebook-Seiten gefallen (Interessen), die an dezidierten Veranstaltungen teilnehmen, deren Lebenssituation sich kürzlich geändert hat (z. B. durch Hochzeit) oder ganz einfach ein bestimmtes Alter erreicht haben.

Dadurch können Produkte sehr zielgerichtet beworben und Streuverluste reduziert werden. Das ist vor allem für Nischenprodukte sehr interessant. AdWords sind hingegen möglicherweise besser geeignet, wenn das beworbene Produkt eine größere Kundengruppe anspricht.

17.3 Fazit

Letztendlich lässt sich die Frage, ob sich AdWords oder Facebook Ads besser zur Erreichung der eigenen Ziele eignen, nicht pauschal beantworten. Sind die Fragen zu den eigenen Zielen und zum verfügbaren Budget geklärt, lässt sich die Frage nach Facebook Ads oder Google AdWords beantworten. Und wenn es das Budget hergibt, wird auch ein simultaner Test beider Plattformen nicht schaden.

In-House vs. Agenturen

18

Inhaltsverzeichnis

Zusammenfassung

Nicht alle Unternehmen können die Ressourcen bereitstellen, ihre Performance-Marketing-Maßnahmen mit eigenen Mitarbeitern zu bewerkstelligen. Sie haben stattdessen die Möglichkeit, spezialisierte Agenturen zu beauftragen. Das hat verschiedene Vor-, aber auch Nachteile. Der folgende Leitfaden soll bei der Entscheidung für oder gegen eine Agentur behilflich sein.

Für die meisten Unternehmen stellt sich die Frage, ob sie die Herausforderungen im Online-Marketing mit eigenem Personal angehen oder eine Agentur beauftragen sollen. Beide Varianten haben ihre Vorzüge, kommen aber auch nicht ohne Mankos aus.

I. Kamps und D. Schetter, *Performance Marketing*,
https://doi.org/10.1007/978-3-658-18453-7_18

18.1 In-House Performance-Marketing

Bei der In-House-Variante stellt das Unternehmen eigene Teams für alle Disziplinen des Performance-Marketings auf, das in der Regel von einer übergeordneten Stelle (z. B. Director Online-Marketing) geleitet wird. So gibt es Mitarbeiter für die Suchmaschinen-Optimierung, Affiliate-Marketing, Display Advertising etc.

18.1.1 Vorteile von In-House Performance-Marketing

- Eigene Mitarbeiter haben ausschließlich das eigene Unternehmen im Fokus und sind mit dessen Strategie und Prozessen, den angebotenen Produkten und der Unternehmensphilosophie vertraut.
- Die Kommunikationswege innerhalb des eigenen Hauses sind in der Regel kürzer als bei einer externen Agentur.
- Performance-Marketing (vor allem Affiliate-Marketing) lebt vielfach von Kooperationen. Vertreter des eigenen Unternehmens können besser abschätzen, wie die Rahmenbedingungen solcher Kooperationen ausgestaltet werden können.

18.1.2 Nachteile von In-House Performance-Marketing

- Durch längerfristige Beschäftigung mit ein- und demselben Projekt kann es bei Mitarbeitern zu einer Betriebsblindheit kommen, die in die Zukunft gerichtete Entscheidungen möglicherweise negativ beeinflusst.
- Die Mitarbeiter müssen kontinuierlich weitergebildet werden, damit sie neue Entwicklungen kennen und einsetzen können. Dafür entstehen dem Unternehmen Kosten.
- In der Regel werden die einzelnen Bereiche durch Vollzeitstellen abgedeckt. Werden weniger Ressourcen benötigt, entstehen daher trotzdem die vollen Personalkosten.

18.1.3 Tipps fürs In-House Performance-Marketing

- Durch die rasante technologische Entwicklung ist es notwendig, dass Mitarbeiter konsequent weitergebildet werden. Sie sollten daher die Möglichkeit haben, Konferenzen und Seminare besuchen zu können.
- Alternativ können auch externe Berater für ein oder zwei Tage gebucht werden, um eigene Abteilungen zu schulen und auf dem aktuellen Stand zu halten.
- Performance-Marketing lebt von Tests und kontinuierlichen Verbesserungen. Den Mitarbeitern muss zugestanden werden, Fehler zu machen und aus diesen zu lernen.

18.2 Performance-Marketing mit Agenturen

Gegenüber dem In-House-Ansatz werden hierbei eine oder mehrere Agenturen beauftragt, das Unternehmen bei seinen Marketing-Bemühungen zu beraten und Kampagnen selbstständig durchzuführen. Das Unternehmen beschäftigt dabei lediglich einen eigenen Mitarbeiter, der die Steuerung der Agenturen übernimmt und als deren Ansprechpartner fungiert. Bei den Agenturen kann es sich entweder um verschiedene Spezial-Agenturen oder eine Full-Service-Agentur handeln.

18.2.1 Vorteile von Performance-Marketing mit Agenturen

- Durch die branchenübergreifende Kundenstruktur von Agenturen verfügen die Mitarbeiter oft über Erfahrungen aus verschiedenen Bereichen, wovon auch das eigene Unternehmen profitieren kann.
- Agenturen verfügen über spezialisiertes Know-how und investieren häufig in die Weiterbildung ihrer Mitarbeiter. Dadurch stehen Unternehmen neue technologische Entwicklungen zeitnah zur Verfügung.
- Der Einsatz von Agenturen kann zumeist flexibel erfolgen. Werden mehr Kapazitäten benötigt, kann die Agentur einen weiteren Mitarbeiter abstellen bzw. auf andere Projekte abziehen, wenn weniger Ressourcen notwendig sind.

18.2.2 Nachteile von Performance-Marketing mit Agenturen

- Zielgruppen, Märkte und Produkte sind für Agenturmitarbeiter nicht so leicht zu verstehen wie für Unternehmensmitarbeiter, die sich jederzeit tief in der Materie befinden. Mögliche Missverständnisse können zu zusätzlichem Zeitaufwand und Kosten führen.
- Agenturen haben eigene KPIs, die mit den Indikatoren der Unternehmen nicht immer vollständig kongruent sind.
- Die Qualität der Agenturen am Markt schwankt sehr stark. Stellt sich nach einiger Zeit heraus, dass die Agentur nicht die vereinbarten Leistungen erbringt, sind wertvolles Geld und Zeit verloren gegangen.
- Auch die Qualität einzelner Agentur-Mitarbeiter schwankt und es kann eine hohe Fluktuation bestehen. Wechselnde Ansprechpartner können die Folge sein.

18.2.3 Tipps fürs Performance-Marketing mit Agenturen

- Bei der Entscheidung für eine Agentur ist es wichtig, dass die rechtliche Oberhand immer im Unternehmen verbleibt. Dadurch wird sichergestellt, dass bei einem Agenturwechsel keine Probleme mit der Übergabe entstehen.
- Es muss zwingend geklärt sein, dass die im Rahmen der Performance-Marketing-Maßnahmen gesammelten Daten dem Unternehmen gehören.
- Unternehmen sollten sich gut überlegen, ob sie die Agentur rein performanceabhängig vergüten möchten. Bei kleinen Kampagnen kann es sein, dass für die Agentur kein ausreichender Ansatz gegeben ist, sich voll reinzuhängen. Bei großen Kampagnen kann es für das Unternehmen hingegen schnell teuer werden.
- Agenturen brauchen Hilfestellung und Kontrolle, um ihre Arbeit effizient durchführen zu können. Daher muss sichergestellt werden, dass im Unternehmen für diese Aufgaben ein dezidierter Mitarbeiter vorhanden ist.

Betrug im Performance-Marketing – Die dunkle Seite der Macht

19

Inhaltsverzeichnis

I. Kamps und D. Schetter, *Performance Marketing*,
https://doi.org/10.1007/978-3-658-18453-7_19

Zusammenfassung

Überall, wo im Internet Geld verdient werden kann, sind Betrüger leider nicht weit. Durch seine technische Anlage ist Performance-Marketing sehr anfällig für Betrug. Doch man kann sich auch einigermaßen dagegen schützen. Dafür braucht es ein Verständnis, welche Betrugsmethoden es gibt, wie sie durchgeführt werden und wie man sie erkennt. Durch Vorsichtsmaßnahmen und den Einsatz von Software lässt sich das Betrugsproblem zumindest sehr stark eindämmen.

Kein Bereich der Werbung hat in den vergangenen Jahren ein solches Wachstum erzielt wie die Online-Werbung. Das ist an sich wenig überraschend, bieten sich Werbetreibenden in diesem Medium zum ersten Mal Kontrollmöglichkeiten über den Erfolg ihrer Kampagnen, von denen sie bis dato nur träumen konnten.

Mit der steigenden Relevanz des Online-Marketings kam natürlich auch immer mehr Geld in den Markt und dem Geld folgten dann zwangsläufig auch schwarze Schafe. Neben den großen Umsatzpotenzialen spielt den Betrügern auch die sich schnell entwickelnde Technologie im Online-Marketing in die Hände. Verwendete Techniken können jederzeit schnell an neue Gegebenheiten angepasst werden, während Know-how auf der Gegenseite und die Entwicklung von Anti-Fraud-Systemen immer nachziehen müssen. Einige Betrugsmechanismen sind inzwischen so ausgereift und schwer zu erkennen, dass sich das Problem wohl noch weiter verschärfen wird – zumal die Gefahr, entdeckt zu werden und die aus der Entdeckung folgenden Konsequenzen insgesamt zu gering ist.

Es kommt noch eine weitere Komponente hinzu, die unehrliche Arbeitsweisen im Online-Marketing fördert und ihre Eindämmung bremst: ein zum Teil fehlender Wille zur Aufklärung. Betrügerische Maßnahmen spülen nämlich nicht nur den Betrügern selbst Geld in die Kassen, sondern häufig auch anderen Parteien (z. B. Agenturen oder Werbenetzwerken). Diese müssten bei konsequenter Verfolgung und Sanktionierung von Geschäftspartnern – die durch Manipulationen aufgefallen sind – zunächst auf Umsätze verzichten. Diese Kraft bringen zwar viele, aber leider nicht alle Marktteilnehmer auf.

Wie wird Betrug definiert?

Online-Marketing-Fraud kann letztendlich nur dann effektiv bekämpft werden, wenn er rigoros geächtet und mit aller Härte verfolgt wird. Außerdem braucht es klare Definitionen, wo Grauzonen liegen und an welcher Stelle genau Betrug anfängt. Denn selbst darüber gibt es in der Branche sehr verschiedene Auffassungen.

Nach einer vereinfachten Definition handelt es sich um Betrug, wenn mindestens eine der folgenden Voraussetzungen erfüllt ist:

- Die per Online-Werbung auf die Website des Advertisers geschickten Nutzer sind nicht menschlich (z. B. Bots).
- Es besteht keine Chance, dass Nutzer das Werbemittel des Advertisers sehen können.
- Regeln des Advertisers, der Werbeplattform etc. werden absichtlich missinterpretiert.

Die hier vorgestellten Betrugsformen sind in die drei Abschnitte Affiliate-Marketing, Display Advertising, Mobile Marketing und Influencer Marketing eingeteilt, da sie aus Sicht des Performance-Marketings die beliebtesten Ziele von Betrügern sind.

19.1 Betrug im Affiliate-Marketing

Das Affiliate-Marketing ist in den vergangenen Jahren häufig mit Betrugsvorwürfen konfrontiert worden – leider oft nicht zu Unrecht. Durch seine Systematik (es kann grundsätzlich jeder mitmachen), die erfolgsabhängige Vergütung gepaart mit der Tracking-Technologie durch Cookies (und hier vor allem die Last-Cookie-Wins-Betrachtung) fühlen sich zweifelhafte Protagonisten stark angezogen. Es muss allerdings auch bemerkt werden, dass bisher nirgends so viel in die Betrugsabwehr investiert wurde, wie im Affiliate-Kanal. Dennoch ist das Problem bis zum heutigen Tag gegenwärtig und das wird wohl auf absehbare Zeit auch so bleiben.

19.1.1 Betrugsarten im Affiliate-Marketing

19.1.1.1 Cookie-Dropping

Bis zum heutigen Tag ist das Tracking mit Cookies das am weitesten verbreitete Trackingverfahren im Affiliate-Marketing. Durch sie wird überprüft, durch welche Werbung ein Kunde in einen Online-Shop gekommen ist und etwas gekauft hat. Stammt diese Werbung von einem Affiliate, erhält dieser eine Provision.

Cookies können aber auch gesetzt werden, ohne dass ein Werbemittel eingeblendet wurde. Das ist allerdings Betrug und wird als Cookie Dropping (selten auch als Cookie Stuffing) bezeichnet. Cookie Dropping kann auch im großen Stil betrieben werden und ist die am weitesten verbreitete Betrugsmethode im Affiliate-Marketing. Sehr beliebt ist übrigens das Setzen von Cookies über Toolbars. Diese kommen beispielsweise als Preisvergleich getarnt daher, setzen aber einfach nur kurz vor der Bestellung des Nutzers in einem Online-Shop noch ein Cookie.

19.1.1.2 Fake-Bestellungen

Bei Fake-Bestellungen handelt es sich um Bestellungen in einem Online-Shop mit falschen Daten, die ein betrügerischer Affiliate mit der Absicht initiiert, sich Provisionen zu erschleichen. Dabei setzt er darauf, dass beim Advertiser der Abgleich zwischen Warenwirtschaft und Affiliate-Netzwerk nicht klappt und er trotzdem die Provision erhält. Als Zahlungsart wird bei Fake-Bestellungen meistens Nachnahme gewählt.

19.1.1.3 Ad Hijacking

Wird die AdWords-Anzeige des Advertisers vom Affiliate kopiert, mit einem eigenen Affiliate-Link versehen und in Konkurrenz zum Advertiser geschaltet, nennt man das Ad Hijacking. Es handelt sich also um eine Form des Brand Biddings (Markenbuchung), das eigentlich bei jedem Affiliate-Programm verboten ist. Um nicht entdeckt zu werden, haben sich Betrüger in der Vergangenheit schon verschiedene Methoden einfallen lassen. So wurden die Anzeigen nicht am Betriebsort des Advertisers geschaltet oder nur während der Nachtstunden.

19.1.1.4 Affiliate-Hopping

Mit dieser Maßnahme verbinden betrügerische Affiliates die Hoffnung, die Provision für einen vermittelten Verkauf mehrfach zu erhalten. Viele Advertiser betreiben ihr Affiliate-Programm in mehreren Netzwerken. Der Affiliate registriert sich also über jedes Netzwerk und gibt jedem Besucher seiner Website die IDs und Cookies aller Netzwerke mit. Durch den Einsatz einer Cookie-Weiche lässt sich dieser Betrugsmethode aber relativ einfach ein Riegel vorschieben.

19.1.1.5 E-Mail-Spam

Eine mit Affiliate-Links versehene E-Mail wird massenhaft an Empfänger versendet, die keine Einwilligung zum Erhalt von E-Mails durch den Affiliate gegeben haben. Einige öffnen dennoch die Mail (z. B. um sich abzumelden), klicken dabei zum Teil auch auf die enthaltenen Affiliate-Links und erhalten dadurch ein Cookie. Sind genügend E-Mails im Umlauf, klappt das erstaunlicherweise auch ganz gut. Dennoch erschleicht sich der Affiliate durch dieses Vorgehen unberechtigte Provisionen. Und nicht nur das: Wenn es blöd läuft, muss der Advertiser wegen des Spam-Versands sogar noch für seinen Affiliate haften (Störerhaftung, vgl. § 1004 BGB, Beseitigungs- und Unterlassungsanspruch).

19.1.1.6 Typosquatting

In diesem Fall registriert der Affiliate falsch geschriebene Domainvarianten des Advertisers (z. B. amazn.de) und hinterlegt dort eine Weiterleitung mit Affiliate-Link. Anschließend setzen sie darauf, dass sich viele Nutzer bei der Eingabe der Domain vertippen. Passiert das, kassiert er bei jedem Kauf eine unberechtigte Provision.

19.1.2 Betrugserkennung & Betrugsabwehr

Während sich einige Betrugsarten im Affiliate-Marketing relativ leicht ausschließen lassen, sind andere Maßnahmen schwieriger zu entdecken und zu beweisen.

- Durch den Einsatz einer Cookie-Weiche lässt sich Affiliate-Hopping komplett unterbinden und Cookie-Dropping erschweren.
- Fake-Bestellungen werden ausgeschlossen, indem ein automatisierter Abgleich zwischen dem Warenwirtschaftssystem und dem Affiliate-Netzwerk etabliert wird. Zu Sicherheit können zusätzlich noch von Zeit zu Zeit Nachnahmebestellungen stichprobenartig kontrolliert werden.
- Wird ein Affiliate mit betrügerischen Maßnahmen überführt, ist es ratsam, sofort eine Strafanzeige zu stellen, damit andere Publisher mit solchen Absichten abgeschreckt werden.
- Ad Hijacking und Brand Bidding werden durch den Einsatz eines Brand-Protection-Tools vereitelt, indem es Suchmaschinen 24 h am Tag überwacht und mit Regio-Einstellungen nicht ausgetrickst werden kann (z. B. adpolice.com oder xamine.com).
- Typosquatting: Alle Falschschreibweisen des eigenen Markennamens identifizieren und anschließend die Registratoren zur Herausgabe der Domains auffordern.
- Mit Browser-Plug-ins wie Ghostery oder Live HTTP Headers lässt sich überprüfen, welche Cookies auf bestimmten Seiten gesetzt werden. Damit können Cookie Dropper möglicherweise überführt werden.
- Neben der Buchung der eigenen Marke in Suchmaschinen sollte auch der Einsatz von Toolbars für Affiliates (wegen akuter Cookie-Dropping-Gefahr) komplett verboten sein und bei Missachtung sofort mit Ausschluss aus dem Programm sanktioniert werden.
- Von Affiliates durchgeführte Retargeting-Kampagnen auf CPO-Basis sind ebenfalls ein Risiko-Faktor, daher nur mit vertrauenswürdigen Publishern zusammenarbeiten
- Durch regelmäßige Kontrolle des eigenen Netzwerk-Accounts lassen sich mögliche Auffälligkeiten (Klickraten, Conversion-Rates etc.) entdecken.
- Mit Tools wie Scrubkit (scrubkit.com) oder 24metrics (24metrics.com) kann die Kontrolle auch softwarebasiert erledigt werden.

19.2 Betrug im Display Advertising

Der Display-Kanal ist in den letzten Jahren besonders stark ins Visier von Betrügern geraten, da sich für sie das zuvor relativ abgeschlossene Werbesystem durch Programmatic Advertising erst richtig geöffnet hat. Außerdem spielt ihnen die damit einhergehende Technologisierung und schnelle Entwicklung in die Hände. Es lässt sich nicht verleugnen, dass Display Advertising ein massives Betrugsproblem hat und ein zweistelliger

Prozentsatz aller Werbeeinblendungen unnatürlichen Ursprungs sind. Einige Marktteilnehmer haben inzwischen erkannt, dass mittelfristig das vollständige Vertrauen in den Kanal auf dem Spiel steht und versuchen gegenzusteuern.

19.2.1 Betrugsarten im Display Advertising

19.2.1.1 Impression Fraud

Eines der größten Probleme im Display Advertising sind Werbeeinblendungen, die zwar vom Advertiser bezahlt, aber gar nicht von einem Nutzer gesehen werden können. Beim sogenannten Ad Stacking werden mehrere Werbebanner oder -Videos so übereinandergelegt, dass sie beim Seitenaufruf durch den Nutzer zwar alle geladen werden, allerdings nur die obersten wirklich sichtbar sind. Eine andere Variante für Impression Fraud ist der Aufruf eines 1 × 1 Pixel großen iFrames auf der Website, in dem zahlreiche Werbebanner versteckt werden. Diese Form des Betrugs lässt sich inzwischen zwar relativ leicht mit zuverlässigen Tools aufdecken. Ausgestorben ist sie allerdings noch nicht.

19.2.1.2 Arbitrage

Es ist leider keine Seltenheit, dass Online-Werbekampagnen mit falschen Versprechungen verkauft werden. So gibt eine Agentur ihrem Kunden beispielsweise vor, seine Werbung ausschließlich auf hochwertigen Websites zu platzieren, die einen hohen Cost-per-Mille (CPM) fordern. Stattdessen werden die Werbeimpressionen anschließend aus zum Teil sehr minderwertigen Quellen bezogen, die viel günstiger sind. Die Agentur stellt dem Advertiser dennoch die Premiumkosten in Rechnung und behält die Differenz einfach ein.

19.2.1.3 Domain-Spoofing

Website-Betreiber (Publisher) stellen das Werbeinventar ihrer Seite für den programmatischen Verkauf sogenannten SSPs (Supply Side Plattformen) zur Verfügung, die dann durch Korrespondenz mit DSPs (Demand-Side-Plattformen) schauen, ob es interessierte Kunden für ihre Werbeplätze gibt. Einige Systeme erlauben es den Publishern, eigene Angaben zu ihrer Domain und Site IDs zu vergeben. Damit ist es beispielsweise möglich, sich fälschlicherweise als eine qualitativ hochwertige Website (z. B. Sueddeutsche.de) auszugeben, an der Werbekunden in der Regel höheres Interesse haben und höhere Preise zahlen.

19.2.1.4 Site-Bundling

Ähnlich wie beim Domain-Spoofing verhält es sich auch beim Site-Bundling. Eigentlich soll die Domain jeder Website, die ihre Werbeplätze für den programmatischen Handel anbietet, genau durch eine Site ID gekennzeichnet sein. In der Realität werden aber häufig zahlreiche Websites schwankender Qualität unter einer Site ID zusammengefasst. Also kauft der Advertiser Werbeplätze auf Websites, auf denen die Werbung anschließend gar nicht oder nur teilweise erscheint.

19.2.1.5 Ad Injection

Ad Injection ist eine weitere extrem hinterhältige Betrugsmaßnahme, die bei Nutzern angewendet werden kann, die bestimmte Browser-Toolbars installiert oder sich Adware eingefangen haben, die häufig in kostenloser Software versteckt ist. Dadurch wird es Betrügern ermöglicht, die reguläre Werbung auf den Seiten, die sich der Nutzer mit der Adware ansieht, durch eigene Werbung zu ersetzen. Der Website-Betreiber bekommt davon oft gar nichts mit. Dieses Vorgehen wird von den Betrügern auch gerne dazu verwendet, um Affiliate-Cookies zu verbreiten.

19.2.1.6 Klickfarmen

Hierbei handelt es sich um Maßnahmen, bei denen die Betrüger Personen anheuern, damit diese auf Werbeanzeigen klicken oder Online-Formulare ausfüllen. Diese Personen werden dafür bezahlt. Ausgefüllte Formulare (z. B. Interessierte an einer Versicherung) bringen den Betrügern Provisionen, aber die Advertiser erhalten nur wertlose Datensätze.

19.2.1.7 Bots & Botnetze

Bei Bots handelt es sich um kleine Programme, die von einem Server automatisch ausgeführt werden. In einfacher Form können sie leicht identifiziert und geblockt werden, da sie Informationen wie IP-Adresse, User Agent und Cookie-ID statisch sind.

Problematischer wird die Sache bei intelligenten Bots, die zukünftig zu einem immer größeren Faktor beim Online-Betrug werden dürften. Sie können ihre ID-Nummer und den User Agent verändern, ein menschliches Klickverhalten und zum Teil sogar Mausbewegungen simulieren. Da es sich aber auch bei intelligenten Bots immer noch um Software mit bestimmten Verhaltensmustern handelt, können Experten ihnen immer noch auf die Spur kommen. Künstliche Intelligenz und Machine Learning, bei denen die Bots ihr Verhalten selbstständig anpassen, werden allerdings neue Herausforderungen für die Betrugsjäger bereithalten.

Im Zusammenhang mit Bots taucht auch immer mal der Begriff Botnetz auf. Dabei haben Kriminelle durch einen Trojaner die virtuelle Kontrolle über eine große Anzahl ahnungsloser PC-Besitzer in Privathaushalten übernommen. Erfüllungsgehilfen der Botnetzbetreiber führen nun über die ungesicherten PCs bestimmte Aktionen aus, wie das Aufrufen von Websites oder das Klicken auf Werbeanzeigen. Da in diesem Fall echte Menschen die Funktion der Bots übernehmen, sind Botnetze auch am schwierigsten zu enttarnen.

19.2.2 Betrugserkennung & Betrugsabwehr

- Die eigene Analytics-Software immer gut im Auge behalten und nach verräterischen Mustern Ausschau halten. Unsichere Traffic-Quellen im Zweifel auf die Blacklist setzen.
- Einsatz einer Ad-Verification-Technologie, z. B. adloox (adloox.com), DoubleVerify (doubleverify.com) oder Integral Ad Science (integralads.com).
- Auf eine (oder wenige) statt auf zehn verschiedene DSPs konzentrieren und deren Arbeitsweise wirklich tief greifend verstehen.
- Bei der Zusammenarbeit mit Agenturen nachfragen, ob sie das TAG Anti-Piracy-Versprechen (tagtoday.net/tag-anti-piracy-pledge) abgegeben haben.

19.3 Betrug im Mobile Marketing

Auch Werbemaßnahmen auf mobilen Plattformen sind in hohem Maße Ziel von betrügerischen Aktivitäten. Diese werden dadurch begünstigt, dass es sich noch um eine relativ junge Plattform handelt und somit noch verhältnismäßig wenig Erfahrung mit Betrugsmaßnahmen vorhanden ist. Auch das mobile Ökosystem mit der überwiegenden in Apps stattfindenden Online-Nutzung werden Manipulationsversuche begünstigt. Im Mobile Marketing existieren daher einige der perfidesten Betrugsmaßnahmen überhaupt.

19.3.1 Betrugsarten im Mobile Marketing

19.3.1.1 Impression Fraud

Auch mobil ist es möglich, mehrere Werbemittel übereinander zu legen, sodass bei einem Seitenaufruf mehrere Banner oder Videoanzeigen gleichzeitig aufgerufen werden (Ad Stacking). Obwohl dabei nur die oberste Anzeige sichtbar ist, zahlen alle Advertiser für die Werbeeinblendung, denn laut den Statistiken wurden diese ja ausgeliefert. Besonders weit verbreitet ist diese Methode im Bereich der Video-Werbung für Apps und Spiele über Affiliate-Marketingplattformen, denn die Auslieferung von Videos wird häufig noch nach Cost-per-Mille (CPM) vergütet.

19.3.1.2 Click Fraud

Beim Click Fraud wird in der Regel eine automatisierte Software (Bot) eingesetzt, um einen echten Nutzer zu simulieren und massenhaft Klicks auf Werbeanzeigen vorzunehmen. Das ist besonders dann lukrativ, wenn die Werbekampagne auf Cost-per-Click-Basis (CPC) abgerechnet wird. Da mobile Performance-Kampagnen selten per CPC bezahlt werden, hat Click Fraud zwar keinen besonders großen Stellenwert, kommt aber durchaus vor.

19.3.1.3 Install Fraud

Die wichtigste Währung im App-Install-Marketing ist der Cost-per-Install (CPI). Daher gehört Install Fraud auch zu den am weitesten verbreiteten Betrugsmaschen im Mobile Marketing. Wie beim Click Fraud werden echte Nutzer maschinell simuliert. Doch stammt in diesem Fall nicht nur der Klick auf das Werbemittel von einem Bot, sondern auch die Installation der App. Advertisern wird also Glauben gemacht, ihre App würde sich auf zahlreichen Smartphones verbreiten, doch stattdessen kommen die Downloads nur von einer Maschine. Verschleiert wird der Vorgang durch die Vorgabe wechselnder Orte und Geräteidentifikationen.

Install Fraud gibt es aber auch in anderen Ausprägungen, die Ähnlichkeiten zum Cookie Dropping aufweisen und mit im Hintergrund laufenden Weiterleitungen zu App Stores arbeiten. Damit schaffen es betrügerische Mobile Affiliates, dass ihnen App-Installationen auch dann noch zugerechnet werden (inklusive dem Erhalt der CPI-Vergütung), wenn diese eigentlich in einem anderen Werbekanal des Advertisers abgeschlossen werden (z. B. SEM, andere Affiliates).

19.3.1.4 In-App Fraud

Da werbetreibende App-Anbieter inzwischen gegenüber Install Fraud etwas Sensibilität gewonnen haben und ihre KPIs mehr von reinen Downloadzahlen (CPI) auf die tatsächliche App-Nutzung verlagern, haben sich findige Betrüger mittlerweile schon auf diese Gegebenheiten eingestellt. Dabei tritt besonders zutage, dass sich softwaregesteuerte Maschinen in ihrem Verhalten immer schwerer von tatsächlichen Personen unterscheiden lassen. Die Bots klicken sich einigermaßen logisch durch Apps, spielen mobile Spiele und nehmen sogar In-App-Käufe vor, bei denen sie virtuelle Währungen verwenden. Da dem Advertiser in diesem Fall sogar für eine gewisse Zeit echte Umsätze vorgegaukelt werden, werden die Betrüger temporär sogar für gute Partner gehalten, denen man noch mehr Budget zubilligt.

19.3.2 Betrugserkennung & Betrugsabwehr

Mobile Fraud ist extrem tückisch, da er ohne technische Hilfsmittel eigentlich gar nicht erkannt werden kann. Dennoch gibt es verschiedene Maßnahmen, mit denen Advertiser die Betrugsgefahr reduzieren können.

- Werbung für App-Installs nur in vertrauenswürdigen Werbenetzwerken buchen. Diese arbeiten in der Regel mit einem vertrauenswürdigen Mobile-Analytics-Partner wie z. B. Adjust (adjust.com), AppsFlyer (appsflyer.com) oder TUNE (tune.com) zusammen.
- Darüber hinaus kann das Werbenetzwerk zu absoluter Transparenz über alle Quellen und Sub-Quellen aufgefordert werden.
- Der Einsatz von Sub-Quellen sollte am besten sogar ganz ausgeschlossen werden.

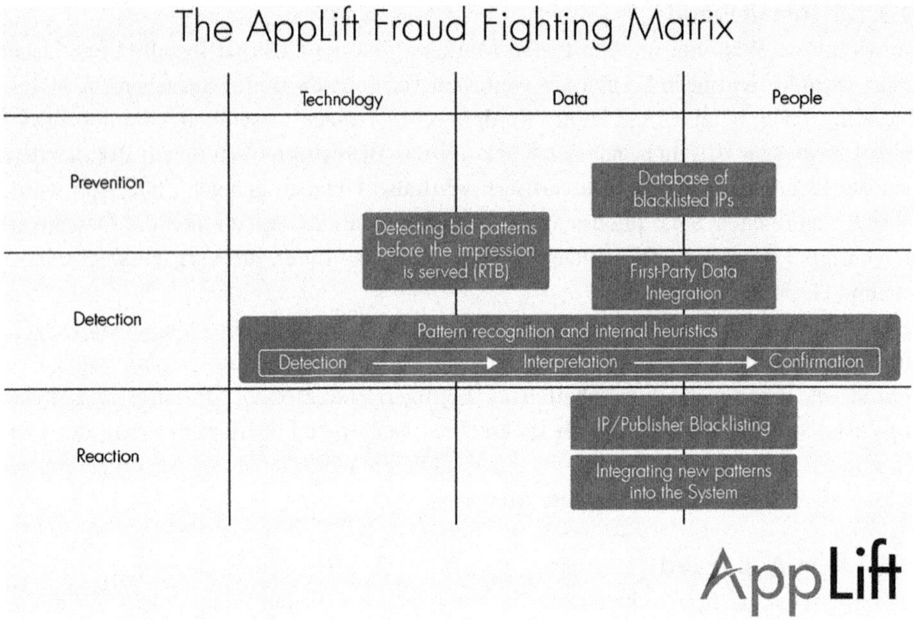

Abb. 19.1 Fraud-Bekämpfung bei AppLift

- In den Statistiken der Analytics-Software nach Mustern suchen, z. B. viele App-Installs mit gleichem oder zu kurzem Zeitabstand zwischen Klick und Download. Die meisten Analytics-Anbieter bieten die Möglichkeit, bei solchen Vorkommnissen sich per E-Mail informieren zu lassen.
- Wenn die Geräte-IDs ein Muster aufweisen, viele Installationen von Smartphones einer Marke/eines Modells kommen oder Geo-Informationen fehlen bzw. eigenartig sind, deutet das ebenfalls auf betrügerische Aktivitäten hin.
- In-App-Receipt Validation verwenden: Damit kann bei In-App-Käufen sichergestellt werden, dass diese mit echtem Geld bezahlt wurden.
- Ein natives und sicheres SDK (Software Development Kit) verwenden, dass über Mechanismen zum Hashen und Verschlüsseln von Daten verfügt. Dadurch können ankommende App-Installs und In-App-Aktionen als sauber klassifiziert werden (Abb. 19.1).

19.4 Betrug im Influencer Marketing

Eine der momentan populärsten Online-Werbeformen ist Influencer Marketing. Influencer werden häufig als authentisch und glaubwürdig wahrgenommen und verfügen meistens über eine hohe Reichweite in einer für Unternehmen interessanten Zielgruppe. Und dank ihrer treuen Gefolgschaft können sich die werbenden Unternehmen auch sicher sein, dass ihr Produkt wahrgenommen wird. Aber ist das wirklich so? Zumindest hat das Influencer Marketing eine dunkle Schattenseite, in der im großen Stil betrogen und gefälscht wird. Und dabei wird keine Metrik ausgespart!

19.4.1 Betrugsarten im Influencer Marketing

19.4.1.1 Fake-Reichweiten

Bei der Bewertung von Influencern (und der Höhe ihrer Vergütung) spielt deren Reichweite auf Kanälen wie Instagram eine entscheidende Rolle. Leider kommt es nicht selten vor, dass die vom Influencer genannte Zahl an Instagram- und Twitter-Followern, Facebook-Fans und YouTube-Abonnenten nicht organisch zustande gekommen ist. Verschiedene Plattformen im Internet bieten die Möglichkeit, diese Reichweite einfach zu kaufen.

Und das ist gar nicht teuer: 10.000 Instagram-Follower gehen schon für 60 EUR über die virtuelle Ladentheke, während 5000 Facebook-Fans für ganze 49 EUR zu bekommen sind. YouTube-Abonnenten sind etwas teurer, aber mit 21,90 EUR für 1000 Abonnenten immer noch erschwinglich. Am günstigsten lässt sich allerdings der eigene Twitter-Kanal tunen: 10.000 Follower haben einen Gegenwert von 49 EUR.

19.4.1.2 Fake-Interaktionen

Wenn der Influencer über eine große Follower-Anzahl verfügt, aber niemand mit seinen Beiträgen interagiert, würde die gefälschte Reichweite wahrscheinlich auch Laien schnell auffallen. Doch glücklicherweise kann auch die Interaktion künstlich erzeugt werden. 5000 Likes für ein YouTube-Video kosten beispielsweise 55 EUR. Für die gleiche Anzahl Foto-Likes auf Facebook werden 49 EUR fällig.

Instagram Likes sind übrigens besonders günstig: 10.000 Likes werden für ganze 15 EUR gehandelt. Gibt sich der betrügerische Influencer mit weniger zufrieden (damit es nicht so schnell auffällt), ist er sogar noch günstiger dabei. 1500 Likes kosten lediglich 4 EUR. Auch für Twitter können Interaktionen gekauft werden: 10.000 Retweets oder 10.000 Tweet-Favorites schlagen mit jeweils 49 EUR zu Buche.

19.4.1.3 Fake-Views

Wenn es schon möglich ist, sich Abonnenten und Likes für eigene YouTube-Videos zu kaufen, ist es nicht verwunderlich, dass auch Video-Abrufe erworben werden können. Sage und schreibe 100.000 Video-Views kosten ebenfalls nur 55 EUR. Stellt man dagegen, dass Unternehmen für ein Product-Placement in einem YouTube-Video nicht selten 3000 EUR oder mehr bezahlen, wird so mancher Influencer schwach. Es könnten ja Folgeaufträge kommen und die 100.000 Extra-Views machen sich gut. Natürlich können auch für Instagram-Videos Views gekauft werden und das zu noch günstigeren Konditionen.

19.4.2 Betrugserkennung & Betrugsabwehr

Die hier genannten Tipps können leider nicht garantieren, dass sich jede Unregelmäßigkeit zweifelsfrei erkennen lässt. Wie bei den Betrugsarten beschrieben, kann beinahe jede Metrik manipuliert werden. Bei clever durchgeführten Aktionen ist es daher fast unmöglich, einen Betrugsversuch mit letzter Sicherheit zu identifizieren. Selbst verdächtig hohe Anstiege der Follower-Zahl in ganz kurzer Zeit können immer eine natürliche Ursache haben, z. B. wenn der Influencer in einer Zeitung oder einer großen Website erwähnt wurde.

19.4.2.1 Allgemein

- Nur mit Influencern zusammenarbeiten, bei denen man ein gutes Gefühl hat. Besteht ein ungutes Gefühl, sollte von der Zusammenarbeit abgesehen werden.
- Verträge sind so zu gestalten, dass dem Influencer absolut klar ist, dass jeder Betrugsversuch Konsequenzen nach sich zieht (z. B. in Form einer hohen Vertragsstrafe).
- Mit einer Analytics-Software (z. B. locowise.com oder quintly.com) lassen sich Social-Media-Accounts von Influencern auch über längere Zeit beobachten. So können unnatürliche Sprünge bei Followern, Likes und Kommentare entdeckt werden. Das Tool schickt auch automatisch eine Mail, wenn ein Foto Interaktionen auslöst, die deutlich vom Durchschnitt des Kanals abweichen.
- Wird ein unnatürlicher Follower-Zuwachs identifiziert, kann der Influencer direkt darauf angesprochen werden. Entweder er hat eine überzeugende Erklärung oder vielleicht auch nicht.

19.4.2.2 Facebook

- Wie viele Likes hat der letzte Beitrag des Influencers auf seiner Facebook-Seite im Verhältnis zur Anzahl der Fans erhalten?
- Als Betreiber einer eigenen Facebook-Seite kann man andere Seiten im Auge behalten (Menüpunkt: Statistiken) und nachvollziehen, wie sich deren Fan-Wachstum, Beiträge und Interaktionen in der letzten Woche entwickelt haben.

19.4.2.3 Instagram

- Grundsätzlich sollte die Zahl der Likes für ein Bild bei knapp 4,5 % aller Follower liegen, bei großen Accounts sind auch 2,5 % noch im Rahmen. Ein Beitrag für 10.000 Follower muss also mindestens 250 bis 450 Likes bringen. Liegt die Zahl darunter, ist zumindest Vorsicht geboten.
- Verfügt der Influencer schon über 10.000 Follower, hat aber in der Summe noch nicht mehr als 150 Fotos gepostet, ist das ebenfalls ein Grund für Skepsis.

- An welchem Datum wurde das erste Foto auf dem Account gepostet? Ist das Follower-Wachstum seit diesem Datum realistisch.
- Wie viele Kommentare erhält ein Foto im Verhältnis zu den Likes? Fünf Kommentare je 100 Likes sollten es schon sein.
- Was steht in den Kommentaren? Sind es zum Foto passende Beiträge oder sind es automatisch gesetzte Bot-Einträge wie „great post“, „lovely“, „get free followers“ oder „very cool“?

19.4.2.4 YouTube

- Wie viele Views hat das letzte Video im Verhältnis zur Abonnenten-Anzahl des Kanals? Saubere YouTube-Influencer sprechen in den ersten Tagen nach Veröffentlichung eines Videos knapp 30 bis 50 % ihrer Abonnenten an.

Teil VII
Ausblick

Zukunft des Performance-Marketings 20

Inhaltsverzeichnis

Zusammenfassung

Zum Abschluss folgt noch ein kurzer Ausblick, wie sich das Performance-Marketing in den kommenden Monaten und Jahren wahrscheinlich weiter entwickeln wird. Einige der Entwicklungen sind alternativlos, während andere Gegenstand von Spekulationen sind und durchaus auch anders kommen können. Themen wie zum Beispiel Künstliche-Intelligenz, Big Data und Voice Search werden das Performance-Marketing der Zukunft prägen.

Nachdem in den vergangenen Kapiteln primär die aktuelle Situation beleuchtet wurde, soll zum Abschluss noch ein kurzer Blick auf die aktuellen und zukünftigen Trends im Performance-Marketing geworfen werden. Performance-Marketing ist sehr dynamisch und eine technologische Entwicklung kann jederzeit das Spiel verändern, aber grundsätzlich lassen sich viele Entwicklungen mit ziemlicher Sicherheit vorhersagen.

I. Kamps und D. Schetter, *Performance Marketing*,
https://doi.org/10.1007/978-3-658-18453-7_20

20.1 Prognosen

20.1.1 Attribution wird zum Standard

Der Druck, Online-Werbekanäle nach ihrer tatsächlichen Leistung zu betrachten, wird weiter zunehmen. Momentan setzt immer noch eine Mehrheit der werbetreibenden Unternehmen auf das Last-Cookie-Wins-Modell (bzw. First-Cookie-Wins). Doch dieser Trend wird sich umkehren. Es gibt immer mehr Beispiele, in denen es Unternehmen durch Attribution gelingt, ihre Werbebudgets effizienter und damit auch gewinnbringender einzusetzen. Die Vorteile der Attribution fangen endlich an, die Komplexität ihrer Einführung zu überwiegen.

20.1.2 E-Mail-Marketing wird dynamischer

In den Anfängen bestand E-Mail-Marketing hauptsächlich darin, einen Newsletter zu gestalten und an einen möglichst großen Empfängerkreis zu versenden. Doch inzwischen hat sich vieles verändert. E-Mails werden nicht mehr einfach an den kompletten Verteiler gesendet. Stattdessen haben E-Mail-Marketer angefangen, Segmente mit Nutzern ähnlicher Interessen zu bilden und die E-Mails an diesen Segmenten auszurichten. Dieser Trend wird sich weiter verstärken.

Die Mails bestehen heutzutage aus dynamisch generierten Inhalten, die sich persönlich an den individuellen Interessen jedes einzelnen Empfängers orientieren. Das Verhalten der Nutzer (Klickverhalten, Kauf bestimmter Produkte) wird eine noch stärkere Rolle bei der Entscheidung spielen, wie häufig sie zukünftig E-Mails erhalten und welche Inhalte ihnen präsentiert werden (z. B. Upselling zu gekauften Produkten).

20.1.3 Programmatic übernimmt die Mehrheit

Programmatic Advertising ist gekommen, um zu bleiben. Schon bald werden über die Hälfte aller Online-, Social-Media- und mobilen Werbeflächen programmatisch gehandelt werden. Der Return on Investment (ROI) wird schon bald signifikant höher liegen, als es mit traditionellen Umfeldbuchungen möglich ist. Data-Management-Plattformen (DMPs) werden immer intelligenter und auch die Datenqualität wird weiter zunehmen. Dadurch werden auch kleinere Unternehmen und Online-Shops in die Lage versetzt, ihre Zielgruppen durch Programmatic Advertising anzusprechen.

Auch andere Kanäle werden auf den Programmatic-Zug aufspringen. Fernsehwerbung (über Smart-TVs) und selbst Out-of-Home-Werbeflächen werden immer häufiger programmatisch zu ersteigern sein. Für die TV-Werbung wird sich Programmatic Advertising for Groups etablieren, denn häufig sitzen immer noch mehr als eine Person vor dem Bildschirm. Dennoch wird Programmatic Advertising insgesamt einfacher und zugänglicher werden.

20.1.4 Mobile Marketing wird zum Zentrum

Es klingt inzwischen schon wie eine Binsenweisheit: Die Online-Nutzung über Smartphones und Tablets steigt immer weiter und wird die Desktop-Nutzung immer weiter substituieren. Zukünftig werden immer mehr Customer Journeys ausschließlich über mobile Endgeräte stattfinden – in vielen Fällen sogar Smartphone-only.

Daher kommen Werbetreibende an Mobile Marketing einfach nicht mehr vorbei, wenn sie ihre Nutzer noch zuverlässig erreichen wollen. Es ist zwingend notwendig, dass sie sich sofort mit den Besonderheiten der mobilen Ansprache auseinandersetzen.

20.1.5 Holistisches Performance-Marketing

Die ganzheitliche Perspektive auf die eigenen Online-Marketingaktivitäten wird es Performance-Marketern erlauben, deutlich besser abgestimmte Kampagnen zu entwickeln. Die heute im Unternehmen noch oft bestehenden Silos aus verschiedenen Kanal-Verantwortlichen werden aufbrechen, weil sie aufbrechen müssen.

Kunden müssen in jedem Moment auf ihrer Customer Journey mit passenden Botschaften angesprochen werden, die sich nur dann entwickeln lassen, wenn eine kanalübergreifende Strategie besteht. Auch wenn jede Customer Journey anders verläuft, gibt es doch einige Stationen, die immer identisch sind. Um den am Anfang dieses Buchs erwähnten Sales Funnel noch mal zu bemühen, teilen sich die Stationen in die sogenannten Upper Funnel, Middle Funnel und Lower Funnel auf. Upper-Funnel-Kampagnen sollen Aufmerksamkeit erzeugen, während der Middle Funnel zu Conversions führen soll. Der Lower Funnel beschäftigt sich hingegen damit, Kunden zu halten und sie zu weiteren Käufen zu animieren. Für jede dieser Stationen muss eine passende Strategie mit den passenden Kanälen entwickelt werden.

20.1.6 Künstliche Intelligenz (KI)

20.1.6.1 Was ist künstliche Intelligenz?

Als Geburtsstunde der künstlichen Intelligenz (KI) gilt die Dartmouth Konferenz in New Hampshire im Jahr 1956. KI ermöglicht die Digitalisierung kognitiver Leistungen, die bisher ausschließlich der menschlichen Intelligenz vorbehalten war. Sie versucht also, die menschenähnliche Intelligenz nachzubilden und Computerprogramme in die Lage zu versetzen, eigenständig Problemlösungen zu finden. Die Programme lernen durch Beobachtung, Anleitung, Auswertung vorhandener Daten und durch Interaktionen mit ihrer Umwelt. In der englischen Sprache wird von Artificial Intelligence (AI) gesprochen.

Abb. 20.1 Amazon Alexa Dot Sprachassistent

20.1.6.2 Aufstieg der künstlichen Intelligenz

Vor allem mit dem Aufkommen von Smartphones sind Systeme mit künstlicher Intelligenz im Bewusstsein der Nutzer angekommen. Bekannteste Beispiele sind die persönlichen Assistenten wie Google Assistant, Apple Siri, Amazon Alexa oder Microsoft Cortana (Abb. 20.1). Andere Einsatzgebiete sind beispielsweise der Google Übersetzer oder die Autopilotenfunktion in Pkws. Der Durchbruch wurde mithilfe des Deep Learnings in neuronalen Netzen erreicht.

20.1.6.3 Künstliche Intelligenz im Performance-Marketing

Die immer weiter zunehmende Technologisierung hat auch große Auswirkungen auf das Performance-Marketing der Zukunft. Für Performance-Marketer kommt es in Zukunft weniger darauf an, ein sehr breites Faktenwissen zu haben und Zahlen auszuwerten. Das werden die digitalen Assistenten mit ihren stetig wachsenden Datenbasen erledigen. Sie können beispielsweise voraussagen, wie viele Produkte in einem bestimmten Zeitraum wahrscheinlich verkauft werden.

Stattdessen wird vielmehr ein tiefes Verständnis komplexer Zusammenhänge über Disziplingrenzen hinweg benötigt. Der Marketing-Mitarbeiter gibt die Ziele vor und lässt sich anschließend von der künstlichen Intelligenz helfen, auf Basis der Datenauswertungen bessere Entscheidungen zu treffen. Im Programmatic Advertising lässt sich dieser Trend schon heute sehr genau beobachten.